영화로 떠나는
동아시아
기차 여행

이 책은 2019년 대한민국 교육부와 한국연구재단의 지원을 받아 수행된 연구임(NRF-2019S1A5C2A04082394)

대구대학교 인문과학연구소
도시인문학총서

12

영화로 떠나는

동아시아
기차 여행

배지연·서주영·이은희 지음

學古房

서문

영화와 기차는 근대의 산물로서, 특히 영화는 태생적으로 기차와 뗄 수 없는 관계이다. 산업혁명의 비약적 성과를 이끈 대표적인 것이 증기기관과 기차이며, 최초로 공개된 영화 <치오타 역의 기차의 도착 L'Arriveé d'un train à la Ciotat>은 그러한 기차를 다룬 것이었다. 19세기에 등장한 기차가 시간과 공간을 그 이전과는 전혀 다른 방식으로 바꿔놓았고, 그로 인해 인간들의 삶의 방식도 변화했다. 기차를 영상으로 재현한 최초의 영화 이후, 영화도 시간과 공간의 변형을 통해 이미지의 개념을 바꿔버린다. 초창기 영화 시기에 근대인들은 영화관에서 스크린 속 이미지를 통해 상상의 공간을 여행하는데, 이는 차창 밖 풍경을 감상하는 기차 여행자의 방식과도 유사하다. 이처럼 기차와 영화는 유사한 방식으로 근대인의 욕망에 부응하였다.

이 책은 한국, 중국, 일본 등 동아시아 세 나라의 영화에 나타난 기차의 이미지, 혹은 기차로 재현되는 다양한 의미들을 살펴본 것이다. 한국, 중국, 일본 동아시아 3국의 영화 중에서 기차가 영화의 중요한 상징이 되는 대표적 영화 두 편씩을 선정하여 근대의 대표적 상징으로서 기차가 동아시아에서 어떻게 의미화되고 있는지를 분석해 보았다. <플랫폼>, <진짜로 일어날지도 몰라 기적>, <기적>, <첨밀밀>, <귀멸의 칼날: 무한열차편>, <설국열차> 등 여섯 편의 영화를 분석한 이 책의 내용을 간략하게 소개하면 다음과 같다.

1장 "청춘의 정거장"은 1980년대 청년들의 이야기를 담은 자장커의 <플

랫폼>을 통해 당대 사회의 징후를 읽어내고 있다. 당시 중국은 마오쩌둥(毛澤東)의 후광 아래 권력을 잡았던 사인방(四人幇) 체재가 무너지고, 문화대혁명이 종식되면서 덩샤오핑(鄧小平)이 정권을 잡고 개혁개방을 시작했던 시기로, 영화의 배경이 된 중국 산시(山西) 펀양(汾陽)의 청년들은 꿈을 위해 고향을 벗어나 세계를 향해 발버둥 치지만, 자신의 고향에서 한 발짝도 움직이지 못한다. 기차는 이들의 사랑과 야망, 그리고 이상을 부여하며 힘차게 달려가지만, 정작 청년들은 기차를 바라만 볼 뿐, 기차에 탑승하지 못한다. 자장커는 플랫폼에 머무는 그들의 모습을 통해 당시 변화하는 중국과 단절된 청년들의 모습을 재현하고 있다.

2장 "일상의 소중함"은 고레에다 히로카즈 감독이 규슈 신칸센 전 노선 개통을 기념하여 만든 영화 <진짜로 일어날지도 몰라 기적>을 분석함으로써 가족 서사를 통한 일상의 삶을 성찰하게 하는 그의 영화적 특성을 재발견하고 있다. 규슈 신칸센이 서로 엇갈리는 순간 그 자리에 있으면 기적이 일어난다는 소문을 믿고 여행을 떠나는 아이들의 이야기는 거창한 소원보다는 사소한 일상의 소중함으로 수렴된다. 이 영화에서 확인되는 바, 고레에다 히로카즈의 가족 서사는 일본 사회가 겪은 경제적 사회적 변화 속에서도 살아갈 희망과 잔잔한 위로를 담으며 세속의 잣대로 돌아가는 세상 너머의 삶을 살만한 가치로 확장하고 있다.

3장 "간이역이 가져온 누군가의 기적들"은 통학과 통근으로 기차를 타는 일이 일상인 시골 마을 사람들의 간이역 건설 분투기로서 이장훈 감독의 <기적>을 살펴봄으로써 1970~80년대 한국 사회의 근대화의 단면을 분석하고 있다. 마을로 통하는 길이 없어 철도를 따라 마을 외부로 이동할 수밖에 없는 경북 봉화군 분천리 주민들이 자발적으로 만든 양원역의 실제 사례를 기반으로 한 <기적>은 미개발 농촌 지역 주민들의 교통권에서 배제되는 실상을 재현하고 있는데, 마을 주민의 생명과 맞바꿔지는 경제 논리를 대변하는 기차역과 철도는 한국 근대 사회가 지향해온 근대의 방향성을 보여주는 주요한 장치이다.

4장 "내가 하면 로맨스, 남이 하면 불륜"은 무협과 흑사회의 폭력으로 가득한 홍콩 영화의 흐름을 멜로 드라마로 새롭게 전환한 천커신 감독의 <첨밀밀>을 분석한 것이다. 불륜이라는 사회적 낙인을 벗어날 수 없는 사랑이지만, 감독의 영상에서는 두 사람의 사랑이 가진 낭만성을 부각함으로써, 현실 속에서 이루어지기 힘든 사랑의 추억이란 대중적 감성을 자극하여 크게 성공했다. 영화에서 기차는 두 사람의 만남이 이루어지는 시작과 끝을 연결해주는 장치로 나타나며, 동시에 두 사람의 사랑이 필연적임을 드러내고 있다.

5장 "인간성 회복의 염원"은 소토자키 하루오 감독의 <귀멸의 칼날: 무한열차편>에서 주인공이 귀살대의 새 임무를 수행하기 위해 탑승한 '무한' 열차 이야기를 통해 공동체를 위한 헌신과 단결 등을 살핀 것이다. 원작 『귀멸의 칼날』의 시대 배경인 다이쇼(大正) 시대는 일본의 근대화가 시작된 시기로, 신문명의 상징인 증기 기관차가 등장한다. 영화 속 '엔무(魘夢, えんむ)'는 '악몽에 시달리게 한다'는 뜻으로, 인간을 '영원히 꿈속에 갇히게 한다'는 의미에서 '무한(無限)' 열차이며 이야기에 주요하게 기여한다.

6장 "기차와 트랜스내이션(transnation)"은 <설국열차>에서 영화의 타이틀이자 주요 공간으로서 영화의 '기차'적 특성과 그 속에 내재된 트랜스내셔널한 특성에 주목한 글이다. 봉준호 감독은 프랑스 원작 만화를 창조적으로 번역 및 변용하고 다국적 스텝과의 작업 및 배급 과정 등을 통해 영화의 국적(nationality)을 가로지르는 한편, 무국적의 영화적 배경과 설정, 보편적 주제와 인류 공동의 문제의식 등을 통해 트랜스내셔널 시네마로서 <설국열차>를 제작했다. <설국열차>는 근대의 상징인 기차를 통해 자본과 계급의 문제를 배치하고 주권 권력 체제가 유지되는 인류 역사 전체를 은유하고 있다. 설국열차가 파괴되는 영화의 결말은 이러한 자본과 계급을 기반으로 한 현대 사회의 시스템이 붕괴될 가능성을 예견하고 있는

데, 기차로 상징되는 주권 권력의 시스템을 탈주하는 새로운 대안을 제시한다.

이상의 간략한 소개를 통해 알 수 있듯이, 기차로 포착되는 한중일 세 나라의 영화에는 각국의 정치 사회적 상황과 문화적 기반 등이 투영되어 있으면서도 서구의 근대와는 변별되는 동아시아 근대의 특수성이 드러난다. 나아가 이러한 특수성은 현대 사회에서 배제되는 청년, 농촌, 계급, 환경 등의 문제나 가족과 일상의 소중함 등 삶의 본질을 성찰하는 등 보편적 가치를 함께 아우르고 있다. 그런 점에서, 이 책에서 다룬 동아시아 3국의 영화와 기차 이야기는 동아시아의 로컬리티를 이해하고 그 너머 세계시민 혹은 인간 존재로서의 삶을 성찰하는 데 의미 있는 관점을 제시한다.

이 책은 교육부와 한국연구재단의 인문사회연구소 지원 사업의 결과물로서, '철길로 이야기하는 동아시아 도시 인문학'을 연구하는 대구대학교 인문과학연구소가 한국연구재단의 지원을 받아 나오게 된 책이다. 한국과 중국, 일본의 문학과 문화를 연구하는 세 명의 필자들이 동아시아를 가로지르며 횡단하는 기차와 영화를 키워드로 각국의 문화와 예술 전반을 살펴본 이번 연구는 한국연구재단의 실질적인 지원을 통해 한 권의 저서로 산출될 수 있었다. 이 자리를 빌어 연구 책임자이신 권응상 선생님과 공동 참여하시는 선생님들께 감사의 말씀을 드린다. 그리고 이 책이 나오는데 산파역할을 해주신 양종근 선생님, 열악한 출판 환경에도 불구하고 기꺼이 본 저서를 출간할 수 있도록 마음을 내어주신 도서출판 학고방의 하운근 대표과 실무를 맡아주신 조연순 팀장님께도 감사의 인사를 드린다.

2022년 6월
배지연, 서주영, 이은희 씀

목차

제 1 장
청춘의 정거장
자장커 〈플랫폼〉

서주영

자장커와 〈플랫폼〉

자장커는 중국의 6세대 감독 가운데 단연 독보적인 존재다. 그의 영화는 유수 영화제에서 최고상을 휩쓸었으며, 현대 중국을 기록자의 시각으로 필름에 담는 다큐멘터리적 성격의 영화를 많이 제작했다. 하지만 그가 인물과 사건, 그리고 사회를 바라보는 시각이 사실의 기록에만 매달리지 않고, 자신의 정감을 함축적으로 담고 있다는 특징이 있다.

그림 1. 자장커 감독

그는 1970년에 영화 <플랫폼>의 장소 배경인 산시성(山西省) 펀양(汾陽)에서 태어났다. 1993년 북경전영학원(北京电影學院) 문학계(文學系)에 입학했고, 1995년 대학 졸업 작품으로 만든 1시간 분량의 <샤오산의 귀가(小山回家)>가 1997년 홍콩단편

그림 2. 〈플랫폼〉 포스터. 영화에 나오는 대표적 상징을 따와서 만들었다

독립영화제에서 대상을 수상하며 두각을 나타냈었고, 그의 최초 장편 작품인 〈샤오우(小武)〉는 1998년 베를린 영화제 영포럼 부문 대상(볼프강 슈타우테상)을 수상하며, "아시아 영화에 번개처럼 나타난 희망의 등불"이라는 평가를 받는다.[1]

그는 자신의 영화 시작점이 중국의 5세대 감독에 대한 불만이라고 이야기한다. 그는 천카이거(陳凱歌)·장이모우(張藝謀) 등과 같은 감독들의 주제의식과 영화제작 방식에 대한 문제,

특히 현실과 괴리된 이들의 작품을 비판했다.[2] 또한, 영화 〈샤오산의 귀가〉를 회고하며 "사회의 어느 계층에 속해있는지 상관 없이, 보통 사람도 관심의 초점이 되어야 한다."라고 말한다. 〈플랫폼〉은 자장커 감독의 2번째 영화이며, 그의 이런 영화적 생각을 잘 담고 있는 영화다.

이 영화의 시대 배경은 1979년 겨울에서 시작하여 1980년대 겨울을 관통하는 청년들의 삶과 꿈을 담고 있다. 이 시기는 매우 특별한 시기다. 이 시기 정치적으로는 마오쩌둥(毛澤東)의 후광 아래 권력을 잡았던 사인방(四人幫) 체재가 무너지고, 문화대혁명이 종식되면서, 덩샤오핑(鄧小平)이 정권을 잡았다. 경제적으로는 과거 마오쩌둥의 경제체제를 뒤집

---

1) 유경철, 「지아장커(賈樟柯)의 〈샤오우(小武)〉 읽기 - 현실과 욕망의 "격차"에 관하여」, 『中國學報』 52, 2005, 207.

2) 西西佛, 「"蹲"在中國──『小武』所啓示的中國現代性」, 21世紀中國文化地圖, 廣西師大學出版社, 2004, 75.

고, 개혁·개방을 추진하던 시기이다. 그 결과 연해지역 도시를 먼저 개발하자는 덩샤오핑의 선부론에 입각한 부분적 발전은 중국이 도시와 농촌의 2분화를 초래한다. 이 영화의 주인공들인 추이밍량(崔明亮), 그리고 추이밍량과 썸을 타는 인루이쥐안(尹瑞娟), 추이밍량의 죽마고우 장쥔(張軍), 그리고 장쥔의 애인 종핑(鍾萍)은 이러한 격동기를 살았던 작은 인물들이다.

이 4명은 모두 샨시(山西) 펀양(汾陽)에서 함께 자란 소꿉친구 들이며, 이후 펀양 문예공작단(文藝工作團)이 된다. 문예공작단은 약칭으로 문공단(文工團)으로 불리며, 희극, 음악, 무용, 잡기 등의 공연을 통해 애국주의, 혁명사상, 공산주의 등을 고무하고 선전하는 일을 한다. 이 단체는 본래 중국인민해방군에 소속된 종합예술단체로서, 1929년부터 기획되고 운영되었고, 중화인민공화국이 세워진 1949년 이후로도 여전히 존속하여 일부가 오늘날에 이르고 있기는 하지만, 영화에서 나타나듯 지방의 문공단은 개혁개방 이후 민영화를 견디지 못하고, 그 존재 의의와 동력을 상실한다. 영화는 주인공들이 개혁개방 시기 청춘을 보내면서 이들이 경험한 꿈, 사랑, 가족에 관한 이야기를 담아내고 있다.

이 영화는 출시 이후 많은 비평가의 찬사를 받았다. 2000년에는 이탈리아 베니스 국제 영화제(Venice Film Festival)에서 금사자상 후보 및 Netpac상(최우수 아시아 영화상)을 받았고, 낭트 3대륙 영화제(Festival des 3 continents)에서는 최우수 영화상과 최우수 감독상을 받았다. 2001년에는 부에노스 아이레스 국제 독립영화제에서 최우수작품상, 스위스 프리부르국제영화제(FIFF)에서 돈키호테상(특별언급상)을 받았고,3) 이후 미국 영화전문 사이트 TSPDT 선정 21세기 최고의 영화 50위 가운데

3) 〈위키피디아〉 https://en.wikipedia.org/wiki/Platform_(2000_film)#Awards

36위에 랭크되어 있다.[4]

　자장커의 영화에는 한 가지 특징이 늘 지적된다. 즉, 플롯과 인물로 전달하는 이야기와 함께, 영화에 등장하는 배경음악과 배경화면, 그리고 화면에 마치 아무렇게 나타나는 듯한 글자 등이 영화와 결합하면서 일정한 의미가 부여되고, 다시 그 의미가 파생되어 새로운 의미로 연역이 가능하도록 구성되어 있다는 점이다. 즉, 자장커 감독은 인물과 서사에 여러 부수적 요소(사회 문화적 요소)를 투사함으로써, 영화 플롯이 가진 의미에 대한 사회적 해석을 가능하게 한다. 이 부분이 그의 영화가 다큐멘터리 적 성향을 강하게 유지하게 되는 요소이다. 동시에, 감독이 창작한 영화의 플롯과 인물이 다시 부수적 요소의 주체가 되어, 부수적 요소가 가지는 문화적 의미에 대한 감독의 평가로 드러나게 되면서, 작가가 사회를 바라보는 시각을 청중에게 전달한다. 이러한 영화 플롯과 배경의 상보적 침투와 해석 관계는 자장커 감독의 영화가 가지는 특징 가운데 하나이다. 이런 점에서 그의 영화를 대하면서, 영화적 플롯뿐만 아니라 그 배경이 되는 부분, 즉 사회적 사건, 소리, 그리고 문자 역시 중요하게 바라볼 필요가 있다. 아래에서는 영화의 장면과 그 장면에 나타난 여러 배경 요소를 결합한 해석을 시도하고, 영화의 주제에 관하여 이야기해 보도록 하겠다.

---

4) TSPDT의 "The 21st Century's Most Acclaimed Films (50-1)"를 참고.(https://www.theyshootpictures.com/21stcentury_films50-1.htm) 일반적으로 영화 순위와 평점에 있어 가장 영향력 있는 매체는 영국영화연구소(BFI)가 주관하고 영화감독과 영화비평가들이 평가하는 사이트&사운드(Sight & Sound)와 매체 노출률을 통계하고 추산하는 미국의 TSPDT가 있다.

그림 3. 신농촌건설계획도(新農村建設計劃圖) 아래에 모여서 이야기를 나누는 편양(汾陽) 농민들.

프롤로그: 사회주의신농촌(社會主義新農村)

영화가 시작되면 한 무리의 사람들이 그림 앞에 서서 한담을 나누는 장면이 있다. 이 장면을 주의 깊게 본다면 묘한 긴장감을 느끼게 될 것이다. 이 긴장감은 어디서 오는 것일까?

이 장면은 상당히 많은 정보를 우리에게 전달해주고 있다. "신농촌건설계획도(新農村建設計劃圖)"는 1960년대 자오쯔양(趙紫陽)이 광동성위원회(廣東省委員會) 서기(書記) 시절에 주장했던 사회주의신농촌(社會主義新農村) 계획에서 비롯된 것이다. 비록 문혁(文革)으로 인해 실행에 옮기지는 못했지만, 이 계획은 후진타오(胡錦濤) 정권(2003~2013)에서 2006년에 "사회주의신농촌건설(社會主義新農村建設)"로 이어진다.[5] 즉, 영화에 보이는 이 장면은 마오쩌둥(毛澤東)의 농촌에서 덩샤오

---

5) 박은혜의 「지아장커 賈樟柯의 〈플랫폼 站台〉에 나타난 시간의식과 기다림의 의미」에서는 1989라고 하였으나(『외국문학연구』, (56), 2014, 163), 영화 마지막

핑(鄧小平)의 농촌으로 변화하는 청사진을 미리 보여주고 있는 셈이다.

영화를 이해하기 위해 신농촌건설 계획을 조금 더 구체적으로 들어가 보자. 이 계획의 구체적인 시행은 2005년 10월 <중공중앙 및 국무원의 사회주의신농촌 건설을 추진하는 데 대한 몇 가지 의견(中共中央, 國務院關於推進社會主義新農村建設的若幹意見)>에서 삼농문제(三農問題)와 관련하여 주로 농촌의 수리시설 및 농기구의 기계화 등과 같은 각종 기본 농업 시설의 확충과 의료·교육과 같은 농촌사회와 농민의 삶을 개선하기 위한 몇 가지 안건에 구체적으로 나타나 있다. 여기서 "삼농문제(三農問題)"는 농업문제(農業文帝)·농촌문제(農村問題)·농민문제(農民問題)를 일컫는 말이다. 이 개념에 대한 언급은 1996년 중국 국가주석 장쩌민(江澤民)이 제기한 것이다. 농업문제란 농업 생산과 경영에 있어 시장화

그림 4. "먹는데 돈 안 드니 생산에 힘 쓰라"라는 글귀가 보이는 선전용 사진

(市場化)와 관련한 문제이고, 농촌문제는 교육·의료 등 방면에서 도시 대비 농촌의 열악한 환경과 관련한 문제이며, 농민문제는 이러한 노동환경과 생활환경에서 살아가야 하는 농민의 문제다. 이러한 농촌문제에 관한 토론의 시작은 물론 개혁·개방 이후 연해(沿海)지역 개발로 인해 발생한 도시와 농촌의 격차다. 그리고, 덩샤오핑의 선부론은 과거 마오저

부분에 주인공 추이밍량과 어머니가 함께 보는 드라마『渴望』이 1990년에 방영된 것이므로, 영화의 내적 서사 기간은 1990년이 된다. 사실 영화에서 몇몇 부분은 정확하게 시대와 문물이 일치하지는 않는다.

등의 농촌 경영에 대한 부정과 방향 선회를 의미한다.

마오쩌둥 시기의 농촌 정책은 집단화된 농촌사회란 농민이 집단 노동을 통해 생산하고, 이 생산물의 관리와 거래를 국가가 주관한다는 것이다.[6] 이 연결고리를 담당한 조직이 합작사(合作社)에 기반한 인민공사(人民公社)다. 인민공사는 합작사(合作社)를 통해 분업화된 농민조직으로 생산과 소비, 그리고 금융으로 구분되어 있었고, 이를 통해 농촌사회를 경영하였다.

합작사 조직은 크게 3개 층차로 이루어져 있다. 우선, 농민으로 구성된 인력부대인 생산대(生産隊)가 있다. 생산대는 평균 30호 정도로 구성된 조직으로, 집단 노동의 기본단위다. 그리고, 5~6대의 생산대가 생산대대(生産大隊)를 이룬다. 마지막으로, 10개의 생산대대가 하나의 인민공사를 조직했고, 인민공사는 농촌의 농업 건설, 문화·교육, 의료·치안 등을 담당하였다. 흡사 군대조직을 방불하는 인민공사는 농촌사회, 농촌경제, 농민생활과 같은 개인적·사회적·경제적 사안을 모두 장악하여 정치와 사회의 합일이란 특징을 지닌다.

인민공사의 제도적 운영을 보면, 생산주체인 농민은 노동력만 제공한다. 즉, 노동의 양에 대한 평가도 있기는 하지만, 토지 소유나 생산물의 소유가 부정되어 있으며, 생산된 재화의 소유는 생산대(生産隊)부터 가능하다. 즉, 농민은 개인의 노동을 통해 차별화된 자원의 획득이 불가능하며, 동시에 조직에서의 의사결정권이 사실상 없다. 그리고, 조직이라는 특성상 노선투쟁과 권력남용과 같은 정치적·사회적 문제는 늘 존재했다. 그러나, 농민은 완전히 인민공사에 소속됨으로써, 필요한 농업 기구

---

6) 유영구, (1989), <인민공사의 (人民公社) 변화과정을 통해 본 중국의 농업관리 형태>, 『중소연구』, 13(3), 125-176.

그림 5. 산시성(山西省) 펀양(汾陽) 농촌문화공작대(農村文化工作隊)의 공연 무대 뒤로 "4개 현대화(四個現代化)의 실현을 위해 분투하라(爲實現四個現代而奮鬪)!"라는 글귀가 보인다. 이 장면을 통해 영화가 서사화하는 시대가 마오쩌둥(毛澤東)의 이데올로기에서 개혁·개방의 이데올로기로 넘어가는 혼돈의 시대임을 읽을 수 있다.

및 환경, 그리고 각종 의료와 교육을 모두 조직으로부터 보장받았을 뿐만 아니라, 자신이 사회 조직에 버림받지 않은 존재라는 인식도 함께 부여받았다. 즉, 중국 농민은 삶에 필요한 물질적 측면과 정신적 귀속감이라 할 수 있는 사회정체성을 국가로부터 획득했다. 그리고, 자기 주변 사람들 누구나 이런 삶을 살았기 때문에, 이에 대한 불만도 크게 나타나지는 않았을 것이다. 하지만, 덩샤오핑(鄧小平)이 집권하면서 모든 것이 달라진다. 덩샤오핑은 마오쩌둥의 대약진운동 등으로 불거진 문제를 비판하였다. 그는 문화대혁명 시기에 "중국 공산당 내에서 자본주의 노선을 걷는 자"라는 주자파(走資派)로 분류되어 혹독한 시련을 겪는다. 하지만, 카리스마적 지도자인 마오쩌둥이 죽은 뒤(1976) 4인방(四人幇)을 비롯한 마오쩌둥의 후광으로

그림 6. 마오쩌둥과 등샤오핑

정권을 유지했던 일파가 몰락하면서, 그는 1981년에 중국의 제3대 주석이 된다.

덩샤오핑이 이끄는 중국은 개혁개방 정책을 도입했다. 1978년에 공포된 중국의 "4개현대화(四個現代化)" 정책은 농업 현대화, 공업 현대화,

과학 기술 현대화, 국방 현대화로 구성되어 있다. 이 4개의 정책을 관통하는 단어가 현대화다. 이 가운데 농업 현대화는 농업 생산 수단·기술·방식을 현대화하겠다는 것이다. 하지만, 농업에 사용될 농기구와 생산방식에 현대화가 이루어지려면 공업화·과학화가 먼저 이루어져야 했기 때문에, 4개현대화는 농업 중심 경제에서 공업 중심 경제로의 이동을 의미하고, 이 과정은 국가가 농민 노동력으로 구성된 인민공사에 더이상 힘을 실어주지 못한다는 의미다. 즉, 마오쩌둥 시기 형성된 정부와 농촌 사회의 결합이 종식되기 때문에, 기존의 농촌 사회를 재편성할 필요가 생기게 된다. 이 재편성의 중요한 정책 가운데 하나가 가정연산승포책임제(家庭聯産承包責任制)다. 이 제도의 핵심은 승포(承包)에 있다. 승포란 일정량의 생산을 책임진다는 말이다. 즉, 농민은 정부가 자신에게 부여한 일정량을 생산하여 정부에 제공한다. 동시에, 제공하고 난 나머지 생산물을 자신의 소유로 할 수 있게 된 것이다. 이처럼, 농민 개인에게 사유재산이 발생한 것은 의미있는 일이겠지만, 농민은 농산품을 팔아 사유재산을 얻은 개별 상인의 신분을 얻는 대신, 정부 조직원의 신분을 잃어버렸다. 그리고, 농촌사회는 과거 30여 년을 이어온 정치와 사회의 결합으로 구성된 농촌사회 구조가 와해 되고, 정치와 분리된 사회가 형성되게 된다. 이제 농민은 국가의 보호로부터 떨어져 나와, 잉여농산물에 기대어 현대화된 공업사회를 살아가야 한다.

이렇게 될 경우, 과거 마오쩌둥 시기 국가 경제의 주체로 대우받으며 생겨난 소속감이 중심이 된 사회 정체성 역시 약화할 수밖에 없다. 농촌 사회를 30여 년 지탱해 주던 국가는 농촌과 결별하고 도시와 밀월을 벌인다. 농촌은 경제뿐만 아니라 의료와 교육 등에 있어서도, 도시와는 극심한 상대적 차이를 보이게 되었다. 중국 농민은 현재까지 자기 소유의 토지가 없다. 즉, 과거 인민공사 시기의 농민은 각종 사회보장을 인민공사가 대신해주었기 때문에 토지가 없어도 괜찮았지만, 개혁·개방의 사회 구조에서 농민은 개인 경제활동의 주체가 될 수밖에 없다. 하지만, 여전히 토지는 국유이며, 농민은 경작권을 임대하는 형식을 유지한다. 토지경작권의 매매와 양도는 2008년에 와서야 이루어진다. 그리고, 이러한 경제적·사회적 불안과 소속감의 상실로 많은 농촌 인구가 농촌을 떠나 도시로 이동하여 농민공(農民工) 집단이 되었다.

다시 영화로 돌아가 보자. 영화의 첫 장면은 다음과 같은 이야기를 하고 있다. "신농촌건설계획도" 아래 있는 사람들로 대표되는 농민계층은 이 그림이 현실로 나타나 국가로부터 방임된 개혁개방의 농촌에서 사회적 보장과 정체성을 잃고 방황할 것이라는 점을 미리 말하고 있다. 하지만, 그림에 대해 말하기보다는 그저 평온하고 즐겁게 가쉽적인 대화를 나누고 있다. 즉 이들은 앞으로 자신들에게 닥칠 고난을 인지하지 못하고 있다. 동시에, 신농촌건설 계획판은 정부의 농촌 계획을 의미하지만, 이 그림은 이들에게 어떠한 문제에 직면하게 될 것인지를 알려주지 않는다. 그래서, 급격한 사회변화를 예고하는 그림과 그 변화에 대해 무지한 순진무구한 농민성이 첫 장면에 나타나는 긴장의 근원이다.

또한, 카메라의 시선에는 이 모든 것을 이해하고 있는 사람으로서 느끼게 되는 아련하면서도 따뜻한 연민의 정감이 흐르고 있는데, 그 이유는 이 그림 속에서 작가가 농민을 바라보는 인간적 시각과 이데올로기적 시각이 겹쳐 나타나고 있기 때문이다. 인간적 시점은 바로 농민들이 나누는 일상의 대화에 있다. 즉 이들이 단순히 열등하게 인식되는 농민 아니라, 이들도 살아갈 길이 보장되어야 한다는 것이다. 이런 시각은 마오쩌둥의 문구로 나타나 있다. 그림의 오른쪽에 보이는 글은 마오쩌둥(毛澤東)이 1965년 5월에 쓴 <다시 정강산을 오르며(重上井岡山)>라는 사(詞) 작품의 마지막 구이다.

세상에 어려운 일은 없다. 그저 오르고자 한다면.
世上無難事, 只要肯登攀。
— 마오쩌둥(毛澤東)〈水調歌頭 · 重上井岡山〉

이 글귀를 영화적으로는 어떻게 해석해야 할까? 앞으로 벌어질 일에 대한 정부의 무책임한 독려인가? 아니면 이들에 대한 애정이 어린 격려인가? 필자는 후자로 생각한다. 그 이유는 위에서 살펴본 대로 신농촌의 청사진은 마오쩌둥의 농촌 정책을 비판했던 조자양(趙紫陽)의 정책에서 기원하여, 덩샤오핑의 사개현대화로 이어지고, 다시 8대 주석 후진타오까지 이어지는 개혁개방이후 일관적으로 진행된 농촌 정책이다. 따라서 정치 이데올로기의 역사에서 본다면 마오쩌둥의 글귀는 그림과 부조화를 이룬다. 즉, 이 글귀는 신농촌을 위한 구호라기보다는 농민에게 이 난관을 뚫고 나가라는 마오쩌둥의 격려로 해석될 수 있다. 다시 말해서, 이 구호는 중국을 고난으로 몰아갔던 대약진운동의 구호이지만, 개혁개방 시대의 시공간 역시 농민은 이런 정신으로 살아가야만 생존할 수 있는 시공간이 되었다. 어쩌면 도시와는 현격한 조건으로 시작하는 농민으로서는 이 구호를 이전보다 더 기도문처럼 외어야 할지도 모른다. 이처럼 마오쩌둥의 이데올로기와 개혁개방의 이데올로기가 벌이는 긴장감은 대다수 자장커의 영화를 관통하는 주제이며, <플랫폼>의 문제의식 역시 여기에서 출발하고 있다.

문공단: 소산을 향해 달리던 기차의 시작과 종말

영화 본론의 첫 시작은 <기차는 소산을 향해 달린다 火車向着韶山跑>라는 펀양문공단의 희곡 공연이다. 그리고 이 공연에 불린 노래는 문혁기간에 불린 <마오주석이 농업은 다자이를 배워야 한다고 호소하였

다(毛主席號召農業學大寨)>(1968)이다.

> 남쪽으로 향하는 기차가
> 햇빛에 빛나는 들판을 가로질러
> 샤오산으로 달려갑니다
> 위대한 지도자 마오 주석의 고향으로!
> 자, 보십시오, 그들이 왔습니다.
> 바퀴를 날리고, 기적을 울리며
> 기차는 샤오산으로 갑니다.
> 높은 산을 뚫고, 강을 건너서
> 빛나는 태양의 땅으로
> 천만 갈레로 갈라지는 노을 빛을 맞이하며,
> 아! 천만 갈래로 갈라지는 노을빛을 맞이하며,
> 一列南下火车，正奔驰在洒漫阳光的土地上，正奔向韶山，奔向我们伟大领袖毛主席的故乡。瞧，他们来了，车轮飞，汽笛响，火车向着韶山跑，穿过峻岭，越过河，迎着霞光千万道，嘿，迎着霞光千万道。

그림 7. 편양문공단이 기차 소리를 내며 무대 안으로 들어오고 있다

이 장면이 의미하는 것은 분명하다. 이들의 본래 임무가 본래 당과 중앙의 지도 사상을 농민들에게 교육하고 선전하는 것이란 점을 말하고자 한 것이다. 동시에, 개혁개방 이전에는 문공단이 관과 연결됨으로써 대중과의 연결에 힘을 얻고 있다는 사실도 전달하고 있다.

사상의 변화는 문물의 교체처럼 쉽게 일어나지 않는다. 개혁개방이

막 시작된 시기, 문공단의 단장 송용핑(宋永平)은 사람들에게 장미빛 미래를 기원하는 『젊은 친구들이 모여 있네(年轻的朋友来相会)』(1980) 라는 노래를 부른다.

> 아름다운 봄빛은 누구의 것인가?
> 나와 그대의 것이지.
> 우리 80년대의 새로운 세대의 것이지
> 다시 20년이 지나 우리 다시 만나자.
> ......
> **美妙的春光属于谁? 属于我属于你。属于我们八十年代的新一辈。再过二十年我们重相会**
> ── 『젊은 친구들이 모임을 가지네(年轻的朋友来相会)』7)

1980년대 런옌(任雁)이 부른 이 곡은 80년대 개혁개방 초기 중국사회가 가진 새로운 시대에 대한 기대를 담고 있는 노래다. 80년대를 새로운 세대로 규정하고, 새로운 삶을 맞이하여 20년 뒤에 만나자는 것이 노래의 내용이다. 이는 분명 당시의 사회지도이념을 드러내고 있다. 이 노래를 한마디로 표현하면

그림 8. 『젊은 친구들이 모임을 가지네(年輕的朋友來相會)』를 부르는 펀양문공단 단장 송용핑. 그는 60·70년대 문화대혁명 기간 농촌에 정착한 지식청년(知識靑年)이었다. 그는 문공단의 지도자로서 훌륭한 이념적 지도자의 모습도 있고, 또한 현실적인 따뜻함을 가지고 있다.

---

7) 1980년대 런옌(任雁)은 베이징만보(北京晚報)가 주최한 음악회에서 이 곡을 불렀고, 대대적인 환영을 받아 전국적으로 퍼지게 된다.

"새봄(新春) 같은 신시대"이다. 이 장면은 문공단이 여전히 국가 정책을 선전하고 찬양하는 일을 하고 있음을 보여준다.

그러나 이런 사상적 변화는 송용핑 같은 기성세대보다 후속세대가 더 유연하게 받아들인다. 왜냐하면 이들은 새로운 시대를 살아가야 할 주인들이기 때문이다. 하지만, 주인공 추이밍량이 이 노래를 각색한 노래는 다른 의미가 있다. 그는 이동하는 문공단의 트럭 위에서 이렇게 노래를 지어 사람들과 합창한다.

다시 20년이 지나 우리 모여요
7·8명의 아내, 한 무더기의 아이들.

당의 국가계획을 대담하게 희화시킨 이 노래를 부른 추이밍량에게 송 단장은 "처가 일고여덟? 해방 전 지주와 자본가처럼 일고여덟?"이라며 호되게 비판한다. 즉, 송단장은 국가 이념을 희화시키는 신세대 추이밍 량이 못마땅하다. 그는 문혁기간에 도시에서 농촌으로 내려온 지식청년 (知識靑年) 간부다. 영화에서 장쥔과 종핑이 낙태수술을 받으러 갔을 때, 추이밍량이 그에게 "이곳에서 단장님이 차뚜이(揷队)했나요" 라고 묻는 장면이 있다. '차뚜이'는 도시지식청년과 간부들이 농촌 생산대로 와서 생활하는 것을 지칭하는 용어다. 즉, 그는 열렬한 마오이즘의 신봉자인 것이다.

하지만, 신시대 사회주의 계승자인 추이밍량의 소원은 그에게는 혁명의 거룩함보다는 사랑하는 인루이주엔과 결혼해서 알콩당콩 살아가는 소박한 삶이다. 그래서, "사개현대화"를 통해 이룩될 국가와 사회의 아름다운 미래를 그리는 이 노래가 전하는 메시지는 형편이 어려워서 결혼도 할 수 없는 추이밍량의 입장에서는 허무하다. 차라리 7·8명의 아내를

데리고 살면서 자손을 무더기
로 낳는 것이 더 자신의 욕망에
근접하고 있다.

시간은 문공단에게 불리하
게 작용했다. 당과 국가로부터
멀어진 문공단에게 찾아온 첫
번째 변화는 당과 중앙의 지도
이념을 선전하는 노래가 아니
라 경음악, 즉 대중음악을 해야

그림 9. 천 개의 땀방울을 흘릴지라도 한 알의
곡식도 썩게 하지 않겠다.(宁流千滴干不坏一粒
粮). 지방인민정부 산하의 인민공사에 설립된 양
관소(粮官所)

한다는 것이다. 과거 연극·노래 등을 통해 혁명을 노래했던 이들이 재즈
·플라밍고 같은 대중 생활 오락을 위해 문예활동을 한다는 것은 자신들
의 과거 직업적 의미가 국가적·사회적으로 부정당한 것을 의미한다.

문공단에 절대적 변화를 가져온 것은 문공단 운영 제도의 변화, 즉
승포제의 도입이다.

> 추이밍량: 단장님, 우리 승포제는 도대체 뭐하는 거에요? 전 잘 모르겠어
> 요.
> 송용핑: 내가 너니까 하는 말인데, 간단한 거야. 이전에는 공공제였지만, 이
> 제는 니가 돈으로 그걸 임대하는 거야. 문공단도 니꺼고, 연기자도,
> 도구도 다 니가 가져다가 쓰는 거야.

이 대화에서 이제 문공단은 자신의 존재가 더이상 국가에 소속되어
있지 않게 되었고, 그 존재 의미 역시 퇴색되어 간다는 것을 보여주고
있다. 이다음에 나오는 장면은 주인공들이 새벽에 식량을 타러 양관소로
가는 듯한 장면이다.

양관소는 양곡의 집산과 분배를 담당했다. 이전에 사람들은 이곳에서

정부에서 나누어준 양표(糧票)로 양식을 바꾸어 가져갔다. 하지만, 개혁 개방 이후 시장경제 체제가 들어서면서 민영화의 길을 걸으면서 2004년 부터 정식으로 기능이 정지되고, 이곳에서 일하던 사람들은 모두 흩어지게 된다. 문공단의 모습과 비슷한 의미를 가져 대우를 이룬다.

　문공단이 국영기업에서 민영화로 넘어가면서, 문공단에 있던 사람들은 자신들의 존재가 인간답지 못한 대우를 받는다고 여긴다. 문공단에서 승포제 문제를 토의하는 장면에서, 문공단 가운데 한 사람이 이렇게 이야기한다.

　　단장, 당신은 이렇게 급박한데도 수수방관하는데, 우리를 내다 팔 물건처럼 여기는 것 같습니다.

그림 10. 종핑의 집에서 마작을 하는 인루이쥐안, 추이밍량, 장첸, 얼용. 종핑은 침대에 앉아 있어 화면에 나오지 않는다. 이것은 그녀가 이 대화의 주제에 참여하지 않음을 의미하며, 그녀의 목적이 이들과 다름을 드러낸다.

　이 일을 대면하는 사람은 자신들이 노동시장 속의 상품임을 느낀다. 단장은 여기서 자신이 위탁자가 되겠다고 이야기하며, 과거의 끈을 이어가지만, 문공단 사람들은 남는 자와 떠나는 자로 나뉘게 된다. 송단장은 자신이 문공단을 "승포"하겠다고 선언한다.

　영화에서는 문공단에 남는 사람도 무슨 희망을 걸고 남는 것이 아니라, 일종의 의리가 작용한 것으로 표현된다. 영화는 문공단의 변화에 맞춰 어떤 선택을 할 것인지를 생각하고 토론하는 것을 중국의 도박인 마작을 통해 표현했다. 이들이 어떤 선택을 하든, 성공을 위해 머리를 싸매야 함은 물론이거니와 모두 도박성이 강하기 때문이다. 여기서 종핑은 장쥔에게 마작을 그만둘 것을 요구하는데, 이는 그녀가 장쥔과의 관계를 통해 자신의 미래를 결정하고 싶었기 때문이다. 주인공들은 각기 다른 선택을 했다. 추이밍량은 의리 때문에 가겠다고 이야기하고, 인루이쥐안은 아버지의 병 때문에 남겠다고 이야기한다. 얼용도 가게를 열겠다며 가지 않는다. 하지만, 장쥔은 묵묵부답이다. 장쥔

그림 11. 탄광에서 공연하는 펀양 문공단. 여기서 부른 노래는 『나의 중국심(我的中国心)』이다. 덩샤오핑과 처칠의 홍콩반환협정과 관련하여 만들어진 곡이다. 해당 협정은 1982년에 시작되어 1984년에 마무리된다. 가족의 이별에서 다시 국가의 이별로 감정이 커지는 부분이기도 하고, 고향을 늘 그리워한다는 감성을 전달한다.

의 이런 우유부단한 태도는 종핑을 조급하게 만들지만 이해받지 못한다. 이들로 봐서는 이 일이 종핑 뿐만 아니라 모두의 일이기 때문이다.

결국 문공단은 새로운 체제 속에서 새해를 맞이하며 펀양을 떠나 전국을 다니며 공연하게 된다. 기대에 부푼 공연의 시작이지만, 문공단의 생활은 날이 갈수록 어려워진다. 이들은 산시(陝西)의 탄광 마을 송자촨(宋家川)에서 공연을 하게 되지만, 으레 박수갈채를 받았던 "영원히 당과 중앙을 보위하자(永遠保衛黨中央)"라는 구호에 사람들은 거의 호응하지 않는다. 이것은 더 이상 당과 중앙의 이데올로기로는 사람들과 만날 수 없다는 것을

그림 12. 펀양문공단의 신입 단원인 쌍둥이 자매 미미와 하하는 주민들의 모욕적 행동 때문에 상처를 입는다. 이 장면은 쌍둥이 자매 가운데 한 명이 "의(義)"라는 한자 옆에 서 있는 장면이다. 이 장면은 인민 대중과 문공단의 과거 쌍둥이 같았던 의리적 관계가 이제는 끊어졌다는 것을 상징하고 있다.

의미한다.

시간이 더 지나면서 문공단은 이전에는 상상도 하지 못했던 외국 음악인 락음악과 싸이키뮤직을 노래한다. 즉 이제 문공단과 대중은 상업적 관계로 만나게 된다. 송단장은 사람들에게 자신의 예술단을 소개하면서 자신도 익숙하지 않은 선전군성태공유자벽력무단(深圳群星太空柔姿霹雳舞[柎])이란 괴상망측한 이름을 댄다. 선전은 1980년대 국가에서 지정한 광동성 경제특구로서 혜택을 누리게 되어 커다란 경제적 발전을 이룩한 곳이다. 이렇

그림 13. 락을 노래하는 문공단. 이미 문공단은 자신의 이상은 던져버린지 오래이며, 관객과의 관계도 더이상 예전처럼 밀접하지 않다. 이들은 인민의 이상을 노래하는 것이 아니라 이들의 쾌락을 위해 일하게 되고, 이는 이념적 고통을 낳는다.

게 이름을 바꾼 이유는 편양 문공단이라고 한다면, 농촌의 문예단이라 아무도 이들의 공연을 보러오지 않을 것이기 때문이다.

이들은 공연만으로는 돈을 벌 수가 없자 성과 관련된 매체를 사람들에게 보여주고 돈을 받는다. 그리고, 공연 도중에 관객과 싸움도 하게 된다. 이것은 문공단이 시대의 흐름 속에서 대중들의 외면받게 된 것을 의미한다.

과거 당과 중앙의 이념을 노래하던 영광을 뒤로한 체 문공단은 어쩔 수 없이 해체의 수순을 밟게 된다. 문공단의 해체는 영화에서 직접 대사로 언

그림 14. 문공단의 해체식을 담은 장면. 이 장면의 배경음악은 리안 로스(Lian Ross)의 1987년 노래인 "It's up to you"이다.

급되지 않고 배경음악으로 나타난다. 문공단이 펀양으로 가기 위해 버스를 타는 시점에서(본래 트럭을 타고 다녔지만, 이제 트럭도 없다) 내몽고 자치구 공안청이 체포령을 발표하면서 언급되는 이름은 모두 영화 관계자의 이름을 각색한 것이다.[8] 즉, 감독은 자신의 영화제작에 참가한 사람들을 실종자처럼 만들어 문공단의 해산을 전달하고 있다.

실연과 가족: 추이밍량과 인루이쥐안

주인공 추이밍량은 볼품없는 외모에, 직장에서나 집에서 톡톡 튀며 빼질거리는 행동으로 사람들의 핀잔을 많이 듣는 사람이다. 그는 다른 사람이 모두 도착해서 그를 기다리는 상황에서도 제일 늦게 도착해서는

그림 15. 추이밍량의 어머니가 아들의 나팔바지의 단을 맞춰주고 있다

조금도 미안해하지 않는다. 또, 감독은 그를 집단주의 정신이 부족하다며 나무라지만, 그는 한 마디도 지지 않고 대든다. 하지만, 그는 이런 모든 것에 새로운 시각으로 도전하고 항의하는 인물이다. 사실 그가 늦게 온 이유는 자신에게 옷을 가져다주기로 했던 장쥔이 버스에 늦는 것이 두려워서 그에게 옷을 주지 않고 가버렸기 때문이다.

그는 집에서 청소 같은 집안일을 좀처럼 하지 않는다. 어머니도 이런 아들이 못마땅해서 늘 그에게 집안일을 시키려고 하지만, 그의 대답은 자신이 문예 공작자로서 머리를 쓰는 사람이라며 일하지 않아도 된다고

---

8) 방송에 나오는 청즈민(盛之民)은 『플랫폼』의 Production Mananger 청즈민(盛志民)를, 위리웨이(于立维)는 영화의 촬영을 맡은 위리웨이(余力为)를 의미한다.

주장한다. 즉, 그는 사회적 분업을 핑계로 집안일을 하지 않는데, 이것은 그는 문예에 관한 일을 하는 자신의 존재가 다른 사람과 다르다고 생각한다는 것을 말해준다. 자신을 사회적 엘리트라고 생각하며, 사회에 꼭 필요한 사람이라고 생각한다. 이런 화이트칼라의 우월감은 이 당시 문예 업계에 종사하는 사람이라면 누구나 가지고 있는 감정이었을 것이다. 하지만 그는 일상을 누구보다 혁명적으로 살아간다고 보아도 되지 않을까.

그림 16. 아버지 추이완칭(崔万林)의 앉으라는 요구에 엉거주춤 앉은 추이밍량. 바지가 불편함을 드러내 보인다.

또한, 그는 펀양에 사는 그 누구보다 새로운 것에 민감하게 반응하는 청년 가운데 한사람이다. 일반적으로 문화의 전파에서는 신문물의 전파가 가장 우선하며, 특히 생활에 가장 가까운 것부터 시작되는 경향이 있다. 80년대 개혁개방의 여파로 중국에는 연안 개발 도시를 중심으로 세계적으로 유행하는 나팔바지가 들어온다. 추이밍량이 입는 나팔바지는 장쥔의 고모가 광주에서 보내온 바지다. 나팔바지를 본 추이밍량의 어머니와 아버지는 모두 한 소리씩 한다.

> 어머니: 멀쩡한 바지를 밑이 왜 이렇게 넓어! 길 다 쓸고 다니겠다. 물이 끓어도 모르고. 쥔쥔 이거 어디에서 가져온 나팔바지냐?
>
> 아버지: 무슨 바지가 그래?
> 추이밍량: 나팔바지에요
> 아버지: 나팔바지가 뭐냐?
> 추이밍량: 나팔바지가 나팔바지죠

아버지: 앉을 수 있어?

추이밍량: 앉죠.

아버지: 앉아봐. 앉으라고. 괜찮아?

추이밍량: 괜찮아요

아버지: 노동자가 그걸 입고 일한다고? 농민이 일할 때?

추이밍량: 난 문예공작자고 그런 일은 안 한다고요.

아버지: 좀 풀어주니 자산계급처럼 행동하네?

추이밍량: 됐어요. 아 세대 차이 증말!

아버지나 어머니는 이미 기성세대로서 시대의 변화를 수용할 수 있는 세대가 아니다. 어머니는 집안일도 제대로 못 하는 놈들이 무슨 일을 하느냐며 나무라고, 아버지는 이데올로기적으로 추이밍량의 나팔바지를 비판한다. 사실 이들의 이런 행동은 기성세대가 추이밍량 세대를 과거의 잣대로 판단하여, 이들의 욕망을 제대로 이해해주지 못한다는 것을 의미한다.

그림 17. 추이밍량이 창문으로 보는 가족 사진은 추이밍량으로 대표되는 농촌 청년들의 소시민적 꿈을 나타내고 있다.

그렇다고 추이밍량이 친구인 장쥔이나 얼용 외의 다른 청년들에게 이해받는 것도 아니다. 추이밍량과 썸을 타는 인루이쥐안(尹瑞娟)과 장쥔의 애인인 종

그림 18. 인루이쥐안이 치대생과 선을 본다는 말을 들은 추이밍량이 그림 16의 사진을 바라보는 장면. 그는 자신이 사랑하는 인루이쥐안과 만나 사진처럼 결혼하고 아이를 낳고 가족을 이루어가고 싶다. 인부가 파들어가는 길은 그의 상념이 계속해서 깊이 침잠함을 의미한다.

그림 19. 장쳰의 집에서 덩리쥔(等侶군)의 노래 『술과 커피(美酒加咖啡)』(1973)를 듣고 있는 세 사람. 중국인 것과 서양적인 것이 배합된 이 제목은 시대의 모습을 담고 있다. 동시에 "사랑이 흐르는 물처럼 가버린 것을 알기에 그가 누구를 사랑하던지 상관 없어요(明知道爱情像流水, 管他去爱谁)"라는 가사는 추이밍량의 마음을 담고 있으며, "만약 그대의 마음도 부서졌다면, 그대와 함께 한 잔 할게요(如果你也是心儿碎, 陪你喝一杯)"라는 가사는 이들이 모인 목적이 추이밍량을 위로해주기 위한 것임을 보여준다.

핑(鍾萍) 역시 이들의 행동을 이해해주지 않는다. 이처럼 주인공인 추이밍량은 자신의 윗세대에게서도, 같은 시대를 살아가는 농촌 사람들에게서도 그다지 인정받지 못하는 존재다.

이런 점은 사랑에 있어서도 마찬가지다. 인루이쥐안의 아버지는 역무원인데, 그는 문공단의 일을 하는 추이밍량을 더없이 못마땅해 한다. 추이밍량과 인루이쥐안이 함께 영화를 보다가 인루이쥐안의 아버지에게 쫓겨 도망치듯 영화관에서 빠져나온다. 이 일로 종핑은 오후 내내 아버지의 잔소리를 듣는다.

인루이쥐안은 추이밍량을 좋아하기는 하지만, 그녀는 두 가지를 늘 마음에서 내려놓지 못한다. 하나는 그녀가 자신의 가치가 좀 더 높아서 다른 사람과 다르다고 생각하는 부분이다. 그녀는 펀양이란 현급(縣及) 문공단에서 일하고 있지만, 성급(省及) 문공단에 시험도 치르고(물론 떨어졌지만), 소개받는 남자도 치대생 같은 사회적으로는 추이밍량보다 높은 지위에 있는 사람이다. 또

그림 20. 인루이쥐안 역시 이 사진을 바라본다. 이는 이 두 사람의 마음이 연결되어 있으며, 이후에 결혼할 것임을 암시하고 있다.

하나는 그녀의 아버지다. 어머니께서 돌아가시고 자신을 홀로 길러준 아버지에 대한 의리가 추이밍량을 선택하는 것을 막고 있다.

그림 21. 자전거 비행기. 비록 자전거를 타고 있지만, 비행기를 타고 미래를 비상하리라는 것을 보여줌으로써 영화 전체를 집약하고 있다. 이 자전거에는 모두 3명이 타고 있고, 각각 현실의 노력, 꿈의 비상, 그리고, 현실을 벗어나지 못한 추락을 드러내고 있다.

추이밍량에게는 장밍과 얼용이란 2명의 죽마고우가 있다. 영화에서는 이들이 장쥔의 집에서 가끔씩 당시 중국에 정식으로 수입되지 않은 덩리쥔의 노래를 들으며 펀양이란 작은 마을을 벗어나 멀리 가보고 싶은 자신의 열망을 달래는 장면이 있다. 이 장면에서 이들이 나눈 대화는 이들이 가진 생각을 집약적으로 보여주고 있다.

얼용: 울란바토르가 어디야?9)
장쥔: 외몽고 수도
얼용: 외몽고는 어디야?

---

9) 울란바토르는 영화적 의미 보다는 자장커의 어린 시절의 추억과 관련이 있다. 자장커는 어린시절 산시에 살면서 늘 일기예보를 들었고, 한랭한 기류가 늘 울란바토르에서 오는 것을 보고, 이 지역을 한기가 생성되는 근원으로 생각했다고 인터뷰한 기록이 있다. 赵涵漠·林天宏, 『贾樟柯 : 一个可能伟大的中国导演』: 我们山西人, 小的时候天天听天气预报, 寒流是从乌兰巴托过来的, 我就觉得乌兰巴托是风起的地方, 是寒冷的源头, 特别向往那儿, 是童年的记忆。还有, 山西人很多在蒙古做生意, 那时的商路是从山西经蒙古到俄罗斯, 从晚清、民国起, 家族、亲友、邻居有很多人在那个地方打拼, 那个区域于我有很多想象。(中信出版社, 2014. (ebook. ebook은 고정 페이지가 없어 페이지 표시를 생략함)

장쥔: 북쪽 위, 내몽고 지나서

얼용: 거기서 더 북쪽은?

장쥔: 소련

얼용: 소련 더 북쪽은?

장쥔: 북극해일껄?

얼용: 북극해 더 북쪽은?

......

추이밍량: 더 북쪽은 펀양이야. 우지아강(武家巷) 18호, 장쥔네 집이지

얼용: 그럼 지금 우린 북쪽 바다에 있는 거네

그림 22. 성위에 모인 추이밍량, 장쥔, 얼용, 그리고 2명의 남성. 이들은 버스를 보고 돌을 던지고, 마지막에 추이밍량은 인루이쥐안의 집을 향해 돌을 던진다. 이들이 이렇게 한 이유는 배경음악인 『작은 비밀(小祕密)』로 유추할 수 있다. 영화에서는 노래의 "그대를 떠나기 싫은 그리움을 간직하고 있어요, 이것이 나의 비밀이에요.(對你有無限依戀, 那正是我的祕密)"라는 가사가 나온다. 즉, 이들은 각자 자신의 비밀, 즉 펀양에서 이루고 싶었던 꿈이 있어서 떠나기 싫어서 버스를 향해 돌을 던진 것이다. 추이밍량은 그녀를 향해 돌을 던져 자신을 받아주지 않는 현실에 대한 저항을 드러낸다.

몽고는 이들이 사는 펀양에서 가장 인접한 외국이다. 하지만, 이들은 몽고의 수도 울란바토르에 갈 방법이 없다. 그래서 더욱 상상의 나래를 펼쳐본다. 하지만, 청춘의 종착역은 늘 현실이며, 그 현실은 이미 과거의 현실이 아니기에 편도 기차와 같다. 하지만 얼용은 아직 청춘의 기차에 타고 있어서 "그럼 지금 우린 북쪽 바다에 있는 거네"라며 거꾸로 된 현실 인식을 보여준다. 이것이 청춘의 속성이자 권력이다. 즉 현실 속에 있지만, 현실을 벗어나 거꾸로 보거나 새로운 상상의 나래를 펼치는 것이다. 이 거꾸로 되고 엉뚱한 인식이 깊고 높을

수록 청춘은 더욱 높이 더 빛을 내며 날지만, 그 높이만큼 추락하기 때문에 아픔도 더 크다.

청춘의 실연이란 아프지만 조금 허술한 모습으로 다가오는 경우가 많다. 영화는 실연으로 인한 추이밍량의 마음을 섬세하게 그려내는데, 많은 장면

그림 23. 추이밍량이 인루이쥐안에게 고백하는 장면. 카메라는 이들을 함께 보여주지 않고 한 명씩 보여주는데, 이는 이 두 사람의 관계가 이어지지 못하는 것을 암시한다.

을 할애하고 있다. 추이밍량이 집에서 아버지, 어머니, 동생과 국수를 먹는 장면에서, 아버지가 동생이 가방에 『춘희』를 가지고 있는 것을 혼낸다. 사실 『춘희』는 추이밍량의 마음을 보여주는 장치이다. 『춘희』는 알렉상드르 뒤마 피스의 작품으로 여주인공인 창녀 마르그리트가 남자 주인공 아르망와 사랑에 빠지지만, 그의 미래를 위해 그를 떠나 창녀의 삶을 살면서 죽음에 이르고, 남자 주인공은 그런 그녀를 이해하지 못하다가 그녀의 진심을 알게 된 다음 슬퍼한다는 내용이다. 추이밍량은 인루이쥐안의 미래를 위해 그녀를 떠나겠다는 미숙한 다짐을 스스로에게 하는 것이다.

그림 24. 영화관에서 도망쳐서 성위에서 인루이쥐안의 집을 바라보는 추이밍량. 그는 현실의 제한 때문에 자신의 소망을 늘 멀리서 바라보기만 할 수 있다.

우여곡절 끝에 인루이쥐안은 치대생과 결혼하지 않는다. 그래서 추이밍량은 그녀에게 고백을 해보지만, 돌아오는 대답이 없다. 그래서 마음이 날카롭게 서있는 상태였는데,[10] 한참 뒤에 인루이쥔의 거절을 직접 듣게 된다. 그는 문공단이 새롭

그림 25. 그녀는 추이밍량을 전송하는 곳에 가기 위한 준비를 마쳤지만, 가지 못한다. 그저 추이밍량이 늘 그녀를 기다리던 곳을 바라볼 뿐이다.

게 경음악을 주제로 잡아 공연다니는 프로젝트에 참여하여 펑양을 떠난다. 물론 그는 인루이쥐안을 남겨두고 떠나기는 싫었을 것이다. 하지만, 그는 실연했고, 또한 문공단에 대한 자신의 이념을 위해 떠남을 결심한다. 떠나는 날 아침 그는 하지도 않던 청소를 한다. 이렇게 떠나는 추이밍량의 심정을 『벨라 챠오(Bella ciao, 안녕 내 사랑)』[중국어로는 『아, 친구여 안녕(啊朋友再見)]을 통해 표현하고 있다.

외지에 있으면서 추이밍량은 늘 인루이쥔을 생각한다. 문공단의 상황이 갈수록 좋아지지 않지만, 추이밍량은 펑양으로 돌아가지 않고 문공단에 남아 생활한다. 그리고 문공단이 모든 힘을 소비하고 기능이 정지되자 펑양으로 돌아와 그를 기다리던 인루이쥔과 결혼하는 장면으로 그의 사랑이야기는 끝을 맺는다.

인루이쥔은 상당히 수동적인 여성이다. 그녀는 추이밍량을 나쁘게 생각하지 않으면서도 그의 마음을 받아주기 힘들다. 여기에는 그녀의 높은 자존심이 한몫했다. 이런 자존심은 때로는 한없이 여린 감성에서 비롯되는 경우가 많다. 인루이쥐안은 얼용에게 병을 핑계로 전송을 가지 않는다고 했지만, 사실은 가고 싶은 마음이 있다. 하지만, 마중 차비를 다

---

10) 추이밍량이 광주에서 돌아온 장쥔의 집을 보수하면서 유리를 담장에 심는 장면이 있다. 담장은 집안과 외부를 나누는 경계이며, 곧 마음이 외부와 접촉하는 곳을 상징한다. 이곳에 유리를 박는 행동은 그가 인루이쥐안의 문제로 마음이 대단히 날카롭게 서 있다는 것을 의미한다.

해놓고서 결국 가지 못하고, 추이밍량이 늘 그녀를 기다리던 곳을 바라
보기만 한다. 이것은 그녀가 사랑을 마주할 용기가 나지 않았음을 의미
한다. 하지만, 이것을 비난할 수는 없을 것이다. 그녀는 자신의 삶을 개척
할 의무가 있고, 그리고 이것을 당당히 해냈기 때문에, 추이밍량과 결국
결혼할 수 있었을 것이다. 하지만, 연기자 자오타오가 맡은 역할은 중요
한 역할임에는 틀림이 없고, 절망적인 청춘들에게 한 가닥 위안으로 나
타날 수는 있겠지만, 감독의 상상이 상당히 가미된 역할임에는 틀림이
없다.

끝으로, 추이밍량과 관계
된 서사에는 가족이 등장하
는데, 당시 농촌의 현실적 문
제를 여과 없이 보여주고 있
다. 즉, 영화 곳곳에 보이는
이들의 가족주의와 시대에
의해서 해체된 가족은 영화
가 담은 현실 가족의 시대상
이다. 우선 추이밍량의 남동

그림 26. 멀리 자신의 딸인 위안잉이 있는 도시를
바라보는 산밍과 추이밍량. 이들은 가족 서사를 담
고 있다. 감독은 산밍의 이야기를 〈스틸라이프〉로
만들게 된다.

생은 교육수준이 떨어지는 농촌 청년이다. 그는 첫 등장에서 면도칼로
여학생 치마를 자르는 이야기를 하기도 하고, 또 싸움질을 하고 다니는
인물로 그려지고 있다. 그리고 아버지는 무뚝뚝하고 권위적인 인물로 그
려지는데, 영화가 끝날 무렵에는 첩살림을 따로 차려서 집에 들어오지
않는다. 즉, 이들은 농촌의 낮은 교육 수준과 가족의 해체를 보여준다.
영화에서 긍정적으로 묘사되는 가족은 어머니다. 어머니는 아들과의 관
계도 좋고, 집안을 잘 보살피는 인물로 그려진다.

또 한 명의 중요한 인물을 꼽자면 추이밍량의 이종사촌 동생인 산밍

(三明)이다. 그는 샨시성(陝西省) 송자촨(宋家川)에 살면서 석탄을 캐는 광부로 살고 있다. 추이밍량은 문공단 공연을 위해 송자촨에 가게 되었을 때 그를 만났다. 산밍의 부인은 이미 도망가고 없다. 또, 그에게는 딸이 있는데, 공부를 잘해서 도시에 있는 학교에 다니지만, 하루 일당 10원을 받으며 탄광에서 일해서는 딸을 도시에서 교육 시킬 돈이 나오지 않는다. 또한 그가 일하는 탄광은 비인간적 계약을 맺고 인부를 고용한다.[11] 그리고 추이밍량이 떠나가는 날 그에게 5원을 주면서 딸인 위엔잉(元英)에게 전해달라고 부탁하고, 추이밍량은 자기 돈 5원을 더해서 10원으로 만들어 원잉에게 산밍이 준 돈이라고 하면서 준다. 이러한 묘사 역시 해체된 가족과 이를 따뜻하게 바라보는 감독의 시선이 결합된 부분이다.

장쥔과 종핑: 청년과 사회

장쥔과 종핑은 감독이 제시하고자 하는 청년 관련 사회 문제와 긴밀하게 엮인 인들이다. 그래서, 전체적으로 보면 추이밍량과 인루이쥐안이 대체로 인물의 감정 서사와 가족 서사와 같은 내적서사를 담당한다면, 이들은 종종 사회적 서사를 담당한다.

그림 27. 장쥔이 추이밍량에게 보낸 엽서. 화려한 도시 광주 사진이 있다. 뒷면에는 광주의 "화려한 세계는 끝내주는구만(花花世界, 真好)"이라는 장쥔의 글이 적혀있다

---

11) 이 이야기는 나중에 『스틸라이프』로 확장된다.

장쥔은 늘 새로운 문물을 친구들 사이에 퍼뜨리는 역할을 한다. 영화에서 그는 추이밍량에게 고모에게서 받은 2벌의 나팔바지 가운데 하나를 주었고, 광주에서 추이밍량에게 엽서를 보내기도 하고, 다시 편양으로 돌아오면서는 카세트테이프를 들고

그림 28. 장쥔이 애인 종핑을 원저우미용실에 데려간 장면. 그녀는 편양문공단 단원으로서는 처음으로 파마를 했다. 그리고는 플라맹고를 추는데, 이는 그녀의 기분을 표현한 것이다.

돌아왔으며, 종핑을 원저우미용실(溫州发廊)에 데리고 가서 파마시켜주었다. 원저우(溫州) 역시 선전처럼 등샤오핑의 선부론(先富論)에 입각하여 1984년 대외개방도시로 선정되어 경제특구의 혜택을 받은 도시다.

장쥔이 종핑과 함께 원저우미용실로 파마하러 가는 도중에 한 무리의 청년들이 이들을 스쳐 지난다. 이들이 외치는 구호는 "계획해서 낳고 기르는 것이 좋다! 한 명의 자식만 낳는 것이 좋다!"이며, 이는 계획출산정책(중국어: 計劃生育)과 관련이 높

그림 29. 장쥔과 종핑이 이발소로 가는 장면. 이들의 뒤로 출산계획 구호를 외치는 청년 인파가 지나간다

다. 계획출산정책은 본래 1956년도에 기획된 것이었지만, 1958년에 실시된 마오쩌둥의 대약진운동과 1976년에 진행된 문화대혁명 시기에는 인구가 많을수록 투입할 노동력이 증대한다고 보아 계획출산정책은 정지된다. 하지만, 인구가 지나치게 불어나면서 식량문제가 대두되자 1973년

부터 계획출산지도위원회를 설립한다. 실제 국민의 생활에 직접적인 공권력의 개입을 통한 자녀 원칙이 실제 사회에 파급되기 시작한 것은 1979년, 즉 개혁개방 시기 이후다.[12] 이런 점에서 앞서 언급했던 추이밍량이 "7·8명의 아내와 한 무더기의 자식"이라 한 것은 사실 어느 정도 마오쩌둥의 사상을 반영한 것이다.

그림 30. 1983년 9월 24일 인민해방군의 명장 주더의 손자 주더화가 공개 총살된다. 죄명은 강간 14인, 강산미수 7인, 성추행 21인, 성희롱 26인이다. 당시 주더화의 나이는 25세였다. 영화에서 인루이쥐안이 언급한 "바이주(白猪, 흰 돼지)"에서 주(猪)의 음과 주더화의 주(朱)는 음이 같아서, 이 사건을 지칭할 가능성이 크다.

종핑 역시 시대를 선도해나가는 여성으로 그려지는데, 인루이쥐안에게 담배를 가르쳐 주고, 또, 시대적 분위기를 선도해나가는 노래를 부르며 시대와 긴밀히 호응한다. 문공단이 대중음악으로 방향을 선회한 시점에서 장쥔이 펀양을 떠나 광주로 떠났을 때, 종핑은 떠나간 장쥔을 기다리며 당시 유행가 노래책을 뒤적거리며 부르는 노래들은 시대적 분외기를 보여준다. 『교원의 아침(校園的早晨)』(1978), 『변경의 샘물은 맑고도 순수하네(邊疆的泉水清又純)』(1978), 『군항의 밤(軍港之夜)』(1980) 등은 70년대 말과 80년대 초에 크게 유행했던 노래들로, 마치 덩리쥔의 『술과 커피(美酒加咖啡)』에 나타난 전통과 신문물의 혼종적 느낌이다. 이들 노래는 가사에는 혁명성이 강하지만, 음율은 대중음악인 곡들로, 뒤섞인

---

12) 박광준·오영란, 「중국계획출산정책의 형성과정」, 『한국사회정책』, (4), 2011년, 203-235쪽.

곡들로, 완전한 대중음악이
되기 전의 곡들이다.

　종핑과 인루이쥐안이 함
께 담배를 피면서 바이주(白
猪)가 총살되었다는 이야기
를 나눈다. 이 내용은 1983년
중국 전역에서 이루어진 중
국식 범죄와의 전쟁인 "옌다
(嚴打)운동"과 관련이 있다.
이 운동은 "8·3옌다(八三嚴
打)"라고도 하는데, 1983년

그림 31. 주변의 구속에서 벗어나 마음껏 함께할
수 있는 해방감을 느끼는 장쥔과 종핑. 그리고 장쥔
의 시선을 따라 또 한명의 인부가 담배를 피우면서
같은 곳을 바라다본다. 이들이 느끼는 자유로움
은 사실 짧은 것임을 잘 알고 있다. 이들의 진정한
소망은 고향인 펀양에서 결혼해 사는 것이기 때문
이다. 그래서 씁쓸한 향수와 자유스런 해방감이 동
시에 느껴지는 장면이다.

부터 1985년까지의 3년 동안 3차에 걸쳐 진행된 운동이다. 이 운동과
연관한 대표적인 사건이 중국인민해방군의 창시인이자 지도자였던 주더
(朱德)의 손자 주궈화(朱国华)가 1983년 강간 혐의로 사형을 받은 사건
이다.[13]

　장쥔이 다시 돌아온 다음, 종핑은 다시 장쥔과 연애를 시작한다. 하지
만, 이들은 실수로 아이가 생겼다. 결혼 전에 아이를 가지는 것은 이 당
시 보수적인 중국 농촌 사회에서는 매우 지탄받는 일임을 쉽게 이해할
수 있다. 종핑은 집에 알려 결혼하자고 하지만, 장쥔은 받아들이기 어려
워 하며 낙태를 요구한다. 종핑은 머뭇거리며 결정을 내리지 못하다가,
결국 송단장의 도움으로 낙태를 하게 된다. 낙태를 하는 과정에서 들리

---

13) 주궈화 사건은 다음을 참조. 「从一审判决到二审判决只有三天 名门之后朱国
　　华的死刑」 https://web.archive.org/web/20150118132942/http://www.ynxxb.com/
　　content/2013-12/11/N12439205438

그림 32. 종핑과 장쥔이 낙태문제로 갈등하는 장면에 이어서 추이밍량이 "규율을 지키자(守紀)"라는 차를 잡고 자전거를 타고 있다. 트랙터는 사회이며, 자전거는 개인이다. 개인은 사회를 따라서 산다는 암시를 가진 장면이다. 개인적으로는 영화에 나타난 여러 인상 깊은 상징 장면 가운데 하나이다.

는 배경음악은 1984년 10월 1일에 거행된 중국 건국절 35주년 기념행사다. 마치 열병식을 거행하는 군인들처럼 의사들이 그녀를 수술했다는 것을 전달해주고 있다.[14]

송단장이 사비를 들여 맡은 문공단이 다른 지방에서 공연을 위해 편양을 떠날 때, 이들은 문공단에 함께 참여한다. 종핑이 이 그룹에 참여한 원인은 장쥔 때문인 것은 충분히 가능성이 있는 이야기다. 하지만, 장쥔이 이 그룹에 참여한 이유는 분명하지 않다. 그는 추이밍량처럼 자신의 가치관을 지키고자 하는 것도 아니다. 또한, 그는 단순한 부의 열망과 화려함을 동경하여 광저우로 갔었고, 허무하게 돌아온다. 그가 돌아올 때 울리는 배경음악은 『타이완 여자가 좋아요 아니면 싱가폴 여자가 좋아요(台灣小姐好還是新加坡小姐好)』라는 노래다. 앞의 서사에서 나타난 바와 같이 그는 늘 성과 관련한 문제로 영화에서 나타나는 것과 일치하고 있는데, 이것은 그가 하루하루의 만족을 위해 살아가며, 삶에서 아무런 목적이나 의의를 가지지 못하는 농촌 청년의 모습을 가지고 있기 때문일

---

14) 이 배경음악에서 언급되는 친지웨이(秦基偉)는 인민해방군 장성으로, 1984년에 베이징군구사령원(時任北京軍區司令員)이었다. 그는 군대 경력을 통해 1988년 국방장관까지 올랐으나, 1989년 톈안먼 사건 때에 덩샤오핑의 시위대 무력 진압 요청을 거절하여, 1990년에 국방장관에서 물러났다. 즉 등소평 정부의 최측근으로 활동했으나, 톈안먼 사건으로 정계에서 물러난 인물이다.

것이다.

그는 종핑과의 결혼에도 적극적이지 못하며, 육체적 만족만을 계속 찾는다. 현실 속에서 어떤 해결책 없이, 물질의 만족을 추구하는 행동은 그것이 선인가 악인가의 판단을 내리기 이전에 늘 사람을

그림 33. 인루이쥐안의 집 앞에서 벽돌을 쌓고 있는 두 사람은 자신만의 방식으로 그녀에 대한 애도를 드러낸다.

위험에 빠뜨린다. 왜냐하면 사람이 태어난 사회에는 태어나기 이전에 형성된 여러 제한 요소들이 인간의 행위를 처벌을 통해 제어하려고 하기 때문이다.

장쥔과 종핑은 처음에는 주변에 누치볼 것이 없어 커다란 해방감을 누리며 즐겁게 문공단의 공연을 따라간다. 하지만, 이들이 여관에 있는 동안 경찰이 들이닥쳐 이들에게 결혼증을 제시하라고 하면서 문제가 발생한다.

중국은 이 당시 유망죄(流氓罪)라는 것이 있었는데, 그 내용은 "사회관리 질서를 어지럽히는 죄(妨害社会管理秩序罪)"라는 풍기문란죄다. 이 범죄 조항 역시 문혁기간에 무너진 사회질서를 다시 세운다는 명목으로 만들어진 것임을 알 수 있다. 문제는 이 조항이 무려 『중화인민공화국 형법』 160조에 속한 형사 범죄라는 점이다. 이 법에 저촉되면 7년 이하의 징역 또는 구류와 관리대상이 된다. 이 시기의 유망죄는 조항이 그다지 분명하지 않은 법으로, 무언가 문제가 생기면 다 유망죄로 잡아들일 수가 있어 당시에는 "주머니죄(口袋罪)"라고 불렀다. 즉, 무엇이든 다 집어넣을 수 있다는 의미다. 유망죄는 문제가 심해지자 1997년에 취소된다. 현재 중국에서 비합법적 동거는 결혼한 사람의 경우에만 해당되며,

1980년대에도 결혼증이 없다고 청춘남녀가 여관에 함께 있는 것이 법적으로 명시된 문제가 아니다. 하지만, 이 시기에는 민간에 대한 경찰 권력이 컸기 때문에, 충분히 잡혀갈 수 있는 상황이라고 보는 견해가 있다.[15] 이 사건은 이 두 사람에게 결정적인 타격을 입힌다. 종핑은 취조 과정에서 끝까지 부부라고 주장했는데, 장쥔은 자신들이 부부관계임을 부정한 것이다. 종핑은 장쥔이 자신을 시종 부인으로 여기지 않는 것에 대한 실망과 충격으로 종적을 감춘다.

영화에서는 그녀의 죽음을 암시하는 대목이 강하게 보인다. 우선 추이밍량이 종핑의 아버지에게 그녀의 종적을 묻는 장면의 배경음악이 『하상(河殤)』이란 점이다.[16] 우선 문자를 해석해 보면 "하(河)"는 황하이고, "상(殤)"은 요절을 뜻하는 단어다. 그리고, 영화에서 추이밍량과 장쥔이 술을 마시면서 『징기스칸』 노래를 만가(挽歌)로 부르며 돌을 그녀 집의 문에 쌓아두는 장면이 있는데, 이는 그녀의 무덤을 만든 것으로 생각된다.

---

15) 郭富民, 「光影之中的法与情 ——观贾樟柯"故乡三部曲"有感 郭富民」, 『中国法院网』, 2017년 6월.

16) 『하상』은 중국 다큐멘터리 가운데 가장 큰 작품성과 영향력을 보여준 작품 가운데 하나로 여겨진다. 『하상』은 중국 개혁개방 시기를 맞이하여 새로워진 사회를 이해시키기 위해 만든 교육용 다큐멘터리다. 하지만, 그 내용의 의미는 상당히 강렬하다. 하는 황하이고 상은 죽음이다. 즉, 황하문명을 낡고 병든 문명으로 규정하면서, 기존의 중국을 버리고 새로운 민주화의 문화를 창도해 나가야 한다는 취지를 보여주고, 그 방향을 기존의 이념을 버리고 서구화로 향하자고 주장했다. 이 작품은 중국 중앙총서기, 중앙정치국상무위원 등을 지낸 자오쯔양(趙紫阳) 등의 개혁파 정치세력의 힘을 입고서 방영되었다. 본래 보수파의 거센 비판을 받던 이 작품은 쟁론을 거듭하던 과정에서 1989년 천안문 사건이 터지면서, 방송금지처분을 받는다.

기차와 『플랫폼』의 의미

이상에서 살펴본 것처럼, 이 영화는 80년대 청춘을 보낸 사람들의 일(문공단)과 사랑, 그리고 가족 등의 이야기를 사회적 맥락 속에서 살펴보고 있는 다큐멘터리 성격의 영화다. 하지만 인물이 경험한 사실을 단순히 전달하는 것에 그치지 않고, 감독이

그림 34. 이 장면에서 추이밍량은 『잔타이(站台)』 노래를 듣는다. 적막한 산수 로 대변되는 중국에서 이들은 자신의 꿈을 고독과 슬픔 속에서 기다리기만 한다

전하고자 하는 메시지가 강렬하게 녹아 있다.

이 영화에서 기차 관련 영상은 3번 등장하는데 모두 영화의 시작과 중간 그리고 끝에 나타나, 주인공들의 청춘 여정이 가진 시작, 중간, 마지막을 상징하는 의미로 사용되었다. 영화의 시작에서 기차는 문공단의 정체성을 상징했다. 문공단은 『기차는 소산을 향해 달린다』를 공연함으로써, 마오쩌둥 시대의 정치 이데올로기를 자기 정체성으로 삼았음을 보여주었다.

영화의 중반에서 기차는 주인공들이 쫓아가려 해도 쫓아갈 수 없는 존재임을 보여주었다. 즉, 이들 농촌 청년들에게 도시를 향해 달리는 기차는 도시 환상을 가진 존재로서만 존재할 수 있을 뿐, 시종 올라탈 수가 없는 존재이다. 즉, 이들이 욕망할 수는 있지만 허락되지 않은 존재이다.

이런 의미에서 영화 중반에 나오는 『잔타이(站台)』, 즉 '플랫폼'이란 노래는 영화의 제목이 가진 함의를 여과 없이 드러내고 있다. 이 노래는 1987년에 황푸생(黃蒲生)이란 하남성 가수가 부른 노래다.

> 기나긴 플랫폼에서,
> 한없이 기다리네.
> 기나긴 열차는
> 짧은 내사랑을 싣고 있네.
> 요란한 플랫폼,
> 적막한 기다림.
> 시작되는 사랑만 있을 뿐,
> 돌아오는 사랑은 없네.
> 長長的站台，漫長的等待。長長的列車，載著我短暫的愛。喧囂的站台，寂寞的等
> 待。只有出發的愛，沒有我歸來的愛。

이 노래는 플랫폼에서 느끼는 슬픈 적막과 고독이다. 이 슬픈 적막감은 성취하지 못하는 사랑 때문에 생겨난 것이다. 영화는 이 가사의 의미를 청춘의 순수한 욕망이 시작만 있을 뿐 결과가 없다는 의미로 확장한다. 영화가 주인공들의 욕망이 시대와 사회에 의해 좌절되는 모습을 그리고 있기 때문이다.

위의 가사에서 플랫폼은 기다림의 의미를 지닌다. 기다림에는 두 가지가 있다. 하나는 떠난 자가 타향에서 귀향을 기다리는 의미와 기다리는 자가 고향에서 떠난 자를 기다리는 것이다. 기차는 이 사이를 연결하기도 하고 이산시킨다. 하지만 영화에서 기차는 쫓아갈 수 없는 대상이기에 오직 이별만 있고, 기다림만이 존재한다. 그래서 이 영화는 이산된 사람들이 사람에 대한 그리움, 또는 고향에 대한 그리움으로 우두커니 그곳을 바라보는 장면이 자주 나온다. 추이밍량이 펑양 성 위에서 인루이쥐안의 집을 바라보고, 산밍이 자신의 딸이 있는 곳을 멀리서 바라보고, 종핑과 인루이쥐안이 각각 그 상대를 그리워하지만 다가가지 못한다.

이들은 시대와 사회의 거대한 흐름 속에 이 시대의 농촌을 살았던 청춘들이면 누구나 도시의 성공과 번영을 향해 발걸음을 옮기고, 또한 가족과 사랑을 이루고 싶었지만, 그렇게 할 수 없어 바라만 보았을 것이다. 이들은 도시에 와서도 자신이 원하는 것을 얻을 수 없는 경우가 많았을 것이다. 이들은 도시의 현실 속에서 자신의 한계를 더욱 느끼면서 도시 환상이 깨어짐과 동시에 헐벗은 자신을 발견하고, 실패의 고독감 속에서 자신의 고향과 사랑을 바라만 보아야 했을 것이다. 그래서 플랫폼의 의미에는 시대가 개인에게 남긴 멈춤의 각인이 담겨 있다.

세 번째 기차는 마지막 씬에 나타나는 주전자 소리다. 이들이 사는 방에는 주전자 소리, 아이 우는 소리가 시끄럽게 뒤섞여 마치 플랫폼에 있다는 착각을 불러일으킨다. 그리고 아이와 주전자 이 두 가지는 모두 결혼이라는 결과를 암시하고 있다. 즉, 청춘의 기차가 종

그림 35. 영화의 엔딩장면. 마치 총에 맞아 죽은 듯이 쇼파에 기대어 자는 추이밍량의 모습과 이 둘의 아들로 추측되는 아이를 인루이줸안이 안고 있는 모습.

착역에 도착한 것이다. 하지만, 이것이 현실인지 아니면 상상인지 알 수 없다. 왜냐하면, 이 두 사람의 결혼에 대한 과정이 영화에 나타나지 않기 때문이다.

만약 영화의 배경음악을 통해 좀 더 들어가 보면, 이 씬에 사용된 배경음악은 오우삼 감독의 홍콩 느와르 영화 『첩혈쌍웅』이고, 샤오주앙(주윤발)이 제니(종초홍)에게 미래를 약속하는 장면이다.

제니: 당신은 왜 안 가요?
샤오주앙: 당신 약부터 챙겨서 내려갈 테니 기다려.
제니: 왜요?

샤오주앙: 좀 깨끗한 환경으로 바뀌면 당신 눈에 좋을 거야.
제니: 좋아요. 해변으로 가서 하늘을 바라보고, 파도 소리 듣고 싶어요.
샤오주앙: 당신 짐부터 싸. 곧 따라갈게.
— 엔딩 BGM, 오우삼 감독, 『첩혈쌍웅』(1989)

이 대사는 추이밍량의 청혼사를 상징한다. 그녀를 위해 모든 것을 다 해주겠다는 서약은 남성이 여성과 결혼을 위해 하는 사랑의 서약이다. 물론 이를 위해서 남성은 자신의 청춘을 희생한다. 하지만, 『첩혈쌍웅』에서 주윤발은 이 대사를 마치고 총격전 끝에 죽는다. 그래서 이 부분은 죽음과 허무, 그리고 종말을 암시하고 있다.

만일 추이밍량이 진짜로 그녀와 결혼을 했다면, 이 장면은 마치 영화의 모든 장면이 울란바토르에서 북극해를 건너 다시 자기 집이란 현실로 돌아오는 느낌을 전달한다. 마치 이전의 일이 모두 그가 꿈속에서 꾼 꿈처럼 느껴지기도 한다. 하지만 어느 쪽이든 청춘의 추이밍량은 이미 죽었다. 그는 이미 이 순간을 위해 청춘의 동력을 모두 소비한 듯이, 마치 『첩혈쌍웅』의 주인공의 죽음처럼 한 손에는 담배를 들고 쇼파에 너부려져 있다.

그런데 한 가지 더 의문점이 있다. 인루이쥐안이 아이를 안고서 물이 끓는 주전자에 아이의 손을 데었다 붙였다 하는 특이한 행동을 어떻게 이해할까 하는 점이다. 관객은 아이의 손이 뜨거운 주전자에 닿을까 말까가 걱정된다. 만약 물 주전자 소리가 기차소리와 비슷하다는 점을 생각해 보면, 이 장면은 이들의 아이도 앞으로 자라 청춘의 시기를 보내며 자신들이 겪었던 무수히 많은 방황과 시련을 청춘 시기에 아픈 경험을 할 것임을 상징적으로 보여준다고 할 것이다. 영화는 이렇게 후속세대를 위한 걱정스러움과 희망을 동시에 관객에게 전달하고 있다.

제2장
일상의 소중함
고레에다 히로카즈 〈진짜로 일어날지도 몰라 기적〉

이은희

고레에다 히로카즈 감독과 가족 영화

고레에다 히로카즈(是枝裕和) 감독의 작품 이력을 살펴보면, 1989년부터 제71회 칸 영화제 황금종려상을 수상한 <어느 가족(万引き家族)>, 2021년 한국 배우들로 촬영한 <브로커(Baby, Box, Broker)>에 이르기까지 TV 프로그램, 극영화, 다

그림 1. 고레에다 히로카즈 감독

큐멘터리영화 등 다양한 작품을 제작해왔다. 그는 제57회 칸 영화제 남우주연상 수상작 <아무도 모른다(誰も知らない)>가 제작비 대비 매우 큰 흑자를 기록하여 영화감독으로서의 입지를 다진 이후에도 TV와 영화 분야를 넘나들며 작품 활동을 이어왔다. 고레에다 히로카즈 감독에게 있어 TV와 영화, 픽션과 논픽션과 같은 '영역의 굴레'는 의미 없는 것처럼

보인다. 또한 <환상의 빛(幻の光)>으로 감독 데뷔하기 전까지 교육, 복지, 재일 한국인 등 비판적 시각이 돋보이는 다큐멘터리를 만들었다. <환상의 빛>은 영화를 찍어 보지 않은 연출가로서, 아직 주연을 맡아 본 적 없는 신인 배우들과 함께 만든 영화로 '영화 역사상 가장 아름다운 데뷔작'이라고 평가받는다.

<환상의 빛>과 맥을 같이 하는 영화로<원더풀 라이프(ワンダフルライフ)> <디스턴스(ディスタンス)> <아무도 모른다> 등에서는 '죽은 자'와 '남겨진 자'를 그리며 상실과 슬픔의 치유 과정이 잘 드러난다. 그 외에도 우리나라 배우 배두나가 출현한 영화로 인형의 눈으로 삶의 공허를 담아낸 <공기인형(空気人形)>과 원수를 갚지 않는 무사의 이야기 <하나(花よりもなほ)>를 소개할 수 있다. 고정된 소재인 '가족 영화'라는 틀을 벗어나 법정 드라마 <세 번째 살인(三度目の殺人)>도 발표했다. 해외 프랑스에서 카트린 드뇌브, 쥘리에트 비노슈, 이선 호크와 함께 <파비안느에 관한 진실(La verite, The Truth)>를 찍었다. 국내 배우 송강호, 강동원, 배두나, 아이유가 참여한 <브로커>는 2022년 국내 개봉 예정이며 아이를 키울 수 없는 사람이 익명으로 아기를 두고 갈 수 있도록 마련된 베이비박스를 둘러싸고 관계를 맺게 된 사람들의 이야기를 담고 있다.

일본의 국민 배우 키키 키린은 명콤비인 고레에다 히로카즈 감독에 대해 다음과 같이 표현한다.

> "현장에 있는 고레에다 감독은 여하튼 기쁜 표정이야. 영화를 찍는 게 즐거워서 견딜 수 없다는 듯이. 아이부터 노인까지 상대하는 거니까 그야 일이 잘 풀리기만 하는 건 아니잖아. 하지만 결코 화내지 않고, 참을성 있게, 아무렇게나가 아니라 정성껏, 누구에 대해서도 평등하게, 실로 연기를 재미있어 하면서 만들어. 배우라면 누구든 이런 감독의 현장을 한 번은 경험했으

면 좋겠어."[1]

　방송 다큐멘터리 감독으로 경력을 시작한 고레에다 히로카즈는 장편 데뷔작 〈환상의 빛〉으로 1995년 베니스 영화제의 촬영상을 수상하면서 주목받기 시작했다. 이후 〈디스턴트〉 〈아무도 모른다〉 등이 칸느 영화제 경쟁 부문으로 공식 초청되었다. 〈진짜로 일어날지도 몰라 기적(奇跡)〉은 영화의 완성도를 인정받아 아시아 태평양 영화제 감독상과 홍콩 국제 영화제 특별언급상, 산세바스티안국제영화제 SIGNIS상과 각본상을 수상했다. 〈그렇게 아버지가 된다(そして父になる)〉로 심사위원대상을 〈어느 가족〉으로는 최고상인 황금 종려상을 수상하면서 현재 일본에서 가장 영향력 있는 거장 감독이 되었다. 그는 와세다 대학교 문학부 문예학과를 졸업했고 시나리오를 직접 쓰는 감독으로도 유명하다. 특히 『원더풀 라이프』『걸어도 걸어도(歩いても　歩いても)』『어느 가족』은 시나리오를 바탕으로 소설로도 발표되었다. 그 외에도 에세이 『걷는 듯 천천히(歩くような速さで)』, 영화자서전 『영화를 찍으며 생각한 것(映畵を撮りながら考えたこと)』등이 출간되었다.

　고레에다 히로카즈의 자서전 『영화를 찍으면서 생각한 것(映畵を撮りながら考えたこと)』에서는 그가 영화를 만들 때 무엇을 고민하는 감독인지 엿볼 수 있다. 이 자서전에서는 그가 영화를 시작하게 되는 과정부터, 일본 영화감독으로서 일본 영화산업에 가지는 비판의식 등이 돋보인다. 고레에다 히로카즈는 2018년 〈어느 가족〉으로 칸 영화제 황금 종려상을 수상하며 일본 영화사를 빛냈지만, 정작 그것이 일본의 산업구조

---

1) 고레에다 히로카즈·이지수 옮김, (2019), 『키키 키린의 말 - 마음을 주고받은 명배우와 명감독의 인터뷰』 마음산책, p.344.

와 지지에서 비롯됐다고 말하기는 어려울 것 같다. 90년대부터 시작한 일본 영화의 제작위원회 시스템은 일본 영화산업의 침체기를 불러일으 킨 강력한 요인 중 하나로 꼽힌다. 일본의 경우에는 대부분의 영화가 제작위원회의 손을 거치는데, 영화사, 방송국, 광고회사 등이 모여 사전 에 계약을 체결한 뒤에 영화 제작에 착수한다. 이러한 과정은 보다 많은 투자금을 유치하고 영화가 실패했을 경우의 피해를 분산시킨다는 장점 이 있겠지만, 만화나 애니메이션을 실사화한 영화 같은 안정적인 수입이 예상되는 영화들에 투자가 집중됐고 일본 영화는 찬란했던 과거와는 달 리 폐쇄적인 구조를 갖게 됐다. 고레에다 히로카즈 감독의 경우에도 폐 쇄적인 일본 영화의 산업구조에 상당히 비판적인 태도를 고수하는 입장 이다. 프랑스에서 제작된 <파비안느에 관한 진실>부터 한국에서 제작된 다고 하는 <브로커>까지, 고레에다 히로카즈 감독이 일본 영화의 산업 구조에서 벗어나기 위한 시도는 꾸준히 계속되고 있다

고레에다 히로카즈는 스스로의 영화들을 '변칙적인 언어'를 구사한 작 품이라고 자평하고 있지만, 상당한 기간동안 동·서양의 비평가들은 그 를 '상실을 그리는 작가'로, 그의 작품을 '오즈적(Ozu的)'이라는 '언어의 굴레' 속에 규정해왔다. 이것은 그의 첫 영화 <환상의 빛>을 비롯한 초기 작품들에서 발견할 수 있는 형식(formal system)과 양식(stylistic system) 이 영화 연구자들에게 '오즈 야스지로(小津安二郎)'라는 거장에 대한 향 수를 불러일으킨 것에 기인한다. 상실을 경험한 남겨진 사람들의 이야기, 길을 강조하는 카메라의 관조적 세계관, 존재의 부재를 부각시키는 빈 공간을 비추는 여백 쇼트, 관조적·정적 카메라와 미장센 등은 '상실을 그리는 작가'의 '오즈적 작품'이라는 수식어로써 그의 작품 세계를 재단 하는 근거로 활용되었다.[2] 하지만 다양한 작품으로 평가되는 고레에다 히로카즈는 상실 그 자체를 이야기하기보다는 남겨진 사람들이 부재한

대상을 '애도'하고 극복하는 '과정'을 섬세하게 그리는 감독으로도 평가할 수 있다.

고레에다 히로카즈는 어느 한 소재에 머물지 않고 폭 넓은 소재를 다루는 편이다. 차가운 현실을 시적으로 표현했던 데뷔작에 이어 죽음 이후의 세계라는 공상과학적인 이야기를 다룬다. 지하철에 독극물을 뿌려 세계를 경악하게 만들었던 옴 진리교 사건이나 자식을 방치해 죽음에 이르게 만들었던 스가모 아동 방치 사건같은 다큐멘터리적인 소재에 천착하는가 싶더니, 사무라이를 다룬 시대극으로 넘어가 버린다. 이렇게 당최 방향을 알 수 없는 고레에다 히로카즈 감독이기에 그의 영화를 유형화해 정리한다는 것은 어려운 일이다.[3] 이처럼 다양한 소재로 영화를 만든 고레에다 히로카즈는 현재까지 10편의 극영화와 5편의 다큐멘터리를 만들었는데, 10편의 극영화 중 6편이 가족 영화이다. 가족을 소재로 소소한 '일상'에서 풍성한 삶의 '성찰'을 작품을 통해 드러내는 면이 부각되고 있는 것이다. <걸어도 걸어도> <진짜로 일어날지도 몰라 기적> <그렇게 아버지가 된다> <바닷마을 다이어리> <태풍이 지나가고(海よりもまだ深く)〉는 감독의 '가족'에 대한 애정이 묻어나는 대표적인 작품이다.

일본에서 가족은 근대화의 산물이다. 가정이 서구의 'home'을 번역한 것임을 생각할 때 일본에서 가정/가족의 개념은 서구화/근대화와 함께 시작되었다. 특히 일본 근대 가족의 특징은 일본 영화 속에 잘 반영되고 있다. 일본 영화에 가정과 그 속에 살고 있는 가족들의 모습이 등장한

---

2) 이지행, (2009), 「고레에다 히로카즈, 상실의 빈자리를 애도하는 작가」『영상예술연구』, Vol0, No14, 영상예술학회, pp.133-140.

3) 황우현(2018), 「고레에다 히로카즈감독 영화의 공간 연구」『한국콘텐츠학회논문지』, 18(12) 한국콘텐츠학회, p.345.

것은 19세기 후반 잡지와 신문에 연재되면서 시작된 가정소설이 유행하면서 부터이다. 현대 일본 문학 전집의 정의에 의하면 가정소설은 "여성의 교육이 진행되고, 가정과 연애를 신성시하던 시각이 무너지고 부인들이 문자에 눈 뜨기 시작하면서 시작된 신문학"4)으로 정의하고 있다. 가정소설은 영화의 소재로 빈번하게 활용되었다. 일본은 1960년 이후 홈드라마의 유행이 TV로 옮겨가면서 영화로서의 가족 영화는 쇠퇴의 길을 걸었다. 그러나 1990년대 이후 일본의 가족 영화가 고레에다 히로카즈를 통해 계승되고 있다는 것을 지적할 수 있다. 고레에다 히로카즈는 데뷔작 <환상의 빛>에서부터 다양한 가족의 형태와 의미를 생각하게 하는 가족 영화를 만들어 온 것이다. 가족을 소재로 한 대표적인 작품을 소개하면 다음과 같다.

<환상의 빛>에서는 남편의 갑작스러운 자살로 어린 아들과 단둘만이 남겨진 아내가 남편의 자살 이유를 알지 못해 고통스러워하지만, 새로운 가족과의 만남을 통해 그 아픔을 치유해가는 과정을 담고 있다. <아무도 모른다>는 아버지가 서로 다른 4명의 형제들이 어머니에게도 버림받은 후 그들만의 새로운 가족을 만들어가는 과정을 담고 있다. 고레에다 히로카즈 영화 중 유일한 시대극인 <하나>역시 아버지에 대한 사무라이의 복수를 중심으로 하고 있지만 사무라이가 아버지에 대한 복수를 완성하는 이야기보다는 그가 아이가 있는 과부를 만나 새로운 가정을 만들어가는 과정에 초점을 맞추고 있다. 시대극이면서도 가족 영화의 특징이 명확하게 드러난다. 이는 가족 영화의 원조라고 할 수 있는 소시민영화가 유행하던 1930년대 이타미 만사쿠, 야마나카 사다오 등을 중심으로 만들

---

4) 岩本憲児(2007), 『家族の肖像:ホームドラマとメロドラマ』 森話社, pp.12-15.

어져 유행했으며, 시대극의 소시민영화로 불리던 '상투 튼 현대극'[5]을 계승이라고 할 수 있다.

<걸어도 걸어도>에서는 장남의 기일에 맞춰 모인 가족들의 모습을 통해 갈등을 겪고 있던 차남과 아버지가 화해해가는 과정을 담고 있지만, 영화는 진행되면서 차남이 새로 결혼한 부인과 그녀가 전 결혼해서 낳은 아들이 새로운 가족으로 받아들여지는 과정을 보여주면서 끝을 맺는다. 특히 이 영화는 가족들이 함께하는 세 번의 식사를 중심으로 하는 사실적인 시간의 흐름 속에서 여러 등장인물의 내면을 자연스럽고 섬세하게 그리고 있다. 그것이 매우 사실적으로 느껴지는 이유는 가족이라는 테두리 안에서 벌어지는 우리의 일상과 그 일상 속에서 우리가 느끼는 감정이 그것과 크게 다르지 않기 때문일 것이다.

<태풍이 지나가고>는 한 가족이 일상생활에서 겪어내야만 하는 인생이라는 거대한 태풍을 그려낸다. 소설가로서 등단은 했지만 15년째 제대로 된 글을 쓰지 못하며 흥신소 일로 살아가는 료타, 남편과 자식을 뒷바라지하느라 정작 본인은 40년간 한 곳에서 떠나지 못했던 료타의 어머니, 료타와의 결혼에 실패하고 재혼을 생각하고 있는 료코 등 이 작품에 등장하는 인물들은 현재의 비극을 자신만의 방법으로 견뎌내고 있다. 한편으로 영화는 따뜻한 부자 관계로 봉합할 수 있는 기억들이 아버지, 료타, 또 그의 아들까지 삼대로 이어지는 연결고리를 만듦으로써 균열과 상처를 치유할 수 있는 가능성을 열어둔다.

<진짜로 일어날지도 몰라 기적>은 부모의 이혼으로 떨어져 살게 된 형제가 가족의 재결합이라는 기적을 이루기 위해 노력하는 과정을 그리고 있는 이야기이다. 결국 그들이 원하는 가족은 네 명이 모두 모여 사는

5) 筒井清忠, 加藤幹郎(1997), 『時代 劇映画とはなにか』, 人文書院, pp.40-43.

것이 아니라 각각의 가정 속에서 새로운 의미를 찾는 가족으로 그리고 있다. 영화는 아이들의 순수한 이야기에서 시작하여 어른의 세계로 진입한 아이들을 보여준다. 가고시마의 화산이 폭발하면 이혼한 부모와 함께 살 수 있을 거라 믿었던 아이는 거창한 소원보다는 사소한 일상이 더 소중함을 깨달으며 성장한다.

그림 2. 가족을 소재로 한 대표 영화들

<그렇게 아버지가 된다>는 6년이 지나고서야 병원에서 아이가 바뀐 것을 알게 된 아버지가 피를 나눈 자신의 아들이 아닌 6년 동안 기르면

서 정이 든 아들을 자신의 친아들로 받아들이면서 가족의 새로운 의미를 되새기는 영화이다. 그리고 이 사건을 통해 단 한 번도 진정한 아버지가 되어본 적이 없었던 인물이 아버지의 의미를 깨달아가는 과정을 그린다. 단순히 혈육을 찾는 스토리가 아니라 인간성을 회복하는 아버지의 모습을 세밀하게 보여주는 것이다.

〈바닷마을 다이어리〉는 자신들의 가정을 파탄 낸 여성의 딸을 가족으로 받아들이면서 개인뿐 아니라 가족이 모두 성숙해지는 이야기다. 이 영화 또한 개인의 성장을 가족 관계 안에서 풀어내고 있다. 이러한 맥락에서 고레에다 히로카즈는 아이가 어른이 되어 가는 과정, 어른이 아버지가 되어 가는 과정, 또 가족 모두가 성숙해지는 과정을 통해 가족은 모든 성장 과정의 통과의례라는 점을 강조하며 유년기만을 성장의 시기라고 보지 않고 '인간은 전 생애를 거쳐 성장한다'라는 관점을 내포하는 것이다.

한편으로 비혈연으로 맺어진 대안가족을 통해 가족의 의미를 표현한 〈어느 가족〉을 소개할 수 있다. 영화의 이야기는 시바타 가족이 부모에게 보호받지 못하고 방치된 유리라는 아이를 데려오면서 시작된다. 엄마 노부요는 사회적으로는 유괴로 치부될 수 있는 이 일에 대해 누군가가 버린 걸 주은 것이라고 말한다. 시바타 가족에게 이런 일은 처음이 아니다. 그들은 할머니 성을 따르고 함께 살지만 그 누구도 혈연으로 맺어지지 않은 관계이다. 그러나 이들은 아들이 셋이나 있음에도 홀로 사는 할머니를 돌보고, 친부모에게 학대받는 아이를 보듬어 준 따뜻한 가족이다. 결국 가족 해체가 점점 더 가속화되고 있는 현대 사회는 혈연이나 제도로 결합된 가족보다 서로의 필요를 채워주는 가족관계가 더 요구되기도 한다. 이러한 점에서 고레에다 히로카즈는 혈연과 제도로 연결되지 않은 시바타 가족을 통해 사회적으로 규정한 가족공동체에 대한 의미[6]

를 담는다. 이처럼 고레에다 히로카즈 감독은 그가 그리고 있는 영화의
연출적 특징도 훌륭하지만 여러 작품을 통해서 꾸준히 '가족'에 대해 깊
이 있게 정밀하게 그려왔다. 그의 가족 이야기들의 저변에는 일본 사회
가 겪은 경제적 사회적 변화 속에서도 살아갈 희망과 잔잔한 위로를 담
고 있다. 세속의 잣대로 돌아가는 세상 너머의 삶을 살만한 가치로 확장
되고 있다.

정수완은 고레에다 히로카즈가 가족의 재구성을 통해 새로운 의미를
생각하게 하는 가족 영화들을 만들면서 일본 가족 영화의 역사를 이어가
고 있다7)고 평가한다. 오즈 야스지로가 결혼, 죽음 등 가족 구성원들의
이별을 통해 가족의 의미를 생각하는 가족 영화를 만들었고, 나루세 미
키오가 불륜이나 아버지가 다른 형제들의 갈등을 통해 가족이 무엇인지
생각하게 하는 가족 영화를 만들었다. 고레에다 히로카즈는 두 감독의
영화 전통을 이어받아 떠나간 가족과 그 자리를 새롭게 채우는 가족을
통해 새로운 가족의 의미를 찾아가고 있다고 볼 수 있다.

'기차' 와 구루리의 '주제곡' 그리고 가루칸 떡

고레에데 히로카즈 감독은 프로듀스 다구치 히지리 씨를 통해 JR 규슈
로부터 "규슈 신칸센 전 노선 개통을 모티브로 한 기획에 흥미 없어요?"
라는 이야기를 듣는다. 그 당시 그는 "영화를 잠시 쉬겠습니다"라고 휴

6) 문정미(2019), 「가족 서사와 공간 재현 -고레에다 히로카즈 영화를 중심으로-」
『한국엔터테인먼트산업학회논문지』, 13(7), 한국엔터테인먼트산업학회, pp.193
-197.
7) 정수완(2014), 「고레에다 히로카즈(是枝裕和) 영화에 나타난 가족의 의미 연
구」『씨네포럼』, 19호동국대학교 영상미디어센터, pp.143-147.

업 선언을 하고 시간이 조금 지난 무렵이었다고 한다. 지역 협찬물이나 기획물은 제약이 너무 많아서 대부분 실패하기 때문에 거절하려 했는데, "JR 규슈가 전면적으로 후원할 테니 열차를 마음껏 탈 수 있어요."라는 말에 결정한다. 감독의 증조할아버지가 가고시마 현 출신이기도 했고, 고레에다 히로카즈 감독에게도 아이가 생겨서 〈아무도 모른다〉와는 다른 아이들 영화를 찍어 보고 싶다는 마음도 커져서 받아들인 것이다. 그의 머릿속에 떠오른 이미지는 〈스탠드 바이 미〉처럼 선로 위를 걷는 장면이었다. 하지만 후쿠오카와 가고시마 사이를 시나리오 헌팅 해보니 신칸센 선로는 당연히 걸을 수 없을뿐더러 고가도로가 많아서 먼 산이나 건물 옥상에서 바라보지 않는 한 시야에 들어오지 않았다. 선로를 걷는 건 어려웠지만 이렇게 보이는 장소를 찾으며 걷는 것 자체는 매우 재미있다는 점을 깨닫고, 줄거리를 '규슈 신칸센이 서로 엇갈리는 순간 그 자리에 있으면 기적이 일어난다는 소문을 믿고 여행을 떠나는 아이들의 이야기'로 구상했다고 한다.

고레에다 히로카즈 감독은 처음 생각한 것이 '소년이 소녀를 만나는 이야기'라고 말한다. 부모님의 이혼으로 가고시마 외갓집에 맡겨진 남자 아이가 신칸센을 보러 가서, 역시 어떤 사정을 품고 있는 하카타의 여자아이와 만난다는 이야기이다. 이것이 형제의 이야기로 바뀐 이유는 초등학생 개그 콤비 '마에다 마에다'의 마에다 고키, 마에다 오시로 형제와의 오디션 만남이 너무도 인상적이었기 때문이다. 그들은 일반 아이들 틈에 섞여 오디션을 보러 왔다. 그때 감독은 두 아이를 잘 몰랐는데도 존재감이 너무 커서 오디션 다음 날에는 각본을 다시 쓰기 시작했을 정도라고 한다. 하지만 아역 오디션이 큰일이었다. 그전까지 아주 좋은 연기를 펼치고 있는데도 마에다 마에다 형제와 함께 연기하자마자 리듬이 망가지는 아이도 있었고, 그들의 강렬한 간사이 사투리에 휩쓸려서 자신도 간사이 사투리를 쓰는 아이도 있었다. 마에다 마에다 형제에게 지지 않을 아이들을 찾았다고 한다. 그리고 '이 사람한테는 찍혀도 좋다'라는 아이들의 직감과 '이 아이를 찍어보고 싶다'는 감독 자신의 마음이 얼마나 잘 맞는지도 중시했다고 한다.

고레에다 히로카즈 감독은 자산이 찍는 아이들 영화에서는 기술이나 이름값이 아닌 좋은 궁합이 가장 중요하다고 보고 있다. 그런데 찾은 아이들 일곱 명에게

그림 3. 〈진짜로 일어날지도 몰라 기적〉 포스터

는 그전 영화와 마찬가지로 각본을 전혀 건네지 않은 채 당일에 장면을 설명하고 대사를 바로 전하는 촬영 방법을 철저히 지켰다고 한다. 촬영 전에는 키키 씨가 청해서 가고시마에서 단둘이 밥을 먹었는데, 평소에는 전혀 그런 행동을 하지 않던 그녀가 튀김을 먹으면서 식탁 위에 각본을 펼치고는 "감독님, 잘 알겠지만 이번에는 아이들이 주인공인 영화니까 어른 배우들 클로즈업하거나 돋보이게 만들 필요는 없어요"라고 말했다. 덕분에 '아이들 영화를 찍는다'는 각오가 단단해져서 촬영 중에도 고민하지 않고 끝났던 점에 감사하고 있다.[8]

앞에서도 언급했지만 <진짜로 일어날지도 몰라 기적>은 규슈 신칸센

---

8) 고레에다 히로카즈·이지수 옮김, 『영화를 찍으며 생각한 것-고레에다 히로카즈 영화자서전』, (2017), 바다출판사, pp.368-371.

을 모티브로 하고 있다. 이 영화의 음악을 담당한 사람은 '구루리(くる
り)'의 기시다 시게루 씨이다. 기시다 씨와는 모지코 역에서 열린 485계
전동차 해체 행상에서 감독과 만났는데, 소문대로 철도를 무척 좋아한다
고 했다. 인터뷰어가 전차의 매력에 대해 묻자 그는 다음과 같이 말했다.
"나만의 것이 되지 않는 점이에요. 거기에 낭만이 있습니다." 큰 부자라면
자가용 비행기도 배도 손에 넣는 것이 가능하지만, 열차만은 분명 그렇지
않다. 다른 사람과 함께 탄다는 숙명을 애초에 지닌 탈것이다.9) 이처럼
열차에 대한 의견을 표현한다. 철도 사진 애호가, 철도 승차 애호가 등
기차를 좋아하는 종류는 다종다양하다. 매력도 여러 가지겠지만, 고레에
다 히로카즈 감독의 경우에는 타고 있으면 아이디어가 떠오른다는 지극
히 현실적인 이유가 첫 번째다. 왠지는 모르지만 기차 안만큼 펜이 술술
나가는 장소는 없다는 것이다. 2위인 '심야 패밀리 레스토랑'을 멀찌감치
따돌리고 지난 수십 년간 기차 사랑은 1위 자리를 지켜왔다고 한다.

〈걸어도 걸어도〉라는 영화를 만들 때에도 각본 아이디어는 도쿄에서
교토로 향하는 신칸센 안에서 생각해 냈고, 네 번째 왕복 때 도쿄행 열차
에서 초고를 완성했다고 한다. 감독에게 신칸센은 영화 제작 과정에서
빠뜨릴 수 없는 요소가 된 것이다. 〈진짜로 일어날지도 몰라 기적〉은
후쿠오카와 가고시마에 사는 아이들이 몰래 신칸센의 첫 번째 열차를
보러 가는 이야기다. 영화의 아이디어가 떠오른 것은 역시 신칸센 안이
라고 감독은 말한다. 그리고 선로를 따라 달리는 아이들의 장면을 쓸
때 문득 떠오른 것이 '구루리'의 음악으로 영화의 주제곡을 부탁했다고
한다. 영화 속 형제의 아버지는 '구루리' 벤드를 연상시킬 수 있는 인디

---

9) 是枝裕和(2013), 『歩くような速さで』ポプラ社』, pp.141-142.에서 발췌 정리
   하였다.

음악을 하는 인물이다. 아래의 사진은 영화 속 한 장면으로 동생 류노스케(이후 류로 표기)는 형에게 '인디'의 의미를 묻는다.

그림 4. 인디음악에 대해 묻는 동생 류

고레에다 히로카즈 감독의 영화에 공통된 메시지가 있다면 무엇과도 바꿀 수 없는 소중한 것은 비일상이 아니라 사소한 일상 속에 존재하는 것이다. <진짜로 일어날지도 몰라 기적>의 OST를 부른 '구루리'의 다음 가사에서는 그 메시지가 전달된다.

> 언제까지나 그대로
> 울거나 웃을 수 있도록
> 구름이 가득한 저 하늘이 온통 맑을 수 있도록
> 신이시여. 조금만이라도 그림 같은 행복을
> 나눠 받을 수 있는 그 날까지 부디 눈물을 모아 주세요
> 언어는 끊임없이 여기저기로 추억의 키를 넘어서
> 전하기는 커녕 잘못 채운 단추가 난처했었어
> 아아 평소의 너는 뒤돌아보며 웃지
> 한숨짓는 나를 용서해줘
> 지루한 일상도 당연하듯이 지나가 버리지

아무도 모르게 빈틈 사이로 핀 꽃
내년에도 만나자
어서 이곳으로 와 아무것도 없지만
어디든지 갈 수 있어 조금은 힘이 들지라도
いつまでも そのままで
泣いたり 笑ったりできるように
曇りがちな その空を 一面晴れ間に できるように
神様ほんの少しだけ 絵に描いたような幸せを
分けてもらうその日まで どうか涙を溜めておいて
言葉は転がり続け 想いの丈を通り越し
上手く伝わるどころか 掛け違いのボタン 困ったな
あぁいつもの君は 振り向いて笑う
溜め息混じりの 僕を許して
退屈な毎日も 当然のように過ぎてゆく
気づかないような隙間に咲いた花
来年も会いましょう
さぁここへおいでよ 何もないけれど
どこへでも行けるよ 少し身悶えるくらい

　가루칸(軽羹: かるかん)은 마, 설탕, 찹쌀가루로 만든 화과자의 하나로 가고시마의 특산품이다. 코이치의 할아버지가 제대로 된 맛을 내기 위해 메뉴 테스트를 하고 있는 떡이다. 주변 사람들은 이 떡을 지역 특산물로 만들어야 한다며 잘 팔리도록 신칸센 개통에 맞춰 벚꽃색으로 만들어 보라고 하지만 할아버지는 '그럴 순 없다' 며 잘라 말한다. 할아버지에게서 '가루칸'은 지키고자 하는 전통의 가치로서의 맛인 것이다. 작품 속에서는 코이치의 할아버지가 중시하는 '전통'과, 코이치의 아버지가 중시하는 '세계'의 대립이 나타난다. 가루칸 떡을 만드는 할아버지는 가루칸 떡의 대중성을 위해 분홍색으로 만들어 보라는 주변 사람들의 제안

을 단박에 거절한다. 전통의 유지가 가장 중요하다는 것이다.

코이치는 처음에는 할아버지가 만든 가루칸에서 아무 맛이 안 나고 밍밍하다고 평가했다. 그러나 동생과 여행을 하면서 할아버지의 가루칸 떡을 나눠 먹으며 동생 류에게 '은근한 단맛이 중독성이 있는 맛'이라고 칭찬까지 한다. 어떤 자극적인 요소도 없지만 곱씹을수록 깊은 맛이 나는 할아버지의 가루칸 떡, 꼭 그처럼 이 영화도 극적 갈등은 없음에도 진한 여운과 감동을 주는 가루칸 떡과 같다고 생각된다.

그림 5. 할아버지와 가루칸 떡을 먹고 있는 코이치

등장인물과 영화 이야기

<진짜로 일어날지도 몰라 기적>은 화산이 폭발해 온 가족이 함께 살길 바라는 코이치와 커서 가면라이더가 되고 싶은 동생은 마주 오는 기차가 스쳐 지나가는 순간 일어난다는 기적을 찾아 떠난 특별한 여행을 그린 영화이다. 일본을 대표하는 세계적인 영화인 고레에다 히로카즈 감독의 작품들 중에서도 한층 밝고 유쾌한 웃음 속에 더해진 깊고 진한 감동으로

많은 사랑을 받았다. 개봉 당시 입소문 열풍을 일으켜 고레에다 감독 영화 중 최고 흥행 기록을 세웠으며, 예술영화의 한계를 넘어 다양성 영화의 가능성을 제시했다고 평가받는다. "지금도 아이들에게 가장 보여 주고 싶은 영화", "내 인생 최고의 기차 여행 영화", "웃고 있는데 자꾸 눈물이 나는 영화", "가슴 한 켠이 찡한 기적을 경험하게 하는 영화", "성장드라마의 모범답안", "진짜 기적 같은 영화" 등의 평을 받으며 현재까지도 많은 관객들의 인생영화로 손꼽히고 있다.[10] 영화의 주인공인 마에다 코키, 마에다 오시로는 실제 형제이자 만담가로 활동하고 있는 배우로 어린이답지 않은 능청스럽고 보석 같은 감정연기로 인기를 모았다. 일본 최고의 톱스타 배우 오다기리 죠가 처음 아빠 역할로 등장한 작품으로 인디 음악을 하는 철부지 아빠의 모습이 인상적이다. 이제는 고인이 된 키키 키린과 엄마 역의 오츠카 네네, 아베 히로시, 나츠카와 유이, 나가사와 마사미와 하시즈메 이사오 등의 배우들의 활약이 돋보이는 영화로 평가받고 있다.

영화는 줄곧 겉도는 기분이다. 무엇을 이야기하는지, 무슨 이야기를 하고 싶은지 귀를 기울이고 겨우겨우 들어야 알 수 있는 사연 많은 친구의 이야기 같다. 무엇이든 딱 잘라 말할 수 없는 '그리

그림 6. 가고시마의 형 코이치

10) 이승미(2021), 「日거장 고레에다 히로카즈作 '진짜로 일어날지 몰라 기적', 22일 재개봉」. https://www.chosun.com/entertainments/entertain_photo/2021/04/07/Q2UAQBSCK4LRXZHUBLKPDYOIT4/(조선일보:검색일 2022.1.13.)

움'을 표현하기도 하고 결론 낼 수 없는 인생 같기도 하다. 코이치는 화산이 분화되는 산을 아침마다 쳐다보며 폭발하기를 바란다. 아이는 화산이라도 폭발한다면 어쩌면 가족이 다시 합칠 수 있다고 생각하고 있다.

엄마와 아빠는 각자의 방식으로 최선을 다하고 있고, 그들의 삶이 각각으로 쪼개지는 과정을 알고 있으므로 코이치가 바라는 건 '기적'의 범위 안에 있다. 코이치가 저녁을 먹고 이층 방으로 올라갈 때, 가라아게만 먹고 양배추를 남겼다고 엄마는 "류도 양배추를 싫어해요. 제대로 밥을 먹고 있는지." 말을 하자 외할머니는 "한 명이든 두 명이든 상관없다고 했잖아"라고 한다. "걔가 아빠랑 있겠다잖아"라고 그리움을 비친다.

그림 7. 후쿠오카의 동생 류

영화는 별다른 전개 없이 형제의 일상을 각각 전개하고 있다. 후쿠오카에서 아빠랑 사는 류는 마당에 야채도 키우고 씩씩하게 수영학원도 다니고 혼자 밥을 챙겨먹고 학교도 잘 다니고 있다. 인디 음악을 하는 아빠와 즐겁게 사는 류는 가족이 이런 형태로 사는 것도 나쁘지 않다고 생각한다. 반면 엄마랑 사는 형 코이치는 늘 한숨을 쉬며, 이 상황을 받아들이기가 힘들어 보인다. 그러던 어느날 코이치는 과학시간에 친구들이 하는 이야기를 듣는다.

유: 가고시마서 '사쿠라호'가 260km로 달리잖아 하카타에서 '츠보미호'가 260km로 달리고 두 열차가 처음 서로 스치고 지날 때 일어나.
신: 뭐가?
유: 기적.

신: 기적이?

유: 엄청난 에너지가 생기거든 그것을 본 사람들은 별똥별처럼 소원이 이루어지는 거야.

순간 코이치의 눈이 별처럼 반짝인다. 친구에게 진짜냐고 재차 물어보며 화산이 폭발하는 것 보다 기차의 에너지를 이용하는 편이 낫겠다고 판단해버린다. 코이치는 친구와

그림 8. 기적에 대해 이야기를 나누고 있는 코이치의 친구 신과 유

함께 기차가 교차하는 동네 철길에서 실험을 해본다. 기차가 교차할 때 무언가 찌릿찌릿하지 않냐고 이야기를 나누며 맞은편에 있던 할머니가 사라졌다고 순간이동이라 믿는다.

유: 엄청나.

신: 엄청나.

유: 일어날지 몰라 기적이 신칸센이면.

코이치: 응.

신: 응.

이치로 선수처럼 야구선수가 되고 싶은 친구와, 상냥한 사치선생님과 결혼하고 싶다는 소원을 가진 친구와 가족이 다시 합쳐지길 바라는 코이치의 소원은 신간센의 힘이라면 가능할 것이라고 믿는다. 한편으로 후쿠오카에 사는 동생 류는 엄마가 술집을 하는 친구의 이층집에 옹기종기

모여 자신들의 소원에 관해 이야기한다. 그때, 통화를 시작한 코이치에게 류는 형이 바라는 것은 너무 이기적이라고 말하며 류가 키우는 야채들에 대해 이야기를 하자, 코이치는 "넌 가족 보다 야채가 더 중요하니"라고 말해버린다.

류가 기억하는 가족과 코이치가 기억하는 가족은 서로 다른 지점에 있는 것이다. 류에게 가족은 떨어져 있어도 각자 행복하면 된다고 생각한다. 류는 형과 싸운 것을 걱정하는 친구에게 "걱정하지 마. 우린 형제잖아" "우리는 안보이는 끈으로 연결되어 있어"라고 밝게 말한다. 엄마가 술을 마시고 류와 통화하며 울던 날 저녁 코이치는 기적을 이루는 신칸센이 있는 구마모토로 가기로 결심한다. 친구 둘도 함께 예산을 짜고, 도와줄 사람을 찾고, 가야 할 노선 계획도 세운다. 기적 여행을 계획한 그날 아침 수업에서 코이치는 '다나카와 슌타로'의 '산다는 것'이라는 시를 읽다 쓰러지는 척을 한다.

살아있다는 것
지금 살아있다는 것
그것은 목이 마르다는 것
나뭇잎 사이로 비치는 햇살이 눈부시다는 것
문득 어떤 멜로디를 떠
올리는 것
재채기를 하는 것
당신 손을 잡는 것
산다는 것은
지금 살아있다는 것
그것은 미니 스커트
그것은 둥근 천장에 별
들의 운행을 비춰보는 것

그림 9. 시를 읽고 있는 코이치

그것은 요한 스트라우스
그것은 피카소
....

기차는 서로 다른 공간에
있던 형제를 한 공간으로
만나게 한다. 기차는 기적을
실현시킬 수 있는 매개이기
도 하지만 아이들을 현재의
공간으로부터 이동시킨다.
낮선 곳에서의 하룻밤, 그날

그림 10. 가루칸 떡을 나눠 먹고 있는 코이치 형제.

코이치는 류와 과자를 나누어 먹고, 할아버지의 가루칸 떡을 함께 먹는
다. 할아버지의 가루칸 떡은 류에게 밍밍한 맛이지만 코이치에게는 은근
한 단맛이 있다고 평한다. 가루칸 떡의 맛을 알겠다는 코이치와 어른이
되어간다며 함께 키를 재보는 형제, 영화는 그 장면을 롱테이크로 잡아
둔다. 형제는 각각의 엄마와 아빠를 걱정함과 동시에 잘 부탁한다는 말
에 그리움을 담는다. 소중하고 귀한 시간임이 느껴진다. 형제가 이렇게
만난다는 것도 작은 기적이 아닐까.

마침내 신칸센이 교차하는 지점을 찾은 아이들은 전날 정성스럽게 써
둔 소원을 펼친다. 굉음을 내고 서로 달려오는 그 순간, 엄청난 에너지가
기적을 이루게 하는 그 순간, 영화는 잔잔한 장면이 흐른다. '다니카와
슌타로'의 '산다는 것'의 시처럼 류가 먹던 아이스크림, 서로에게 양보하
던 과자 부스러기. 양호 선생님의 체온계, 그림물감과 코이츠의 체육복,
엄마가 해준 덮밥과 물에 잠긴 수영복, 맑은 하늘, 땅을 뚫고 올라오는
새싹, 자판기 밑에 동전, 할아버지의 격려, 코스모스, 마지막으로 형제의

사진들이 나온다. 마치 다니카와 슌타로의 '산다는 것'의 시와 같이, 작은 혹은 스치던 일상의 찰나들이 삶이라는 것을. 그 찰나가 기적임을 그 작은 인연과 순간들이 기적이라고 보여주는 듯하다.

그림 11. 기차가 교차할 때 등장하는 일상을 담은 사진들

영화 속에서 형제의 아버지는 류에게 이렇게 말한다. "세상엔 쓸모없는 것들을 위한 자리도 있다고. 모든 게 가치 있는 거라면 아마 숨 막혀

서 못살지."라고 말한다. 물론 올림픽에 나가서 금메달을 따면 좋다. 하지만 따지 못해도 좋은 것이다. 화산이 폭발해서 가족이 다시 만난다면 좋겠지만, 그렇지 않아도 그들은 여전히 가족일 것이다. 중요한 것은 각자의 자리에서 행복하게 사는 것이며, 꿈을 이루지 못하더라도 미소 지을 수 있는 여유라고 생각된다. 어쩌면 영화가 말하는 행복이란 초콜릿의 강렬한 단맛이 아니라 가루칸 떡의 은은한 단맛이었는지도 모른다. 기적은 사실 '지금 함께하는 일상인 것이다' 라고 말하는 듯하다. <진짜로 일어날지 몰라 기적>은 둘러보면 주변에 보물처럼 숨겨두고 찾기만을 바라는 '보물찾기'라고 말해주는 것 같다.

영화 속 '세계'라는 메시지

<진짜로 일어날지도 몰라 기적>은 감독이 세 살인 자신의 딸이 열 살이 되었을 때 보여주고 싶다고 생각하며 만든 작품이라고 한다. 세계는 풍요롭고, 일상은 있는 그대로 아름다우며, 생명은 그 자체로 '기적'인 것이라고 고레에다 히로카즈 감독은 전하고 싶었다고 한다. 그는 에세이 『걷는 듯 천천히(步くような速さで)』에서 '세계'라는 테마에서 다음과 같이 말하고 있다.

영화나 TV 방송은 당신에게 무엇입니까? 이런 본질적인, 그래서 대답하기 어려운 질문을 종종 받는다. "커뮤니케이션입니다." 최근에는 이렇게 답하고 있다. 감정이 형태를 가지려면, 영화로 치면 영화 밖의 또 다른 한가지, 자신 이외의 어떤 대상이 필요하다. 감정은 그 외부와의 만남이나 충돌에 의해 생긴다. 어떤 풍경을 마주한 뒤 아름답다고 생각한다. 그러면 아름다움이란 내 쪽에 있는가, 아니면 풍경 쪽에 있는가? 나라는 존재를 중심으로 세계를 생각하는가, 세계를 중심에 두고 나를 그 일부로 여기는가에 따라

180도 다르다. 전자를 서양적, 후자를 동양적이라고 한다면 나는 틀림없이 후자에 속한다. '천지유정(만물에 사랑이 깃들어 있다)'이라는 말이 있다. 내가 가장 존경하는 분인 대만의 허우 샤오시엔 감독이 자주 색종이에 썼던 말인데, 나도 그와 생각을 같이하며, 그와 같은 생각이라는데 감동한다. 내가 작품을 낳는 것이 아니다. 작품도 감정도 일단은 세계에 내재되어 있고, 나는 그것을 주워 모아 손바닥에 올린 뒤 "자, 이것 봐"하며 보여줄 뿐이다. 작품은 세계와의 커뮤니케이션이다. 이 세계관은 겸허하고 풍요로우며 내 작품과 연결되는 것이다.[11]

영화 속 코이치는 지금은 떨어져서 후쿠오카에 있는 아빠에게 전화를 걸어 엄마와 합치라고 종용하며 "우리 형제한테 이제 관심도 없지"라고 질타한다. 그런데 아빠는 뜻밖에도 코이치에게 개인적인 생활보다 '음악'이나 '세계' 같은 더 큰 일에 관심을 가져달라고 나지막이 이야기한다.

아　빠: 다들 잘 지내냐.
코이치: 모두 잘 지내.
　　　　그런데.
아　빠: 왜? 무슨 일 있어?
코이치: 다시 합칠 생각이면 서둘러.
아　빠: 무슨 얘기야?
　　　　엄마한테 애인이라도 생겼냐?
코이치: 신경이 쓰이긴 해?
　　　　엄마한테 직접 물어보든지.
아　빠: 내가 어떻게 물어봐.
코이치: 아빠 우리 형제한테 이제 관심도 없지?
아　빠: 그럴 리가 있냐.

---

11) 是枝裕和(2013), 『歩くような速さで』, ポプラ社, pp.24-26.

하지만 아빠는 말야

네가 자신의 개인적인 생활보다 더 큰 일에 관심을 가지는 인간이

됐으면 해.

코이치: 그게 뭔 말이야?

아　빠: 예를 들면 음악이라든가

세계라든가

코이치: 세계가 뭔데?

난 잘 모르겠어.

아　빠: 조만간 알게 될 거야.

코이치: 조만간이 언제야?

조만간이 언제냐고!

그림 12. 아빠와 이야기를 나누고 있는 코이치(좌) / 코이치와 통화하는 아빠(우)

고레에다 히로카즈 감독은 위의 장면을 교차편집으로 멀리 떨어져 있
는 두 사람을 화면상으로는 서로 마주 보고 있는 모습으로 보여준다.
마치 신칸센이 엇갈리기 직전의 순간처럼 보여주고 있는 것이다. 이 장
면에서도 드러나지만 코이치는 '세계'에 대해 그 의미조차 이해하지 못
한다. 하지만 음악'과 '세계'라는 아빠의 말이 코이치에게는 어떤 씨앗처
럼 마음에 뿌려진 것이다. 영화는 여행의 과정에서 아이들이 눈치채지

못하게 '작은 기적'을 하나씩 쌓아 올린다. 꾀병을 눈감아주는 선생님, 티켓값이 부족할 때 행운처럼 발견된 동전, 하룻밤 보금자리를 마련해준 인정 많은 노부부 등이 그러하다. 아이들은 그런 '작은 기적'을 먹고 성장하는 것이다.

코이치 형제가 친구들과 함께 소원을 빌기 위해 여행을 떠나는 전후의 과정에서 부모의 개입은 철저하게 차단되어 있다. 그러니까 어른이 할 수 있는 일은 아이가 혼자만의 시간을 보내기 전에, 그 시간을 견디고 버틸 수 있도록 마음속에 '어떤 씨앗'을 심어주는 일일 것이다. 그 씨앗은 용기와 희망이 될 수도 있고, 체념과 포기가 될 수도 있을 것이다. 영화는 그 씨앗을 코이치와 아빠가 전화로 대화를 나누는 과정에 조심스럽게 뿌린다.[12] 아빠가 말한 '세계'란 수많은 사람과 함께 하는 곳이며 나와 가족을 넘어선 공동체인 곳이다. 이 영화의 기적은 자신의 소원성취가 아니라, 나에서 벗어나 세계 속의 수많은 사람과 마주하는 과정을 통해 이루어낸 성장이다. 코이치는 '나'의 이기적인 욕망을 내려놓고, 타자의 욕망과 불행까지 고려하여 '세계'를 위한 결단을 내린다. 아빠가 말한 '자신의 생활보다 더 큰 것에 관심을 가지는 인간'이란 바로 '나'와 가족을 넘어서는 수많은 타자로 이루어진 '세계'를 인식할 수 있는 인간일 것이다. 결국 코이치는 신칸센이 엇갈리는 순간에도 소원을 빌지 않고 대신 "가족보다는 세계를 선택했거든." "아빠를 잘 부탁해."라고 류에게 말한다.

---

12) 송석주(2021), http://www.readersnews.com. (독서신문: 검색일 2022.3.12.)

창작과 관계된 에피소드와 뒷이야기

<진짜로 일어날 지도 몰라 기적>은 무엇과도 바꿀 수 없는 소중한 것은 일상에 있다는 점을 주제의식이라고 감독은 밝히고 있다. 고레에다 히로카즈는 감독으로서 이 영화의 제작과정이나 내부자의 시각으로서 창작과 관련된 에피소드와 뒷이야기[13]를 말해주고 있다.

첫째, 각본에 꼭 필요한 오디션과 로케이션 헌팅이다.

고레에다 히로카즈 감독은 각본을 보다 매력적이고 사실적으로 만들기 위해서는 오디션이나 로케이션 헌팅이 반드시 필요하다고 강조한다. 이 영화의 오디션을 볼 때 아이들에게 "아이 넷이서 부모님께는 비밀로 하고 신칸센을 보러 가고 싶어 한단다. 하지만 그러려면 4000엔이 들거든, 어떻게 하면 돈을 모을 수 있을지 서로 의논해 보렴"이라고 상황을 설명한 후 자유롭게 이야기 나누게 했다. 여기에는 연기력 확인뿐만 아니라 각본 리서치의 의미도 담겨 있는 것이다. 가령 영화 속에 나오는 "아빠가 옛날 울트라맨 인형을 가지고 있으니까 그걸 팔면 돼"라는 대사도 오디션에서 들은 아이들의 아이디어로 창작된 것이다. 그리고 어떤 기적이 일어나면 좋겠는지를 서로 이야기하는 장면에서 하시모토 간나가 말했던 "유토리 교육이 다시 한번 더 부활하면 좋겠다"는 대사도 감독 자신이라면 절대로 생각해 내지 못했을 것이라고 말한다.

"죽은 애완견이 되살아나면 좋겠어"라는 대사는 오디션에서 "이루고 싶은 기적"을 물었을 때 그렇게 대답한 아이가 몇 명 있어서, 죽은 존재가 되살아난다고 믿을 수 있는 건 초등학교 4학년 정도가 마지막이겠구

---

13) 고레에다 히로카즈·이지수 옮김, 『영화를 찍으며 생각한 것-고레에다 히로카즈 영화자서전』, (2017), 바다출판사, pp.368-420.에 의지하여 정리하였다.

그림 13. 화산재를 손가락으로 핥아 풍향을 확인하는 코이치

나 싶어서 캐스팅했다고 한다. 마지막 장면이 완성된 것도 크랭크인 2주 전이다. 가고시마 로게이션 헌팅으로 장남이 살 집을 찾아서 사쿠라지마가 보이는 베란다에 코이치를 (상상 속에서) 세웠을 때, 할아버지와 마찬가지로 손가락을 핥아 풍향을 확인하며 "오늘은 재가 안 쌓이겠어"라는 대사를 쓸 수 있었다. 이 대사가 가고시마에서 살아가는 것을 받아들이는 코이치의 성장이며, 미래를 느끼게 하는 장면이라고 감독은 스스로 납득 한 것이다.

둘째, 주제는 디테일을 채우는 가운데 태어난다.

일반적인 영화평론이라면 아이가 천진난만하게 생기있게 묘사되는 점을 좋게 보겠지만 하스미 씨는 완전히 달랐다. 코이치가 수영을 하고 돌아오는 길에 버스 창가에 앉아 창밖에서 불어오는 바람에 머리카락이 나부끼는 장면과 구마모토의 하룻밤 묵은 집에서 할머니가 여자아이의 머리카락을 빗어주는 장면을 선정했다. 그 두 장면에서 아이들이 표정이 어른으로 찍혀 있는 점이 훌륭하다고 써 준 것이다. 그 두 장면에서는 실제로 두 사람을 어른으로, 다시 말해 아이가 아닌 여러 가지를 짊어진

그림 14. 머리를 빗어 줄 때 메구미(좌) / 수영 후 버스 속 코이치(우)

인간으로 찍으려고 시도했다. 그래서 하스미 씨의 평은 감독에게는 더없이 행복한 영화평이었다.

아이들을 촬영할 때 신경 쓰는 점은 어른 이상으로 존경하며 찍으려고 의식한다. 아이도 한 인간으로서 어른 배우와 똑같이 찍는다. 하지만 그렇다 해도 몇 장면은 대사 없이 그들이 품고 있는 어떤 날것의 감정을 관객이 의식하도록 찍어야 하니 이 부분이 상당히 어렵다고 감독은 말한다. 가령 코이치가 버스 창가에 앉아 있는 장면은 "바람이 불어 들어와 젖은 앞머리가 바람에 날려서 기분 좋다는 걸 느끼렴"하고 말해주었다. 코이치는 수영장에 다닌 경험이 있어서 곧바로 이해한 것이다. 거울을 보는 여자아이의 경우는 "이 장면에서는 뭘 생각하고 있나요?"라는 질문을 감독은 받았는데 그때 "이 어머니는 소중한 딸과 떨어져 사는 거야? 라며 자신의 미래와 겹쳐 보도록 한 것이다. 단, 감정은 설명하지 않았다고 한다.

셋째, 아이의 눈을 통해 사회를 비평한다.

"죽은 애완견(마블)이 되살아났으면 좋겠다"고 빌었던 소년은 가고시마 역을 돌아왔을 때 '마블은 이제 되살아나지 않는구나'라고 이해하는데, 고레에다 히로카즈 감독은 이것이 성장이라고 분명히 밝히고 있다.

그래서 가고시마 역 계단을 내려가는 장면에서 "일단 멈춰 서서 배낭 속을 들여다보고 역시 되살아나지 않았다는 걸 확인한 다음 다시 걸어가렴" 하고 소년에게 지시했더니 "마블은 되살아나지 않아요?" 라고 묻는 것이었다. "응, 되살아나지 않아"라고 대답하자"에이, 해피엔드로 해주세요"라고 했다. 생각해 보면 제목이 '기적'이니 아이들은 저마다 어떤 기적이 일어나지 않을까 상상했을지도 모른다고 보고 연출을 조금 바꾸기로 했다. 이제까지 계속 두 소년의 뒤를 따라다녔던 남자아이가 그때는 스스로 배낭 지퍼를 닫고 앞장서서 계단을 내려가는 장면으로 만들었다. 뛰어가는 순서를 바꾸는 것만으로 아이들의 미묘한 의식 변화를 그릴 수 있다는 발상은 그 아이의 말이 아니었다면 할 수 없었다고 회상한다. 감독은 지금도 좋아하는 장면으로 꼽고 있다.

 "어째서 죽은 자를 계속 찍는가?"라는 외국인 기자의 질문에 "일본에는 조상을 뵐 낯이 없다는 사고방식이 있다"고 고레에다 히로카즈 감독은 대답했다. 이런 가치관은 요즘 옅어지고 있지만, 죽은 자는 확고한 존재이면 죽은 자의 눈을 통해 지금의 어른을 객관적으로 비평할 수 있다고 그는 보고 있다. 아이도 어른에게 그런 존재이다. 아직 완전히 사회의 일원이 되지 않은 아이의 눈을 통해 우리가 사는 이 사회를 비평할 수 있는 것이다. 고레에다 히로카즈 감독이 보고 있는 이미지로는 과거, 현재, 미래를 세로축에 놓으면 죽은 자는 세로축에 존재하며 시간을 뛰어넘어 우리를 비평하는 존재, 아이는 같은 시간축에 있지만 수평으로 멀리 떨어진 곳에서 우리를 비평하는 존재라는 것이다. 영화에 죽은 자와 아이가 중요한 모티브로 자주 등장하는 이유로 이 두 존재로부터 사회를 바깥에서 비평하는 시선을 느끼기 때문이라고 말한다.

 고레에다 히로카즈 영화의 아이들은 자연스럽다. 인간을 정형화하지 않는 감독답게 그의 영화 속 아이들은 사랑스럽지만 나름대로 내면에 자기 세계를 품고 있다. 어린이를 '아이스럽게' 가공하지 않고, 짜맞추기 식 스토리의 도구로서가 아닌, 아이들 한명 한명을 깊게 관찰하게 한다. 그는 영화에 등장하는 아이들을 향한 정성스러움, 쉽게 단념하지 않는 태도는 꾸준히 지켜내고 있다고 생각한다. 그것은 그의 영화를 특별하게 만드는 것이다. 그의 영화 속 아이들은 명랑하고 천진난만하며 한편으로는 단단하다. 내면이 단단한 사람은 나이가 어리더라도 분명한 목표를 가지고 있고 쉽게 휘둘리지 않는 법이다.

넷째, 작가가 아니라 장인으로서 도전하고 싶다.

〈진짜로 일어날지도 몰라 기적〉 〈그렇게 아버지가 되다〉 〈바닷마을 다이어리〉 세 편은 고레에다 히로카즈 감독이 '작가'보다 '장인'을 목표로 하여 만든 작품이라고 한다. "장인이 되고 싶다"고 말한 적이 있는데 "감독님은 작가로 있어 주세요"라는 대답을 들은 적이 있다고 한다. 무엇이 다른지에 대해서는 다음의 예를 들고 있다. 제철 생선을 어떻게 요리하면 재료가 가진 맛을 살리면서 손님도 만족할 만한 요리를 낼 수 있을지를 궁리하는 것이 장인이라면, 감독의 일은 역시 그것에 가깝다는 것이다. 그는 오리지널 각본을 쓰기 때문에 작가라고 불릴 수도 있다. 하지만 고레에다 히로카즈 감독은 자기 안의 세계관 안에서만 영화를 계속 만들어나가면 영화가 점점 축소 재생산되어 '어쩌고 월드'라고 불리는 세계 속에 갇힌다고 말한다. 그보다 별로 접점이 없는 사람이나 사물 등과 만나서 만들어나가는 편이 재미있고 새로운 발견을 할 수 있다는 것이다.

그에게 잠시 '감독'을 그만뒀던 시기가 있었다. 〈걸어도 걸어도〉는 상당히 감독이 의도한 대로 그릴 수 있었던 작품인데, 배급사인 시네콰논이 도산하기도 했지만 흥행에는 전혀 성공하지 못했다. 관객동원 수는 일본 국내만 치자만 15만 명 정도여서 제작비를 조금도 회수할 수 없었다. 게다가 정신적으로도 금전적으로도 지탱해 주었던 프로듀서 야스다 마사히로 씨가 <공기인형> 완성 직전에 돌아가셨다. 이런 일로 2010년 1월로 일단 멈춰 서서 앞으로의 방향성을 모색하기 위해 영화를 잠시 쉬겠다는 선언을 한 것이다. 하지만 그런 시기에 규슈 신칸센을 모티프로 영화를 찍지 않겠느냐는 의뢰가 있었다. 만약 야스다 씨가 돌아가시지 않았다면, 혹은 <걸어도 걸어도> 뒤에 찍은 <공기인형>이 흥행에 성공했다면 '기획물은 싫은데'라며 간단히 거절했을지도 모른다.

그러나 '작가'라는 프라이드나 확신으로 소중히 여기던 것 따위는 아무래도 좋았고, 오히려 '신칸센을 어떻게 찍을까' 같은 것 속에서 작가성이 드러난다고 생각하고 도전한 것이다. 고레에다 히로카즈 감독에게 <진짜로 일어날지도 몰라 기적>은 오리지널 각본이지만 '규슈 신칸센'이라는 모티프를 받기도 했고, 아역 오디션에서 마에다 고키, 마에다 오시로 형제를 만나 그들을 어떻게 매력적으로 보여줄지에 대해 도전한 작품이다.

고레에다 히로카즈 감독이 영화를 찍기 시작한 지도 20년이 넘었다. 그 사이에 한신·아와지 대지진, 도쿄 지하철 사린 사건(Tokyo Sarin Attac), 9·11 테러, 동일본 대지진 등 잊을 수 없는 큰 사건들이 일어났다. 감독의 개인적인 삶에도 많은 일이 있었다. 부모님이 돌아가시고 결혼도 하고 딸도 태어났다. 당연히 20년 사이에 감독 자신도 변했고 세상을 바라보는 방식도 달라졌을 것이다. 그는 지금의 자신의 생활이 무엇을 토대로 이루어져 있는지 제대로 그리고 싶다고 한다. 시대나 사람의 변화를 뒤쫓는 게 아니라 우리의 사소한 생활에서부터 이야기를 엮어가고 싶은 것이다. 그러므로 그의 발밑의 사회와 연결된 어두운 부분을 주시하면서 한편으로는 새로운 만남을 소중히 여기고, 외부와 마주하고, 그 좋은 점을 영화 속에서 표현하는 것에 앞으로도 도전하고 싶다고 한다.

그림 15. 다니카와 슌타로의 '산다는 것(生きる)' 시집

영화 속 시 '산다는 것' – 다니카와 슌타로(谷川俊太郎)
산다는 건
지금 살아있다는 건
그것은 목이 마르다는 것
나무 사이로 비친 햇살이 눈부시다는 것
갑자기 어느 멜로디를 떠올린다는 것
재채기를 하는 것
당신과 손을 잡는 것
산다는 건
지금 살아있다는 건
그것은 미니스커트
그것은 플라네타리움

그것은 요한 스트라우스
그것은 피카소
그것은 알프스
모든 아름다운 것들과 만난다는 것
그리고
숨겨진 악을 주의 깊게 거절하는 것
산다는 건
지금 살아있다는 건
울 수 있다는 것
웃을 수 있다는 것
화낼 수 있다는 것
자유라는 것
산다는 건
지금 살아있다는 건
지금 멀리서 개가 짖고 있다는 것
지금 지구가 돌고 있다는 것
지금 어딘가에서 막 태어난 아기가 울음을 터트리는 것
지금 어딘가에서 병사가 상처입고 있다는 것
지금 그네가 흔들리고 있다는 것
지금 순간순간이 지나간다는 것
산다는 건
지금 살아있다는 건
새는 날갯짓을 한다는 것
바다는 울려 퍼진다는 것
사람은 사랑한다는 것
당신 손의 따스함
목숨이라는 것
生きているということ
いま生きているということ
それはのどがかわくということ

木もれ陽がまぶしいということ

ふっとあるメロディを思い出すということ

くしゃみすること

あなたと手をつなぐこと

生きているということ

いま生きているということ

それはミニスカート

それはプラネタリウム

それはヨハン・シュトラウス

それはピカソ

それはアルプス

すべての美しいものに出会うということ

그리고 그리고

かくされた悪を注意深くこばむこと

生きているということ

いま生きているということ

泣けるということ

笑えるということ

怒れるということ

自由ということ

生きているということ

いま生きているということ

いま遠くで犬が吠えるということ

いま地球が廻っているということ

いまどこかで産声があがるということ

いまどこかで兵士が傷つくということ

いまぶらんこがゆれているということ

いまいまがすぎてゆくこと

生きているということ

いま生きているということ

鳥ははばたくということ
海はとどろくということ
人は愛するということ
あなたの手のぬくみ
いのちということ

제**3**장
간이역이 가져온 누군가의 기적들
이장훈 〈기적〉

배지연

들어가며: 이장훈 감독과 '기적'의 서사

2021년에 개봉된 <기적>은 이장훈 감독이 손주연 작가와 함께 각본을 쓴 로맨스 드라마 장르 영화다. 배우 박정민이 주인공 준경 역을 맡았고, 이성민(아버지 태윤 역), 임윤아(라희 역), 이수경(보경 역) 등이 열연했다. 코로나 팬데믹 시기에 개봉한 터라 당시 흥행 실적이 그리 좋지는 않지만, 여러 경로를 통해 관람한 관객들의 평가나 만족도는 꽤 높았으며, 2022년 4월 이탈리아 우디네 극동영화제에서 최고상인 골든 멀버리 상을 수상했다.

그림 1. 〈기적〉 포스터

이장훈 감독은 2018년 <지금 만나러 갑니다>를 통해 데뷔했다. 대학을 졸업하고 게임 개발자로 활동하다가 20대 후반에 영화 공부를 시작한 그는 30대 초반에 영화판에 들어왔고, 40대 중반에서야 영화 감독으로 데뷔하게 된다. <지금 만나러 갑니다>는 일본의 동명 영화의 한국판으로, 이치카와 다쿠지의 판타지 연애소설이 원작이다. 비가 오는 날 다시 돌아오겠다는 말을 남기고 세상을 떠난

그림 2. 이장훈 감독의 <지금 만나러 갑니다> 포스터 (좌) / 도이 노부히로 감독의 <지금 만나러 갑니다> 한국판 포스터 (우)

아내가 기억을 잃은 채 다시 돌아오고, 다시 남편을 만나 사랑에 빠진다는 스토리이다. 일본 내 판매 부수 100만부를 기록한 이 소설을 토대로 2005년 도이 노부히로 감독이 영화로 만들었고, 이장훈 감독은 그것을 리메이크했는데, 이장훈 감독의 <지금 만나러 갑니다>가 원작보다도 더 큰 성공을 거두었다고 평가받는다.

이장훈 감독은 영화 <지금 만나러 갑니다>에서 "당신에겐 있나요? 기적 같은 단 한 사람"이라는 메시지를 통해 '기적 같은 사랑'과 '만남'을 부각했는데, 두 번째 작품인 <기적>에서 그 '기적'을 전면화하였다. 영화 <기적>에는 전작에서 보여준 판타지적 설정과 스토리, 그에 더한 감성적 터치와 현실적 공감 등의 흔적이 남아있다. 죽은 아내 수아(손예진 분)가 약속처럼 다시 돌아오고 다시 사랑한다는 기적 같은 이야기, 과거 남편이었던 우진(소지섭 분)이 들려주는 과거의 이야기를 통해 수아가 기억을 찾아가는 설정 등은 영화 <기적>에서 결이 다른 방식으로 거듭난다. 첫사랑과 함께 90년대 옛 추억을 떠오르게 하는 풍성한 볼거리와 진한 가족애까지 담아내는 방식 또한 <기적>에도 적용된다.

영화 <기적>은 경상북도 봉화군에 위치한 양원역이 마을주민들의 힘

으로 건립된 실제 사건을 모티프로 했다. 영화에서 재현되듯이, 마을 밖으로 통하는 도로가 없어서 철도를 따라 마을 외부로 이동할 수밖에 없는 경북 봉화군 분천리 주민들은 철도 사고로 죽음을 당하는 마을사람들이 끊이지 않자 자체적으로 간이역사를 만들게 된다. 1980년대에 있었던 실제 사건을 기반으로 영화의 시공간을 설정한 이장훈 감독은 양원역의 준공 과정을 한 소년의 성장 서사와 조밀하게 교차함으로써 현실과 상상력의 멋진 조합을 선보이고 있다.

　〈기적〉의 내용은 다음과 같다. 마을 사람들이 오갈 길이 오직 기차길 밖에 없는 시골 마을에 사는 준경이라는 소년이 자기 마을에 간이역을 지어달라고 청와대에 54차례나 편지를 쓰고, 그러한 준경의 바람은 친구 라희의 도움으로 유쾌한 방향으로 전개된다. 이후 준경을 중심으로 마을에 간이역을 만드는 과정이 다뤄지고, 마침내 양원역이 완공된다. 그리고 준경은 또 다른 기적을 이루기 위해 마을을 떠난다.

　이러한 스토리는 주요한 몇 가지 시퀀스로 구성되어 영상 미학적 형식을 띠며 한 편의 영화로 완성된다. 연속되는 시퀀스들은 준경과 그의 가족의 서사로 이어지면서 여러 겹의 시간과 기억들로 겹쳐지고 있다. 이 부분은 단순할 수 있는 스토리를 다층적인 서사의 결로 채우면서 풍부한 영화적 질감과 감동을 더한다. 영화 〈기적〉이 주인공 준경의 성장을 다룬 단순한 로맨스를 넘어서게 하는 것은 이처럼 풍부한 시간과 다층적인 기억들이 모여 한 인물을 아우르는 가족, 친구, 마을의 이야기가 하나의 서사로 만나기 때문이다.

　이 글은 영화 〈기적〉의 서사를 따라 그것을 구성하는 여러 요소를 살펴보면서 영화의 의미를 보다 심층적으로 접근하고자 한다. 특히 영화에서 중요한 의미를 부여하는 동시에 다층적인 시간과 반전의 국면을 담고 있는 오프닝 시퀀스의 사건을 중심으로 영화를 분석하고, 영화의 제목인 '기적'을 여러 인물의 관점에서 살펴봄으로써 그 의미를 보다 다양한 측면에서 다뤄볼 것이다. 이 과정에서 <기적>의 주된 제재가 되는 기차와 역 등 철도 시스템 혹은 교통 인프라의 문제를 통해 영화의 시대적 배경인 1970~80년대 한국 사회의 이면을 살펴볼 수 있을 것이다.

영화의 서사와 구성

어떤 소설의 줄거리(이야기, story)만 듣고서 그 소설을 읽었다고 말하지 않듯이, 어떤 영화의 줄거리만 듣고 그 영화를 봤다고 말하지 않는다. 미학적으로 언어화된 소설 텍스트를 통해 이야기를 수용했을 때 소설을 읽었다고 말하듯이, 영상(혹은 영상에 음향이 결합된)을 통해 영화의 이야기(story)를 보았을 때 우리는 비로소 영화를 감상했다고 말한다. 소설이 언어로써 이야기를 전달하는 것과 방식과 유사하게 영화는 영상을 통해 이야기를 제시한다. 이와 같이 소설과 영화는 작품을 구성하는 '두 가지 층위', 즉 전달하는 내용에 해당하는 '이야기'의 층위와, 그것을 전달하는 형식(또는 표현)인 언어(소설의 경우)와 영상(영화의 경우)을 갖고 있다. 이야기는 소설과 영화에 담겨진 내용이며, 그것을 예술 텍스트로 만드는 매체적 측면이 언어와 영상이다[1].

살펴본 바와 같이, 영화는 내용을 구성하는 이야기와 그것을 전달하는 영상 매체로서의 형식으로 이루어져 있다. 영화를 구성하는 형식적 요소로는 쇼트(shot), 씬(scene), 시퀀스(sequence)가 있다. 영화 형식의 기본이 되는 이 개념들은 영화의 공간을 한정하는 프레임(frame)과 달리 영화의 시간 단위를 규정하는 개념이다. 영화를 구성하는 이 개념들을 쉽

---

1) 나병철, 『소설의 이해』, 문예출판사, 1998, 15~16쪽.

게 이해하기 위해 하나의 글에 비유해보기로 하자. 하나의 글은 여러 개의 문단으로 구성되고, 각 문단은 여러 개의 문장이 모인 것이다. 하나의 문장은 여러 개의 단어로 구성되며, 단어는 언어의 기본 단위인 음절로 이루어져 있다. 하나의 글은 음절로 구성된 문장들, 그리고 그 문장들로 구성된 여러 개의 문단들이 모여 만들어진다.

이와 같은 구조로 영화를 살펴보면, 일단 쇼트(shot)는 음절에 해당하는 영화 구조의 문법적 기본 단위이다. 카메라가 작동하기 시작해서 끝날 때까지의 시간 동안 빛에 노출되어 촬영된 필름의 길이가 바로 쇼트다. 이 작은 단위의 쇼트들을 자르고 이어붙이는 편집 과정을 통해 한 편의 영화가 완성된다. 한 쇼트는 "Action!"에서 "Cut!"까지의 화면, 즉 한 테이크(take)를 다듬어서 실제 화면에 나오는 최소 단위이다.

씬(scene)은 여러 개의 쇼트가 모여 만들어진 보다 큰 단위로서, 글에 비유하자면 문장에 해당한다. 동일한 시간과 장소에서 촬영된 일련의 대사와 액션들로 이뤄진 한 장면이다. 동일한 시간과 장소에서 촬영한 하나의 사건과 장면을 씬이라고 할 때, 씬의 구분은 시간과 장소로 구분된다. 따라서 보통 영화를 보고 어떤 특정 장면을 말할 경우, 씬의 개념으로 이해하면 된다.

시퀀스(sequence)는 여러 개의 다른 씬들로 구성된 영화 구성 단위이다. 문장이 모여 문단이 되듯, 씬이 모여 하나의 시퀀스를 이룬다. 그리고 그 시퀀스들이 모여 한 편의 영화가 된다. 시퀀스는 서사의 전개에 따른 하나의 에피소드라고 볼 수 있다. 따라서 시퀀스는 서사의 흐름으로 구분된다. 이와 같은 쇼트, 씬, 시퀀스가 모여 한 편의 영상이 완성되며, 이러한 영상 매체 형식을 통해 이야기, 즉 영화의 내용이 전달된다.

앞서 언급한 바와 같이, 영화 〈기적〉은 마을 밖으로 나갈 길이 기차길밖에 없는 시골 마을에 사는 준경이라는 소년이 우여곡절 끝에 마을에 간이역을 완공하게 되고, 오랫동안 간직해온 자신의 꿈을 이루기 위해 마을을 떠나는 스토리로 되어 있다. 이러한 스토리는 영상 매체를 통해 표현하는 영화적 요소들에 담기면서 영화 예술 텍스트로 완성된다. 스토리와 함께 영상 매체의 영화적 요소를 보다 세밀하게 분석함으로써 영화 <기적>에 담긴 다양한 의미들을 살펴볼 수 있다.

영화 〈기적〉의 오프닝 시퀀스

영화가 시작하자마자 등장하는 첫 시퀀스를 오프닝 시퀀스(opening sequence)라고 하며, 오프닝 시퀀스 이후에 영화의 제목이 등장하기 때문에 오프닝 시퀀스는 타이틀 시퀀스(title sequence)라고도 불린다. 영화의 오프닝 시퀀스는 특정한 영화의 스타일적 차별성이 핵심적으로 두드러지는 내부 국면이라 할 수 있으며[2], 영화의 내용을 함축적 상징적으로 제시하면서 영화를 관람할 관객들에게 앞으로 만나게 될 영화 속 세계를 시청각 이미지로 준비시키는 역할을 한다[3]. 많은 경우, 오프닝 시퀀스에 영화에 대한 지향이나 가치 등이 담겨 있어서 오프닝 시퀀스는 영화에 대한 감독의 메시지를 가늠하는 주요한 단서가 되기도 한다.

오프닝 시퀀스는 전체 내러티브(narrative, 서사)로부터 유리된 별개의 독립적 구조 단위로서 인식되어 분석되기도 하지만, 개별 영화의 전체 내러티브의 일부이자 도입부로서 앞으로 전개될 전체 내러티브를 압축적으로 제시하고, 영화라는 매체적 특성을 매우 집약적으로 보여준다[4].

---

2) 박인영, 「<디 아워스>의 오프닝 시퀀스 연구」, 『영화연구』 59호, 2014, 158쪽.
3) 오호준, 「영화 오프닝 타이틀 시퀀스의 아이덴티티와 이미지 표현 구성」, 『디자인학연구』 72호, 2007, 266쪽.
4) 홍진혁, 「영화 오프닝 시퀀스에 대한 소고」, 『인문과학연구』 44, 2015, 601쪽.

영화 〈기적〉은 이러한 오프닝 시퀀스의 내러티브적 특성을 효과적으로 구현하고 있다. 〈기적〉의 오프닝 시퀀스는 크게 두 개의 에피소드로 구성되어 있으며, 매우 자연스러운 방식으로 본격적인 영화의 서사로 이어진다. 〈기적〉의 오프닝 시퀀스를 구성하는 두 에피소드는 다층적인 시간 구조로 되어 있는데, 영화 전체의 서사와 유기적 관계를 맺으며 앞으로 전개될 서사를 압축적으로 제시한다.

　〈기적〉의 오프닝 시퀀스 중 첫 번째 에피소드는 영화의 주요 서사가 전개되는 현재의 사건을 추동하는 과거의 이야기를 다루고 있다. 첫 번째 에피소드는 전체 세 개의 씬으로 구성되며, 어린 준경(김강훈 분)이 수학경시대회에서 상을 받는 어느 하루의 일을 담고 있다.

　영화의 첫 씬은 경시대회 수상을 위해 어린 준경과 누나가 초등학교(당시 국민학교)교장실 앞 복도에 서 있는 장면이다. 이 첫 장면은 앞으로 전개될 사건과 등장인물의 성격 등을 암시하고 있다. 교장실 앞 복도에서 준경의 누나 보경은 준경의 담임 선생님과 대화를 하고 있고, 그 사이 준경은 복도에 전시된 사계절 별자리 그림을 빠져들 듯이 쳐다보고 있다.

　이 별자리 그림은 첫 번째 에피소드 이후 오프닝 시퀀스의 다음 에피소드에 클로우즈업(close up)되어 이어진다. 오래되어 낡고 바래진 별자리 그림이 준경의 책상 앞에 붙여진 쇼트가 고등학생이 된 준경의 모습

그림 3. 〈기적〉의 오프닝 시퀀스의 첫 장면

으로 연결되는데, 이는 준경이 오랫동안 그것을 마음에 품고 있었음을 보여준다. 오프닝 시퀀스에서 제시된 별자리 그림은 영화에서 준경이 스스로 말해본 적 없는 그의 꿈, 그리고 그 꿈이 이루어지는 기적의 이야기를 품고 있는 것이다.

한편, 이 씬에서 누나 보경은 준경의 선생님과 대화하고 있는데, 이 장면은 보경의 성격과 함께, 앞으로 일어날 사건에서 보경의 행동과 역할을 암시하고 있다. 당시 고3이었던 보경은 대학 진학에 뜻이 없음을 밝히며, 자신은 공부보다는 동생이랑 아버지를 챙기는 것을 더 잘한다고 이야기한다. 앞으로 전개될 영화의 주요 서사에서 보경은 준경을 옆에서 돌보며 준경과 아버지의 관계를 개선하기 위해 애쓰는데, 이러한 보경의 역할은 오프닝 시퀀스의 첫 씬에서 미리 제시되고 있다.

오프닝 시퀀스의 두 번째 씬은 기차 안이다. 준경과 보경이 살고 있는 봉화 소천면 분천리에서 준경과 보경이 통학하는 영주까지 이동하기 위해 이들 남매는(동네 사람들도 물론) 영주역과 승부역을 오가는 기차를 이용한다. 준경과 보경에게는 통학을 위해 매일 기차에 탑승하고, 동네 사람들은 통근이나 여러 가지 이유로 기차에 탑승한다. 기차를 타고 집으로 향하는 것이 이들의 일상이며, 기차 혹은 기차 운행과 관련된 여러 시스템은 이들의 삶과 떨어질 수 없는 생활의 일부인 것이다.

그림 4. 〈기적〉의 오프닝 시퀀스 두 번째 장면

좀 더 구체적으로 살펴보자면, 오프닝 시퀀스의 두 번째 씬은 경시대회 1등상을 받고 집으로 돌아가는 기차 안에서의 이야기 장면이다. 보경은 준경이 수학경시대회에서 "경상북도 1등" 상을 받은 사실을 마을 사람들에게 알린다. "전교 1등 말고, 경상북도 1등"이라는 보경의 말에는 동생에 대한 자부심이 넘친다. 마을 사람들은 준경의 실력을 인정하며 수상을 축하한다. 준경의 재능이 준경이 개인뿐 아니라 가족들과 마을 사람들의 기쁨이 되는 이 장면은 앞으로 진행될 '기적'이라는 영화적 국면이 준경으로 인해 개인과 가족, 마을 공동체와 함께 이뤄질 수 있음을 암시하는 것이기도 하다.

다음 씬은 기차에서 내린 마을 사람들이 일렬로 철길을 걷는 장면이다. 일상이라 아무렇지도 않은 듯 어두운 터널을 지나가고 강물 위로 곧게 뻗은 철길 위를 걸어가는 사람들. 터널 안에서 진동을 느낀 어린 준경만이 두려운 표정으로 철길을 따라 걷는 순간, 터널에서 갑자기 튀어나오는 열차와 그 기적 소리에 사람들은 질겁하며 강물 위 철도 옆

그림 5. 〈기적〉의 오프닝 시퀀스 중

비상 난간으로 가까스로 몸을 피한다.

터널을 지나고 강물 위에 오프닝 시퀀스의 이 장면은 관객들에게 질문을 던진다. 사람들이 왜 철길 위를 걷고 있을까? 이에 대한 대답은 오프닝 시퀀스의 두 번째 에피소드에서 설명된다. 기찻길을 사람들이 위험하게 걷고 있는 이 장면은 이후 영화의 주된 서사로서 준경이 자기 마을에 간이역을 만들어달라는 청와대로의 청원 편지 쓰기와 마을 사람들과의 간이역 준공이라는 사건들의 개연성을 제시하고 있다.

오프닝 시퀀스의 첫 에피소드는 위험천만의 기찻길을 걸어가는 마을 사람들의 아찔한 장면과 함께 그들을 위협하는 열차의 모습을 제시하며 끝난다. 사람들이 터널에서 나와 강물 위로 곧게 뻗은 철로 위를 지나가는 장면에서는 직선으로 길게 뻗은 철로와 화면은 철로를 광포하게 지나는 기차의 옆면을 담는 한편, 그 기차 뒤편에서 몸을 피하고 있는 마을 사람들의 흔적(빠르게 지나가는 기차에 가려서 웅크리듯 위태롭게 서 있는 사람들의 다리들)을 동시에 재현하고 있다.

이 마지막 장면은 철길 위의 사람들이 철길과 열차라는 철도 시스템의

그림 6. 〈기적〉의 오프닝 시퀀스 중

위력 앞에 얼마나 왜소한지를 시각적으로 보여준다. 무엇보다 이 장면은 화면 구도와 배치를 통해 근대 자본주의 사회에서의 철도 시스템을 표상하고 있다. 사람들이 잡담과 일상사를 나누며 여유 있게 터널을 빠져나오자 카메라는 넓고 푸른 강물 위에 전선으로 배치된 철로를 롱테이크로 잡으면서 자연의 풍광에 사람들의 일상이 자연스럽게 녹아드는 장면을 연출한다. 그런데 화면에서 주가 되는 것은 강물과 자연이 아니라, 강물 위의 철도를 따라가고 있다.

이 장면에서 부각되는 철도의 직선성은 근대 자본주의의 첨병으로 대표되는 철도를 상징한다. 사람에 의해 자연스럽게 만들어진 길과는 대조적으로 철도는 직선으로 건설되었고, 그것은 근대 도로의 전형이기도 했다. 산이나 강을 따라 건설된 초기의 도로와 달리, 철도는 터널을 통해 산을 뚫고 강을 가로질러 철로를 개설했다[5]. 또한 이 장면에서 화면은 직선으로 뻗은 철도를 비추면서 한 편에 마련된 아주 작은 대피공간(shelter)을 보여주는데, 그곳은 강물을 가로질러 곧게 뻗은 철도에 비해 상대적으로 아주 미미한 공간으로 대비된다. 이러한 철도와 대피공간의 대조는 이후 연결되는 장면, 즉 기차의 등장과 함께 황급히 도망치는 사람들의 필사적인 모습의 대비와도 이어진다.

순간적으로 지나가는 이 짧은 부분은 당대의 시대적 맥락과 분위기를 매우 집약적으로 보여준다. 〈기적〉에서 재현되고 있는 기차가 주는 위압감과 속도감은 산업혁명 이후 증기기관차가 등장했을 때 당시 사람들이 느끼던 그것과도 같다. 거대한 소음을 내며 놀라운 속도로 달려오던

---

5) 이러한 철도의 직선성을 따라 건설된 것이 아우토반(Autobahn)이다. 이와 관련된 내용은 김정운, 「영화는 직선이다. 직선은 '쇼크'다.」, 채널예스, 2018.7.13.게재. http://ch.yes24.com/Article/View/36488 참조.

거대한 쇳덩이에 사람들은 질겁을 했고, 새로운 문물의 등장에 두려움을 느꼈다. 그 두려움은 기차가 일상화되면서 사라졌지만, 기차로 인해 근대의 시공간이 재편되고 그에 따라 사람들의 일상도 변화하게 된다. 걷거나 마차로 이동할 때와는 비교할 수 없을 정도로 속도가 빨랐던 기차는 짧은 시간에 많은 거리를 이동함으로써 근대의 시공간을 압축하는 기능을 했다. 기차와 함께 근대 자본주의는 고도성장하였고, 그에 따라 인간 소외 등 근대성의 어두운 단면도 심화되었다.

기차의 속도감과 위압감을 직관적으로 재현한 <기적>의 이 장면은 한창 산업화가 진행 중이던 1980년 당시 한국사회의 현실을 상징적으로 보여주고 있다. 경제개발 5개년 계획 등 박정희 정권의 근대화 정책은 1960년대 후반에서 1970년대를 거치며 경제 성장을 최고의 미덕으로 삼았으며, 이는 전두환 정권으로 교체되던 1980년 이후 더욱 심화되었다. 광폭한 기차의 질주로 사람들이 위험에 처하는 <기적>의 이 장면은 근대성의 상징으로서 기차가 경제 성장의 기치 아래 인권과 생명을 유린하는 당대의 현실 상황을 매우 상징적으로 재현하고 있다.

살펴본 바와 같이, <기적>의 첫 시퀀스이자 에피소드인 이 부분은 영화에서 매우 중요한 부분이다. 크게 세 개의 씬으로 구성된 이 부분은 영화의 주요 서사를 추동하는 역할을 할 뿐 아니라 앞으로 전개될 영화의 서사에 여러 번 등장하거나 환기된다. 그만큼 이 영화에서 주요한 지점을 차지한다는 의미이다. 특히 이 부분은 등장인물의 시점에 따라 전혀 다른 서사로 전개되고, 후반부로 가면서 전반부와는 다른 국면이 제시되며 반전을 보여준다.

기차가 화면의 전면을 차지하며 마무리되던 첫 번째 에피소드는 "6년 후"라는 자막과 함께 자연스럽게 두 번째 에피소드로 연결된다. 첫 에피소드가 준경의 어린 시절을 다루었다면, 두 번째 에피소드는 고등학생이

그림 7. 〈기적〉의 오프닝 시퀀스, 두 번째 에피소드 첫 장면

된 준경의 현재 시점(1986년)을 다루고 있다. 화면은 첫 씬에서 클로즈업 되었던 별자리가 다시 한 번 클로즈업되고 있는데, 두 번째 에피소드의 별자리는 '엄마별'이 따로 표시된 손수 그린 것이라는 차이가 있다.

  준경의 책상 앞 벽을 비추던 화면이 책상에 앉아 무언가를 쓰고 있는 준경의 등을 비추고, 이후 준경이가 쓰고 있는 글에 대한 내레이션이 이어진다.

> "대통령님, 보시소. 저는 경상북도 봉화군 소천면 분천리에 살고 있는 정 준경이라고 하니더. 이 편지는 대통령님한테 보내는 오십 네 번째 편지니 더."

봉화 사투리로 진행되는 준경의 내레이션은 첫 번째 에피소드 이후 준경이 오랫동안 청와대에 청원 편지를 써왔음을 암시하고 있다. 내레이 션과 함께 편지를 쓰던 준경이 이른 새벽에 누나와 집을 나서는 장면으 로 이어지는데, 아직 앳된 모습의 보경이 살뜰하게 준경을 챙기는 모습 이 제시된다. 영화의 첫 장면에서 동생과 아버지를 챙기는 게 더 좋다던 보경의 모습이 6년이 지난 현재에도 여전하다는 것을 보여주고 있다.

  〈기적〉의 오프닝 시퀀스를 구성하고 있는 두 번째 에피소드는 청와대 에 보내는 편지를 읽는 준경의 내레이션과 함께 고등학생이 된 준경의

그림 8. 〈기적〉의 오프닝 타이틀 시퀀스

일상을 화면에 담고 있다. 이 일상은 준경과 보경, 아버지의 모습과 함께 기차를 오가는 마을 사람들과 역무원 등 등장인물들을 아우르고 있다. 6년이 지난 후에도 여전히 우애가 좋은 준경과 보경, 이와는 대조적으로 재현되는 아버지의 모습, 그리고 통학하는 기차 안에서 만나는 마을 사람들과 역무원의 모습 등이 제시되는 두 번째 에피소드는 등장인물과 기획자 등의 크레딧이 자막 처리되는 타이틀 시퀀스로서 기능하고 있다.

두 번째 에피소드에서 주요하게 제시되는 것은 준경이 고등학생이 된 1986년, 현재 시점에서 등장인물의 상황이다. 이 상황은 6년 전 그날의 사건, 첫 번째 에피소드의 사건과 잇닿아있다. 두 번째 에피소드는 청와대에 보내는 편지를 읽는 준경이의 내레이션과 함께 현재 준경의 일상을 제시한다.

> "우리 마을에는 길이 없다. 농담이 아니라 진짜로 차가 다니는 길이 없고 기찻길만 있는데, 기차역이 없으니 마을로 나가려면 기찻길을 걸어 승부역까지 가는 수밖에는 없더.
> 제일 가까운 승부역까지는 굴을 세 번 지나고 철교를 세 번 건너야 되더. 승객 열차는 그래도 시간표가 있어서 피할 수 있지만, 화물열차는 언제 올지 몰라서 굴이랑 다리에서 죽은 이가 한둘이 아니더."

6년이 지난 지금도 준경은 기찻길을 걸어 위험천만한 통학을 하고 있

그림 9. 준경의 등교 장면

으며, 청소년으로 성장했어도 여전히 그 길을 두려워한다. 어두컴컴한 길을 나서며 손전등을 챙기고 터널로 들어서기 전엔 철로에 귀를 대어 열차가 지나갈지 확인한다.

첫 번째 에피소드 마지막 씬의 배경이 되었던 강물 위 철로를 걷는 남매의 모습. 준경은 보경의 손을 꼭 잡고 보경은 그런 준경이를 보며 "아직도 무섭나?" 하며 놀리는데, 이 장면은 영화 전체 서사의 시간 영역을 6년 전 과거와의 연장선에서 현재로 이어 전개되고 있음을 가시적으로 보여준다. '6년 후' 이 남매의 모습은 6년 전 그날, 학교에서 집으로 향하던 그 길을 집에서 학교로 역행하고 있는데, 이는 오프닝 시퀀스의 첫 번째 에피소드와 대칭적으로 제시된 것이다.

준경과 보경은 6년 전과 마찬가지로 우애가 좋지만, 남매의 다정한 모습과 대비되는 것은 아버지 태윤이다. 그는 역사(驛舍)에 마련된 기숙사에서 담배를 피우며 새벽 열차 운행을 나선다. 입학식 날 등교하기 위해 기차에 오르는 남매를 보고도 기관사인 아버지는 무뚝뚝하게 정면만 응시하고 있다.

두 번째 에피소드에 그려진 태윤의 모습은 삶의 무게와 고심에 찬 가장으로서의 문제를 암시하고 있다. 이런 태윤의 모습은 전체 서사가 전개되는 가운데 반전으로 기능하는 한편, 영화 결말 부분에 이르러 오프

그림 10. 준경의 아버지 태윤

닝 시퀀스의 태윤을 이해할 단초를 제공하기도 한다.

준경과 보경, 두 남매의 사이 좋은 모습과 통학길의 전경, 그리고 이와 대조적인 아버지 태윤의 모습 등으로 제시되는 주인공 준경의 일상은 청와대로 보내는 편지와 함께 마무리된다.

> "제가 학교 다니는데 이레 두 시간 넘게 걸린다고 이러는 거 아입니더. 우리 마을 사람들이 보다 안전하게 댕길 수 있게 우리 마을에도 간이역 하나만 만들어 주시소.
>
> 1986년 3월 3일 새벽 정준경 올림."

준경은 마을 사람들이 생명의 위협을 느끼면서도 기찻길을 통행로로 이용할 수밖에 없는 사정과 함께 간이역의 필요성을 알리기 위해 청와대에 지속적으로 편지를 보냈다. '54번째 편지'라는 서두의 명시는 준경의 오랜 청원에도 간이역에 대한 어떠한 답변이나 반응이 없었음을 짐작할 수 있다. 오프닝 시퀀스에서 제시된 준경의 편지는 이후 사건에서 주요한 서사의 한 축을 이루게 된다.

대개 편지는 보내는 날짜와 보내는 사람을 표기하면서 끝을 맺는다. 영화 <기적>의 오프닝 시퀀스는 준경이 보내는 편지의 형식을 빌려 마무리되고 있는데, 이 부분은 이 영화의 주요 서사가 전개될 1986년 이후 준경의 고등학교 생활이 시작되는 입학식을 기점으로 하여 '6년 전' 과 거의 이야기와 1986년 3월 3일 현재 상황을 자연스럽게 이어주고 있다.

이처럼 〈기적〉의 오프닝 시퀀스는 이후 전개될 서사와 유기적으로 관계하면서 영화 전체 서사의 정보를 통합적으로 이해할 수 있게 기능한다. 이후의 서사는 준경이 고등학교에 진학하면서 만나게 되는 인물들을 통해 간이역을 만들고 자신의 꿈을 찾기 위해 도전하는 과정을 다루는데, 오프닝 시퀀스의 사건들은 이러한 서사의 배경과 극적인 분위기를 효과적으로 전달하고 있다.

오프닝 시퀀스 이후 서사

영화 〈기적〉에서 본격적인 서사는 입학식 이후 준경의 고등학교 생활과 맞물리며 전개된다. 고등학교 입학식인 1986년 3월 3일이 〈기적〉의 현재 시점, 즉 주요 서사가 전개되는 시작점이다.

이후 영화는 준경의 고등학교 생활을 다루며 양원역이 완공되는 1988년 4월을 끝으로 마무리된다. 하지만 〈기적〉은 오프닝 시퀀스에서 제시된 '6년 전', 즉 1980년의 사건을 여러 번 환기함으로써 반전과 국면의 전환을 시도한다. 그리고 결말 부분에서는 준경이 태어나는 시점인 1970

그림 11. 〈기적〉의 시간적 배경을 암시하는 장면들

년까지 거슬러가서 숨어 있는 서사를 펼쳐 보인다.

이처럼 <기적>은 오프닝 시퀀스에서 제시된 두 시간대, 즉 6년 전 (1980년)과 후(1986년~1988년)를 자연스럽게 연결하면서 그 이전의 과거 시간대(1970년)까지 아우르는데, 이를 통해 다층적인 시간대에 겹쳐진 서사들을 영화화하고 있다. 이러한 측면에서 <기적>은 기차와 기차역이라는 소재를 통해 1980년대 후반 봉화와 영주라는 경북 북부의 시골마을을 다루면서도 1970년대 이후 한국 사회 전반으로 확장되고 있다.

영화 <기적>은 고등학생이 된 준경이 자신의 오랜 염원이었던 간이역을 자신의 마을에 완공하는 과정을 다루고 있다. 표면적으로 드러난 준경의 꿈은 간이역을 만드는 일이지만, 간이역을 세우기 위해 다양한 시도들이 펼쳐지는 동안 준경이 숨겨온 내밀한 꿈도 드러나고 마침내 이루어진다. 간이역 세우기라는 표면적 꿈과 가슴 속에 품어온 꿈이 서로 교차하면서 각각의 기적을 만들어가는 것이 영화 <기적>의 주된 서사이다.

앞서 살펴본 오프닝 시퀀스의 두 에피소드는 준경의 표면적 꿈인 간이역 만들기와 관련된 사건들을 집약적으로 보여주고 있지만, 각각의 에피소드 중 첫 장면은 '별자리' 사진과 그림을 클로즈업하며 준경의 숨겨진

그림 12. 〈기적〉의 포스트-크레딧 씬(Post-Credit scene)

꿈을 암시한다. 이후에 전개될 사건들은 이러한 준경의 꿈들이 어떤 식
으로 교직하며 기적을 만들어가는지를 보여주고 있다.

영화 〈기적〉에서 본격적인 서사는 준경의 입학식 이후 고등학교 생활
가운데 전개된다. 고등학교 진학 이후 준경은 라희를 만나 본격적인 '간
이역 프로젝트'에 돌입한다. 어설픈 사투리로 청와대에 편지를 보내던
준경은 고등학교에 진학하고서야 제대로 된 편지를 쓰게 되고, 한편으로
는 대통령을 직접 만나 청원하기 위해 다양한 방법을 시도한다. 나아가
준경은 자신의 재능을 활용하여 마을 사람들의 안전 통행을 위한 철도
신호등을 만들게 된다. 이 과정에서 준경의 재능과 꿈이 서서히 드러나
게 되고, 그 꿈을 지지하고 응원하는 사람들도 나타나기 시작한다. 영화
의 전반부는 학교를 중심으로 이러한 서사가 전개된다.

라희와 우정을 쌓아가는 전반부의 서사는 철도 사고로 인해 새로운
국면으로 전환된다. 라희 아버지의 추천으로 준경은 서울 과학고로 전학
할 기회를 얻게 되고, 아버지와 상의하기 위해 영주역에 들른 준경은
귀갓길에 철도 사고 처리 장면을 목격한다. 6년 전 사고가 있었던 그

그림 13. 6년 전 사고 현장에서 발생한 기차 사고 수습 장면, 태윤과 준경

자리에 누나 친구인 송아 엄마가 사고를 당해 죽게 되면서 준경은 6년
전 그날의 사건을 다시 떠올린다.

　현재에서 '6년 전' 그날로 이어지는 장면은 매우 인상적이다. 기차 안
에서 창밖을 보던 준경이 손전등 불빛이 소란스러운 광경을 보며 직감적
으로 불안을 느끼고, 터널 앞 신호등이 부서진 것을 보며 터널 안으로
뛰어든다. 화면은 강물 위 철로를 걸어가는 준경의 모습을 비추다가 철
로 아래 강변의 사고 수습 현장을 보여준다. 사고 현장에 있던 아버지
태윤이 철로 위 준경을 발견하자, 화면은 철로 뒤를 바라보며 도망치듯
달리는 준경의 모습을 보이다가 '6년 전' 그날 그 자리에서 기차를 보며
도망치듯 달려가던 어린 준경의 모습으로 클로우즈업 된다.

그림 14. 준경이 6년 전 사고를 떠올리며 과거 사건으로 전환되는 장면

　그리고 오프닝 시퀀스에서 재현되지 않았던 장면, 즉 보경이 준경의
트로피를 잡기 위해 손을 뻗고 다리를 헛디디는 장면에 이어 준경 뒤로
열차가 난폭하게 지나가는 장면이 나타난다. 이 장면은 오프닝 시퀀스의
'6년 전' 그날의 사건을 데칼코마니처럼 뒤집고 있다. 오프닝 시퀀스에서
는 지나가는 기차를 정면에서 바라보고 기차 뒤의 사람들을 하나의 화면
에 담았다면, 6년 후에 밝혀진 전모는 지나가는 기차를 등 뒤로 한 어린
준경의 얼굴을 화면에 담고 있다.

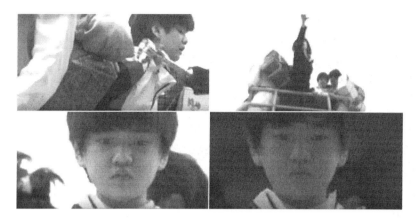

그림 15. 6년 전 사건의 전모가 제시되는 부분, 준경 뒤로 기차 지나는 장면

오프닝 시퀀스에서 제시된 '6년 전' 그 사건은 달리는 열차, 그 속도감에 가려 진실이 은폐되었다. 현재의 준경이 대면한 열차사고는 가려져 있던 그 날의 진실을 펼쳐 보이고 있다. 직선의 철도와 위압적인 열차의 속도에 희생된 인간의 모습. 영화는 열차의 굉음과 함께 망연자실한 준경의 모습을 보여준다.

이 장면에 이어 6년 전 사건의 진실이 드러난다. 보경의 사고 소식을 전해 들은 아버지 태윤은 사고 현장에서 보경의 시신을 찾지 못하자 강물에 뛰어들지만 누나를 찾는 준경의 울부짖음을 듣고 발길을 돌린다. 그런데 사랑하는 딸 보경의 죽음이 아무리 가슴 아픈 일이라고 해도 준경이를 남겨두고 강물로 뛰어드는 태윤의 모습은 관객으로서 쉽게 이해하기 어렵다. 이러한 태윤의 행동은 의문을 남기는데, 이 부분은 영화의 마지막 부분에 또 다른 반전으로 제시된다.

보경의 시신은 발견되지 않고 대신 경시대회 트로피만 발견되는데, 태윤은 준경이를 업고 트로피를 가져온다. 한편, 준경은 자신의 책상 위에 놓인 트로피를 보고 집 밖으로 던져버린다. 그 트로피 때문에 누나가

그림 16. 보경의 사고에 충격을 받은 태윤이 강물에 뛰어드는 장면

죽었기 때문인데, 다시 책상 위에 놓인 트로피와 함께 준경은 누나를
다시 만나게 된다.

영화에서 트로피는 준경의 재능과 꿈을 표상한다. 수학 경시대회 1등
상은 준경의 재능을 나타내는 한편, 우주과학자로서의 준경의 꿈을 은유
한다. 준경이 누나가 죽은 후 트로피를 던져버리고, 트로피를 잡다가 강
에 빠져 죽은 보경이 트로피와 함께 나타나는 것은 이후에 전개될 준경
의 꿈의 문제와 이어진다.

엄마 없이 누나 손에서 자란 준경에게 누나는 엄마와 같은 존재다.

그림 17. 책상 위 트로피를 응시하는 준경(좌) / 그 사이에 등장하는 보경(우)

그날의 모습 그대로 나타난 누나는 유령과 같은 존재로서, 준경의 눈에
만 보인다. 준경은 누나에게 자신이 집에 머무는 동안만이라도 함께 있
어 달라고 애원한다. 사직서를 반려 당한 준경의 아버지는 영주로 이사
갈 계획이었지만, 누나와 함께라며 집을 떠나지 않으려는 준경을 남겨두
고 떠난다.

그림 18. 보경의 등장에 오열하는 준경(좌) /집에 남기 위해 필사적으로 저항하는 준경(우)

이처럼 오프닝 시퀀스의 두 에피소드 사이에 숨겨진 사건이 영화의
중반부에 드러나면서 전반부에 제시된 장면에서 석연찮게 지나갔던 부
분이 해명된다. 아버지 태윤이 남매와 떨어져 사는 상황, 반갑게 웃던
보경에게 무뚝뚝한 표정을 지었던 그간의 사정이 '6년 전' 사건의 진실
과 함께 드러난다.

한편, 사건의 전모를 통해 〈기적〉의 서사는 새로운 국면을 맞게 된다.
철도 사건으로 인해 6년 전 사고가 다시 환기되면서 준경은 집을 떠나면
누나와 헤어진다는 사실을 상기한다. 서울로 전학 가는 라희를 배웅하지
도 않은 채, 준경은 홀로 남은 송아를 보며 6년 전 자신의 모습을 떠올리
며 괴로워한다. 이후 장면은 기찻길을 홀로 걸어가는 준경의 모습이 계
절의 변화와 함께 제시된다.

1년이 지난 어느 날, 그동안 청와대로 보냈던 준경의 편지에 대한 답

그림 19. 전처럼 기찻길을 걸어 등교하는 준경의 여름과 겨울

변이 온다. 88올림픽 이후에 간이역 착공이 가능하다는 것인데, 구체적인 일정이 없어서 실현 여부는 불투명한 상황이다. 이에 준경은 마을 사람들이 직접 간이역을 짓자고 제안한다. 불가능한 도전으로 여겨지던 간이역 준공은 마을 사람들이 한둘씩 참여하면서 완성되어 가고, '양원역'이라는 역명을 짓게 되는 과정도 재현된다.

그림 20. 간이역 건설 장면(좌) / 양원역 완공 장면(우)

간이역 완공이라는 준경의 표면적 꿈이 이뤄지는 동안, 준경의 숨겨둔 꿈도 새로운 국면을 맞이한다. 양원역의 완공을 앞두고 철도청에서 제작하는 잡지에 "우주를 꿈꾸는 소년, 간이역을 세우다"는 준경에 대한 기사가 게재된다. 자신의 꿈을 드러내지 않았던 준경의 꿈이 표면으로 드러나게 된 것이다. 준경은 물리 선생님의 지원으로 미국 NASA에서 유학할 기회를 제공하는 전국 시험에 응시할 자격을 얻게 되지만, 여러 가지 이유로 준경은 시험 응시를 포기한다.

그림 21. 준경을 데려가기 위해 양원역에 정차하는 장면(좌) / 준경의 시험장까지 함께하는 태윤(우)

준경의 이러한 포기는 양원역을 완공하고도 정식 허가를 받지 못해 기차가 정차하지 않는 상황과도 맞물린다. 사람들의 항의에도 아버지 태윤은 양원역에 정차하지 않지만, 아들의 재능과 꿈을 알게 된 태윤은 양원역에 정차하여 준경을 데리고 서울 시험장으로 향한다. 준경의 오랜 꿈이었던 간이역 완공, 그보다 더 오래된 우주과학자의 꿈은 아버지 태윤이 양원역에 정차하여 아들과 함께 서울로 가는 과정에서 완성되어 간다.

준경의 합격 소식이 전해지고 미국으로 떠나기 전날, 아버지 태윤은 6년 전 사고에서 말할 수 없었던 비밀을 밝힌다. 자신이 운행한 열차를 피하려다 보경이 죽게 되었다는 사실과 함께, 준경마저 잃지 않기 위해 준경에게 냉정하게 대했다는 그간의 사정이 드러난다. 영화 〈기적〉은 양원역이 간이역으로서 정식 허가를 받고 시험에 합격한 준경이 미국으로 가기 위해 집을 떠나면서 끝을 맺는다. 준경이 오랫동안 품었던 두 가지 꿈, 그리고 아버지에게 인정받고 싶다는 준경의 내밀한 소원이 기적처럼 이뤄지는 것이다.

누구의 기적인가?- 준경과 조력자들, 그들 모두의 기적

영화 〈기적〉에서 본격적인 서사는 입학식 이후 준경의 고등학교 생활과 맞물리며 전개된다. 고등학생이 된 준경의 서사는 학교와 집이라는 두 공간을 중심으로 전개되며, 이 둘 사이를 연결하는 기차 및 역과 같은 철도 시스템이 영화에서 또 다른 공간으로 기능한다. 각각의 공간은 주인공 준경을 도와주는 인물들, 일종의 조력자들로 채워진다. 학교에서는 라희와 물리 선생님, 집에서는 보경이 적극적으로 준경을 도와주는 한편, 기관사인 아버지 태윤과 마을 사람들은 기차와 간이역 같은 철도 시스템과 연계되어 조력자의 역할을 한다. 영화 <기적>의 서사는 준경이 조력자의 도움으로 꿈 혹은 기적을 성취하는 과정을 담고 있다.

오프닝 시퀀스와 자연스럽게 이어지는 준경의 입학식과 고등학교 생활은 주인공 준경이 중요한 조력자를 확보해가는 과정이기도 하다. 간이역 건립을 요청하며 준경이 청와대로 보내는 편지는 라희가 준경과 친해지게 되는 계기가 된다. 입학식에 늦은 준경을 본 라희는 그를 '또라이'라고 생각하지만, 같은 반이 된 준경과 생활하면서 그의 '천재'성을 발견하게 된다. 준경에게 관심을 가지는 라희는 청와대에 보내는 준경의 편지를 몰래 보게 되고, 이를 계기로 라희는 "내 도와줄까, 간이역?"이라며 준경의 간이역 프로젝트를 적극적으로 돕는다.

준경의 조력자로서 라희는 준경이 오랫동안 품어왔던 '간이역 만들기'라는 꿈이 이뤄질 수 있도록 구체적으로 도와준다. 준경이 수십 번 청와

그림 22. 준경의 편지를 훔쳐보는 라희(좌) / 간이역 프로젝트를 제안하는 라희(우)

그림 23. 간이역 프로젝트의 조력자로 우정을 쌓아가는 준경과 라희

대에 청원 편지를 보냈지만 번번이 실패한 사실을 알게 된 라희는 준경
의 편지 쓰기를 돕는다. 대통령에게 보내는 편지를 사투리로 쓸 수 없다
며 준경에게 받아쓰기 교육에 들어간다. 받아쓰기와 연계된 '현장실습'
을 핑계로 라희와 준경은 분식집과 동네 문방구 앞 오락기에서 우정을
쌓아간다.

받아쓰기 교육에 돌입하여 준경이 제대로 된 편지를 쓸 수 있게 도왔
던 라희는 본인도 함께 청와대에 청원 편지를 부침으로써 준경의 마을에
간이역이 들어설 수 있도록 힘을 모은다. 우체통에 편지를 넣으며 "하나
보다는 둘이 쓰면 좀 더 낫지 않겠나?"는 라희의 말은 진정한 조력자의
면모를 보여준다.

하지만 청와대 청원 편지는 당장 효과가 없었고, 라희는 새로운 전략
을 세운다. 편지가 아니라 대통령을 만나 직접 부탁하는 것이다. 준경에
게 맞는 전략을 모색하던 라희의 도움으로 준경은 다시 경시대회에 도전
하고 대통령상을 수상한다. 이 과정에서 라희는 준경의 재능과 숨겨진
꿈을 발견하고, 준경이 그것을 펼칠 수 있도록 적극적으로 돕는다. 처음
에 라희는 청와대에 편지 쓰는 것을 돕지만, 이후 준경의 재능을 직접
활용하여 보다 적극적으로 도전하는 방식으로 나아간다. 청와대에 청원
편지 쓰는 대신 "우리가 간이역을 지어뿌자!"라고 이야기하는 라희는

그림 24. 기차 운행을 알리는 신호등을 만들어 마을 사람들에게 설명하는 준경

준경에게 열차 신호등을 직접 만들라고 조언하기에 이른다.

준경은 마을 사람들의 안전한 통행을 바라는 자신의 염원이 대통령이나 공공기관의 도움으로만 가능할 것이라고 생각했지만, 라희를 만나 함께 도전하면서 그 염원을 스스로 해결할 용기를 얻는다. 과학 지식을 활용하여 철도에 열차가 지나갈지 예측하는 신호등을 만들고, 나아가 간이역을 준공하는 데 도전한다. 이러한 준경의 도전과 시도는 라희라는 조력자와의 서사를 통해 전개되는데, 무엇보다도 이 과정에서 준경이 품고 있는 내밀한 꿈을 스스로 찾게 된다. 라희는 준경이 스스로 밝힌 적 없는 자신의 꿈에 대해, 그리고 꿈꾸는 행위 자체에 대해 고민하게 되는 계기를 만든다.

> 라　희: 우주가 그리 좋나? 별이 뭐가 좋은데?
> 　　　　그럼, 니 꿈은 우주과학자 뭐 이런 거가?
> 준　경: 꿈은 내 주제에 뭔 꿈이고?
> 라　희: 꿈꾸는 게 뭐 어때서?

라희는 헌 책방에서 준경에게 책을 사주면서 "니 꿈이 아니라 내 꿈을 위해 투자하는 것"이라며 준경의 꿈을 지원한다. 천체 우주를 좋아하는 준경이 우주과학자라는 오랫동안 품어온 꿈을 펼치길 응원한다. 라희는

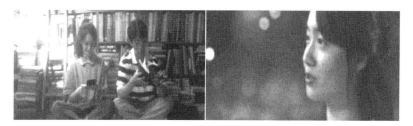

그림 25. 준경의 꿈을 묻는 라희(좌) / 준경의 재능을 응원하는 라희(우)

준경이 서울에 있는 과학고에 진학하거나 NASA에서 우주과학 공부를 할 수 있는 기회를 놓치지 않길 바란다. 준경의 재능을 알아보고 그 꿈을 이룰 수 있도록 동기를 부여하는 라희는 준경의 마을에 날아다니는 반딧불이를 보며 "나는 니가 저래 훨훨 날아 올랐으면 좋겠다."고 자신의 속마음을 전한다.

준경의 재능을 알아보고 적극적인 지원을 하는 또 다른 조력자는 준경의 물리 선생님이다. 라희와 마찬가지로 준경의 내밀한 꿈을 일깨워 주는 인물이다. 선생님은 지각한 준경이 시험문제를 단시간에 척척 푸는 모습을 보며 준경의 천재성을 알아본다. 그리고 그 재능을 키울 수 있도록 과학 분야의 논문 등을 제공하며 지적 호기심과 동기를 부여하고, NASA 연수를 위한 전국 시험에 응시할 수 있도록 적극적으로 지원

그림 26. 준경의 재능을 알아본 물리 선생님(좌) / 준경 아버지를 만나 준경의 꿈을 이야기하는 물리 선생님(우)

한다. 시험장이 있는 서울까지 준경과 함께 갈 생각을 하고, 시험 응시를 위한 아버지의 허락을 받으러 영주역에 찾아온다.

전국의 수재들이 응시하는 시험에 준경이 수상할 가능성이 없을 것이라는 아버지의 말에 선생님은 준경의 숨겨둔 꿈을 이야기한다.

> "이건 준경이가 아주 오랫동안 간직해온 꿈입니다. 그런데도 자기는 꿈꿀 자격이 없다고 포기한답니다. 아버님은 이대로 두고 보고만 계실 겁니까?"

"내 주제에 뭔 꿈이고?"라고 라희에게 말하던 준경의 대사에서 암시되듯 준경은 자신이 꿈꿀 주제가 못 된다고 여긴다. 오프닝 씬에서 학교 복도에 걸린 별자리에 빠져들고 오랫동안 자신의 책상머리에 별자리 그림을 그려두었으면서도, 준경은 자신의 꿈을 묻어만 둔다. 자신에게는 꿈을 가질 자격이 없다면서. 물리 선생님은 그러한 준경의 속마음을 읽었다. 경상북도 수학 경시대회 1등이었던 어린 준경이 불의의 사고로 누나를 잃고 슬픔에 빠져 있을 동안, 아무도 준경의 재능과 꿈에 관심을 가지지 않았을 터이지만, 물리 선생님은 그러한 준경의 재능과 꿈을 살펴보고 그 꿈을 펼칠 수 있도록 전폭적으로 지지하고 응원한다. 준경의 곁에서 그렇게 지원하는 이들 덕분에 준경은 자신이 오랫동안 품어온 꿈을 펼칠 수 있었던 것이다.

영화 <기적>의 또 다른 공간, 준경의 집에서 그를 지지하고 응원하는 것은 누나 보경이다. 보경은 출산 과정에서 목숨을 잃은 엄마를 대신해 준경을 키우고 보살폈고, 사고 이후에는 곁에 남아 존재하는 것만으로도 준경에게 힘이 된다. 영화의 전반부에서 보경은 앳된 모습을 간직한 살가운 누나로 그려지지만, 오프닝 시퀀스의 사건이 조명되는 영화 중반 이후에는 사후(死後) 영혼으로 준경의 성장을 함께 했음이 드러난다.

"니는 내가 언제까지 니랑 같이 있을 거라 생각하나? 니를 위해서 내가 먼저 떠나줘야 한다는 생각을 매일매일 수십 번도 더 하면서도 왜 아직 안 떠나는 줄 아나? 니가 먼저 '갔다오께.'하고 웃으면서 떠날 것 같아서. 그날만 기다리고 있는 거다. 어떻노? 그래 해줄 수 있겠나?"

미국 NASA 연수 기회가 주어진 시험을 앞두고 갈등하는 준경에게 보경은 자신의 바람을 이야기한다. '집에 있는 동안만이라도' 자신과 함께 있어 달라던 어린 준경의 약속은 집을 떠나는 순간 누나와의 이별을 의미하기 때문에, 준경은 서울 과학고로의 전학도 포기했고 미국 연수의 기회도 고민하고 있는 것이다. 보경은 준경의 그 마음을 알고, 준경이 기꺼이 웃으며 집을 떠날 것을 바라고 있다.

공부나 진학보다는 아버지와 동생 챙기는 것을 더 좋아했던 열아홉 살의 보경은 죽어서도 자신의 바람대로 존재한다. 준경에게는 삶의 이유가 되기도 했던 보경의 존재는 자신의 손으로 키웠던 어린 준경이 성숙한 어른으로 성장하여 자신의 미래를 향해 기꺼이 집을 떠나길 바란다. 보경은 엄마와 누나의 죽음을 자기 탓으로 여기는 준경에게 그런 마음에서 벗어나라고 말한다. 그리고 시험을 포기하려는 준경에게 두려움에 지지 말고 합격이 목표가 아니라 도전 그 자체를 위해 시험을 치라고 조언한다.

그림 27. 준경이 자신의 꿈을 향해 나아갈 것을 응원하는 보경

그림 28. 서울 시험장으로 향하는 준경을 배웅하는 보경(좌) / 미국 유학길 나서는 준경과 이별하는 보경(우)

　보경의 바람대로 준경은 시험에 도전하고 집을 떠나 자신의 꿈을 향해 나아간다. 미국으로 떠나는 준경은 양원역에서 아버지, 마을 사람들과 헤어지고, 서울로 향하는 기차 안에서 누나와 이별한다. 보경은 준경에게 잘 자라줘서 고맙다는 마음을 전하고, 준경은 가족들이 아니었으면 불가능했을 일들이라며 계속 자신을 지켜봐달라고 부탁한다. 준경이 잘 성장하여 자신의 꿈을 향해 씩씩하게 집을 떠나는 것, 바로 보경의 꿈이 이뤄진 것이다. 이는 준경이의 트로피를 놓치지 않으려던 보경이 죽음을 뛰어넘어 이룬 기적이다.

　영화 <기적>에서 주인공 준경과 갈등 관계로 제시되다가 최종적인 조력자로 위치하는 것이 아버지 태윤이다. 준경과 태윤의 관계는 영화에서 갈등과 긴장이 가장 고조되는 자리에 있다. 영화 초반에 태윤은 자기 일에 바쁘고 가족에 무심한 아버지로 그려지며, 준경과의 관계도 미미하게 그려진다. 그러다가 영화 중반 이후에 준경의 가족사가 서서히 드러나면서 둘 사이의 문제가 불거진다. 보경의 사고 이후 영주와 봉화에서 각자 따로 생활하고 있는 준경과 태윤은 간이역을 둘러싸고 이견(異見)을 보이는데, 간이역 완공 이후에 갈등은 최고조에 이르게 된다.

　이러한 준경과 아버지 사이의 갈등은 서로에 대한 오해에서 비롯된다. 그것을 잘 보여주는 것이 <철도원>이라는 잡지에 실린 준경의 기사에 대한 아버지의 반응이다. 준경이 양원역 완공에 주도적인 역할을 한 것으로 알려지자 철도청 홍보실에서 준경을 인터뷰한 기사가 실렸는데, 이를 읽은 아버지 태윤은 잡지 담당자에게 분노에 찬 항의를 한다.

"지 엄마와 누가 죽은 게 왜 준경이 탓인교? 열차가 없어서 제때 병원 못 가서 그래 된 거고, 열차 피하려다 강물에 빠져 죽은 게 왜 준경이 탓인겨? 열차가 안 서서 그래 된 게 아닌겨?"

　태윤의 항변에는 준경을 지키고자 하는 아버지의 의지뿐 아니라 엄마와 보경의 죽음에 관련된 철도 시스템의 문제성이 담겨 있다. 수십 년 동안 철도청에 소속된 기관사인 태윤은 고립된 시골 마을에 교통인프라가 구축되지 않아 많은 사람들이 목숨을 잃은 것을 지켜봤으며, 자기 가족도 그들 중 하나라는 것을 알고 있다. 평소 "기관사가 무슨 힘이 있는교?"하며 간이역 준공에 회의적이던 태윤은 국가가 주도하는 교통인프라 구축에 지역을 비롯한 여러 원인이 작동됨을 알고 있던 터였다. 성장을 최우선으로 하여 효율성이 강조되던 시대적 흐름을 알고 있는 태윤은 무엇보다도 사고에 직접적인 원인을 제공한 자신의 죄과 앞에서 무기력할 수밖에 없었던 것이다.

　태윤은 엄마와 누나의 죽음에 대해 준경의 잘못이 전혀 없음을 항변하면서도 엄마와 누나의 죽음에 대한 준경의 죄책감을 잘 알지 못했고, 더욱이 준경이 왜 그렇게 간이역을 만들려고 노력했는지는 알지 못했다. 준경과 마을 사람들의 노력으로 완공된 양원역에 태윤이 정차하지 않은 것도 간이역에 대한 준경의 오래된 마음을 알지 못했기 때문이다. 물론 당국의 정식 허가를 받지 못한 양원역에 정차하는 것은 규범 위반에 해당하기 때문이기도 하다. 양원역에 정차하지 않는 태윤에게 준경은 실망하며, 둘 사이의 갈등은 최고조에 이른다. 이러한 두 사람의 갈등은 서로의 진심을 잘 알지 못한 데서 비롯된다.

> "내가 양원역을 왜 그래 만들고 싶었는지 아나? 나 아버지한테 칭찬받고 싶었다. 칭찬도 받고 용서도 받고 싶었다. 내 놓다가 엄마 죽고 내 때문에 누나도 그래 됐지만, 이 양원역만 지으면 고생했다고 아버지가 나 칭찬해줄 거라고 그래 생각했다. 난 단 한 순간도 아버지를 미워한 적 없다. 날 한 번도 안 봐주는 얼굴 보는 게 무서워서 그래서 내가 먼저 피한 거다."

준경은 보경에게 간이역(양원역)을 만들려는 진짜 이유를 이야기한다. 자기 때문에 엄마와 누나가 죽고 아버지마저 불행하게 되었다고 생각하는 준경은 불가능하게 보이는 양원역을 지음으로써 아버지에게 용서받고 인정받기를 원한 것이다. 하지만 양원역이 완공되어도 기차가 서지 않자 준경은 행복해지기 위해 노력하고 도전하는 일에 더 이상 도전하지 않겠다고 마음먹는다. 그리고는 시험 응시증을 멀리 던져버림으로써 우주과학자라는 오래된 꿈을 포기한다.

한편, 준경의 마음을 알지 못했던 아버지 태윤은 자신을 찾아온 물리 선생님을 만나고서야 준경의 꿈에 대해 알게 된다. <철도원> 담당 기자와의 통화를 통해 태윤은 준경의 속내를 어느 정도 알게 되었고, 물리 선생님의 이야기를 통해 보다 구체적으로 준경을 이해하게 된다. 스스로 꿈꿀 자격이 없다며 오래된 꿈을 포기하려는 준경을 위해 태윤은 양원역에 기차를 세우고 준경을 데리러 간다. 이후 태윤은 아들을 위해 난생 처음으로 서울까지 운전을 하고, 시험장 수위와 실랑이를 하면서도 준경의 입실을 돕는다. 양원역 정차 사건으로 태윤은 퇴직을 했고, 이어진 준경의 합격 소식에 환호한다. 태윤이 양원역에서 준경을 데리러 집으로 향하는 쇼트와 준경의 합격에 태윤이 환호하는 쇼트는 아들을 향한 아버지의 애정을 보여준다.

그림 29. 준경을 서울로 데려가기 위해 양원역에서 집으로 뛰어가는 태윤(좌)/ 준경의 합격 소식에 환호하는 태윤(우)

영화의 후반부에 전개되는 이러한 태윤의 변화는 그동안 알지 못했던 준경의 꿈에 대해 알게 되었기 때문인데, 그렇다면 왜 그동안은 준경의 꿈에 대해 관심조차 가지지 않았던 것일까? 준경이 유학을 위해 집을 떠나기 전날 밤, 태윤은 비로소 준경에게 그간에 말하지 못했던 이야기를 꺼낸다. 영화의 마지막 반전을 제시하는 이 부분은 태윤과 준경의 대화로 전개되다가 과거를 회상하는 태윤의 독백이 이어진다.

태　윤: 미안하대이.
준　경: 뭐를?
태　윤: 니하고 니 누나 입학식, 졸업식에 왜 한번도 안 갔는지 아나? 니 엄마한테 미안해서. 나만 좋은 거 보는 게 너무 미안해서....... 왜 그랬겠노? 내가 왜 느그 엄마에게 미안했겠노?

준경에게 미안하다는 아버지 태윤은 보경과 준경의 학교 행사에 한 번도 동행하지 않은 것을 죽은 아내에 대한 미안한 마음에서 비롯되었다고 말한다. 그리고 그러한 미안함은 태윤의 회한으로 이어진다. 태윤이 과거를 회상하는 이 부분은 태윤의 내레이션과 함께 해당 에피소드가 겹쳐 제시되는데, 이러한 방식은 오프닝 시퀀스와 동일하다.

"내 평생에 후회하는 게 딱 두 가지 있다. 그 잘난 일 뿌리치고 집으로 뛰어오지 않은 거. 진통 시작했다는 전화를 받고 바로 집으로만 왔어도 느 엄마 그래 보내지는 않았을 기다. 그리고 또 하나는 니 4학년 때 니 상 받는 데 같이 못 간 거. 그게 내 평생의 한이다."

태윤에게 평생의 한으로 남는 두 사건은 아내와 보경의 죽음과 연관된다. 해산을 앞둔 아내가 진통을 겪던 날에 일찍 퇴근하지 못한 것과 준경이 경시대회 수상하던 날에 함께하지 못한 것이다. 아이가 탄생하고 엄마는 해산의 고통을 겪는 순간, 아버지이자 남편인 태윤이 그 순간을 함께했어야 했지만, 업무로 인해 그 순간을 함께 하지 못했고, 기차가 서지 않는 오지마을에서 병원으로 이동하지 못하고 준경의 엄마는 죽고 만다. 그 후 엄마 없이 누나와 함께 씩씩하게 자라준 준경이 경시대회 상을 받던 날, 보경이 아버지에게 함께 가자고 전화를 했지만 태윤은 한사코 거절하며 기차 운행에 나섰고, 자신이 운행한 기차를 피하다 보경이 강에 빠져 죽게 된다. 아버지가 딸을 죽음에 이르게 했다는 죄책감에 태윤은 좌절하고 만다.

사랑하는 가족이 자기 때문에 죽었다는 죄책감으로 태윤은 평생을 괴로워하지만, 이제껏 내색하지 않았다. 영화에서 태윤은 주로 무표정하거

그림 30. 정식 허가를 받지 못한 양원역을 둘러보는 태윤의 뒷모습(좌) / 준경에게 자신의 과오를 고백하는 태윤의 뒷모습(우)

나 분노하는 앞모습을 보이거나 뒷모습으로 처리된다. 이는 영화의 서사에 반전을 여러 번 더하는 태윤의 캐릭터와 연결되는 동시에, 자신의 감정을 숨기며 살아야 했던 마지막 반전과 이어진다.

그런데 태윤의 가족이 겪은 비극은 특정 개인만의 문제는 아니다. 잡지 〈철도원〉 기사에 대한 태윤의 항변에도 드러났듯이, 이 문제는 1차적으로 교통인프라가 구축되지 않은 당대 현실의 문제이다. 준경이 사는 마을은 밖으로 나갈 도로가 없어 주민들이 위험하게 기찻길을 통행로로 이용해야 했으며, 버스 등 기본적인 교통 서비스가 제공되지 않는 곳이다. 교통인프라가 제대로 구축되지 않았기 때문에 준경의 엄마는 해산 과정에서 죽었고, 10여 년이 지난 후에는 준경의 누나 보경이 죽었다. 영화 〈기적〉에서 준경 가족의 비극은 국민으로서 누려야 할 교통권에서 배제된 농촌 지역 주민들의 불평등한 삶의 단면을 보여준다.

교통권은 국민들이 보편적 교통 서비스를 제공받아 자유롭고 안전하게 이동할 권리를 말한다. 말하자면 교통권은 국민 누구든 경제적, 지역적, 신체적, 사회적 여건에 상관없이 자유롭고 안전하게 이동할 권리인데, 인간으로서의 존엄과 가치, 개인의 행복 추구를 실현하기 위한 전제 조건이기도 하다. 안전하고 자유롭게 직장 및 학교와 집을 오가고, 생필품을 사거나 병원에 치료받으러 갈 수 있는 권리가 누구에게나 평등하게

그림 31. 도로가 없어 철길로 이동하는 준경과 마을 주민들(좌) / 기차 외 교통인프라가 구축되지 못한 경북 봉화군 소천면 분천리(우)

주어져야 한다. 영화 <기적>에서 준경 가족의 비극과 마을 사람들의 불편한 일상은 교통권에서 배제된 지역 불균형의 단면을 보여주고 있다.

언급한 바와 같이, <기적>은 1980년대 후반을 주요 시간대로 설정하면서도 후반부 태윤의 회상을 통해 1970년대 한국 사회를 후경화한다. 이러한 영화의 시간 설정은 교통권에서 배제된 농촌 지역 한 가족의 비극이 1970년대와 1980년대를 걸쳐 지속되고 있음을 보여준다. <기적>의 주요 시간대인 1980년대 후반은 선진국으로의 도약을 의미하는 88올림픽을 개최하는 시기이지만, 여전히 준경과 마을 사람들은 도로가 없어 기찻길로 통행하며 불안한 출퇴근과 통학을 이어가고 있다. 1970~80년대 한국 사회는 고도 성장기를 거치며 '효용성'을 기준으로 사회적 인프라 구축에 집중했다. 유동 인구가 많고 산업 기반 생산력이 큰 지역을 중심으로 주요 도로망을 설치하고 교통정책을 마련한 것이다. 서울 등 대도시 중심으로 교통 인프라가 구축되고 교통 서비스가 집중되는 반면, 대도시와 떨어진 농촌 지역은 그러한 서비스를 제공받을 수 없었다. 영화 <기적>은 기차와 간이역과 같은 교통 인프라 혹은 모빌리티 시스템을 매개로 성장 우선주의의 근대화에 집중한 한국사회의 어두운 이면을 재현하고 있는 것이다.

이러한 측면에서, <기적>은 1970~80년대 성장 위주의 산업화 시대에 소외된 지역의 주민들이 스스로 교통권을 찾아 나서는 이야기이다. 실제로 <기적>은 1988년 최초로 지역 주민들이 간이역을 만든 양원역의 사례를 영화의 모티프로 삼고 있다. 양원역은 경북 봉화군 소천면 분천리에 실재하는 역이다. 영화에서도 잠시 소개되었지만, '양원'이란 이름은 봉화 소천면 원곡마을과 이웃한 또 다른 원곡마을 사이에 있다고 해서 '양쪽 원곡', 즉 '양원'으로 지어졌다. 당시 두 마을에서 다른 지역으로 이동하려면 약 6km의 산길을 둘러 돌아가거나, 기차 철로를 따라 굴과

그림 32. 승부역 폐역을 막기 위해 마을 사람들이 승부역을 이용하는 장면(상)/ 마을 주민들의 자발적 협력으로 완공된 양원역(하)

다리 여러 개를 건너가야 하는 등 이 지역 주민들은 교통권을 보장받지 못한 채 고립되고 열악한 생활을 해왔다. 철로 사고로 주민들이 다치거나 사망하는 사건들이 발생했고, 결국 주민들의 재정과 노동으로 양원역이 만들어졌다. 간이역을 만들기 위해 공공 기관에 청원을 하고, 승부역마저 폐역되지 않게 하기 위해 마을 사람들이 자발적으로 기차를 이용했고, 힘을 합쳐 간이역을 만드는 그 과정이 영화 〈기적〉에 재현되었다.

1988년 4월 1일 개통한 양원역은 임시 승강장으로 승인받은 우리나라 최초 민자 역사로서[6], 오랫동안 지역 주민들의 교통 및 이동에 주요한 역할을 해왔다. 완행열차가 주로 정차하는 양원역은 수익성 악화를 이유로 정차 열차가 감소되었지만, 여전히 도로 등 다른 교통수단이 불편한

---

6) 공식적으로 우리나라 최초의 민자역사는 롯데건설이 시행한 영등포역(1990년 준공)이다. 1988년 주민들에 의해 건립된 양원역은 비공식적 최초의 민자역사라 하겠다.

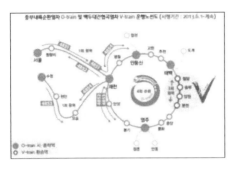

그림 33. 양원역에 정차하는 열차 노선

이 지역의 특성을 감안하여 이용객이 많지 않더라도 하루 2번 무궁화호 열차가 꾸준히 정차했다. 수익성 악화로 2012년 폐역 위기를 맞다가 2013년 운행을 시작한 백두대간 협곡열차가 정차하며, 중부내륙순환열차도 추가로 양원역에 정차하고 있다[7].

이러한 양원역의 실제 사례는 영화 <기적>에서 앞서 내세우는 '간이역에 세워지는 그 날까지'라는 '기적'의 프레임으로 작동한다. <기적>에서의 '기적'은 인간의 기본권으로서 교통권이 배제된 농촌의 지역 주민들이 그들만의 힘으로 간이역을 만듦으로써 자신의 권리를 스스로 찾아가는, 바로 그 '기적'이다. 군사정권이 수십 년간 지속된 한국 사회의 이면을 감안할 때, 양원역의 사례야말로 '기적'이 아닐 수 없다. 영화의 마지막 타이틀은 이러한 양원역의 역사에 대한 헌사라 할 수 있다.

살펴본 바와 같이, 영화 <기적>은 간이역 완공과 그 과정에서 우주과학자로서의 준경의 꿈이 이뤄지는 기적을 그리고 있지만, 그것만을 다룬 것은 아니다. 준경이 만들어가는 기적은 불가능할 것 같은 간이역을 만들어낸 마을 사람들의 기적이기도 하고, 뮤즈 라희의 꿈이 이뤄지는 과정이기도 하며, 열악한 교육 현실에서 일궈낸 물리 선생님의 기적이기도

---

7) 백두대간 협곡열차의 운행구간은 철암-승부-양원-분천-영주이며, 중부내륙순환열차의 운행구간은 서울역-청량리역-제천-영월-민둥산-고한-추천-태백-철암-승부-분천-춘양-봉화-영주-풍기-단양-제천-서울이다. 그림 33 참조.

그림 34. 〈기적〉의 포스트-크레딧 씬(Post-Credit scene)

하다.

영화 <기적>은 그러한 기적이 가능하게 된 어떤 계기를 준경과 그의 가족 서사로 풀어냈다. 준경의 엄마와 누나가 죽은 사건을 통해 교통 인프라의 부재로 인한 국민의 생명과 인권의 상실을 보여주며, 간이역의 건설과 완공을 통해 준경(혹은 또 다른 누군가)의 꿈이 실현되고 그 아픔 이 치유되는 과정을 풀어내고 있다. 무엇보다 <기적>의 '기적'은 가족을 잃은 소년이 죄책감에서 벗어나 포기했던 꿈을 되찾은 것이며, 오해로 점철된 아버지와의 관계를 회복하고 화해하는 과정이다.

> 태　윤: 이제 니 짐 덜어내야지. 니는 아무 잘못도 없고, 미안해할 것도 없
> 고. 인제 니를 미워하지 말라는 말을 아버진 꼭 해주고 싶었어
> 준　경: 이제 내 안 미워할게. 그러니까 아버지도 아버지 미워하지 마라....
> 아버지, 그때 강에서 안 죽고 살아줘서 고맙데이.

엄마와 누나의 죽음이 자기 탓이라고 믿는 준경에게 아버지 태윤은 준경의 생각이 잘못되었음을 밝힌다. 준경이 죄책감으로 인해 자신의 꿈 을 포기하지 않게 되길 바랐기 때문이다. 준경과 태윤은 각자가 느꼈던 죄책감의 무게가 얼마나 무거운지 알기에 스스로 미워하지 말라고 서로

그림 35. 아버지 태윤을 위로하는 준경과 보경

에게 이야기한다. 그리고 준경은 자식을 죽였다는 죄책감에 강물로 빠져들던 태윤이 자신을 위해 다시 강 밖으로 나와 삶을 선택해준 것에 대해 고마워한다. 견디기 힘든 삶의 무게를 견뎌준 아버지에 대한 감사다. 영화의 마지막 지점에 위치하는 태윤의 고백은 준경과의 화해를 이끄는 한편, 보경의 죽음에 관련된 태윤이 보경의 용서와 위로를 받음으로써 가족 전체의 치유 서사로 완결된다.

준경과 보경에게 자신의 죄과를 드러내며 용서를 구하는 태윤과 그의 등을 감싸 안는 준경과 보경의 뒷모습은 영화 <기적>이 그려낸 '기적'의 가장 아름다운 모습일 것이다. 그런 의미에서 <기적>의 '기적'은 준경뿐만 아니라 보경과 태윤의 기적이며, 더불어 영화에 등장하는 많은 이들의 기적이다.

나오며: 누구의 어떤 '기적'으로 읽을 것인가?

영화 <기적>은 마을 밖으로 향하는 길이 기차길 밖에 없을 정도로 교통 인프라가 구축되지 않았던 1980년대 경북의 봉화와 영주를 배경으로 하고 있다. 2021년에서 바라보는 1980년대 지방 소도시와 오지마을의 풍경은 요즘 불고 있는 레트로(retro) 트렌드로 읽히며 영화 속 재미를 더하고 있지만, 그 이면에는 마을주민의 생명과 맞바꿔지는 경제 논리가 작동되는 근대화의 실상이 드리워져 있다. 무엇보다도 〈기적〉은 봉화로 대표되는 미개발 농촌 지역 주민들이 교통 인프라 및 보편적 교통 서비스의 부재로 인해 교통권에서 배제되는 한국사회의 부조리한 단면을 재현하고 있다. 준경의 가족과 다른 이들의 죽음은 근대 자본주의의 경제 우선주의에 쓰러진 인간의 모습을 표상한다. 그런 점에서 〈기적〉에 재현되는 기차역과 철도는 한국 근대 사회가 지향해온 근대의 방향성을 보여주는 매우 중요한 장치이다.

영화는 마을 사람들과 함께 일군 간이역에서 기차를 타고 집을 떠나는 준경이 공항에서 미국행 비행기를 타고 유학길에 오르며 끝난다. 봉화와 영주를 오가던 준경이 기차와 역을 매개로 세상과 소통했다면, 더 큰 세상으로 진출하는 준경이 공항과 비행기라는 보다 진일보한 교통 시스템과 접속하게 된다.

이처럼 영화 〈기적〉은 1970년~1980년대 한국에서 교통시스템의 중심에 있던 철도가 항공 운항으로 전환되는 모빌리티 시스템의 변화를 제시하고 있다. 이렇게 시대의 흐름에 따라 인간의 모빌리티는 함께 변동하며, 그 과정에서 인간과 사회의 변화를 추동한다.

영화 〈기적〉은 통학과 통근으로 기차를 타는 일이 일상인 시골 마을

그림 36. 공항에서 라희와 작별하는 〈기적〉의 마지막 장면

사람들의 간이역 건설 분투기를 담고 있다. 기차와 기차역이라 하면 많은 이들은 낭만적인 기차 여행을 떠올리지만, <기적>에서처럼 일상적으로 혹은 생존을 위한 이동 수단으로 기차를 이용하는 경우도 많다. 영화 <기적>에 주요 모티프가 되는 양원역은 현재 백두대간 협곡열차의 정차 간이역으로 이용된다. 이 열차 속에서 어떤 이들은 삶에 숨통을 트이며 재충전하기 위한 여행을 계획하고, 어떤 이들은 먹고살기 위해 통근하는 삶의 터전으로서 기차를 오르내릴 것이다. 기차는 단순히 탈 것을 넘어, 누군가에겐 추억으로, 누군가에겐 삶의 동반자로 다양한 의미를 지닌다. 영화 <기적>은 이와 같은 기차를 매개로 하여 다양한 삶의 의미들을 되짚어보게 한다.

살펴본 바와 같이, 영화 <기적>은 주인공 준경을 비롯하여 많은 이들의 '기적'을 담고 있다. 영화 속 그들은 각자의 자리에서 자신들의 힘을 다해 기적을 만들어냈다. 영화는 준경의 기적을 중점적으로 제시하고 있지만, 다른 인물의 시각에서 본다면 누구나 각기 다른 기적의 주인공이 된다. 영화 <기적>을 준경 혹은 누군가의 성장 서사로서 <기적> 읽을 수 있다면, 역으로 우리 모두의 성장 서사로서 '기적'을 쓸 수 있다.

2022년 오늘, 우리는 어디에서 어떤 '기적'을 읽고 쓸 것인가? 영화 <기적>은 양원역이라는 기적을 통해 1980년대 한국 사회의 모빌리티와 로컬리티를 조명하였다. 그 시기 한국 사회에서 교통권에 배제된 농촌 지역 주민들의 분투기로서 <기적>을 본다면, 스스로 그 권리를 찾아가는 바로 그들이 주인공이며, 우리는 그들의 '기적'을 발견할 수 있다. 2022년 봄, 지하철에서 자신들의 이동권을 찾기 위해 분투하는 이들도 있다. 그들이 자유롭게 이동할 수 있는 그때를 기대하며 그들, 아니 우리들의 '기적'을 희망해본다.

제**4**장
내가 하면 로맨스, 남이 하면 불륜
천커신 〈첨밀밀〉

서주영

천커신과 〈첨밀밀〉

아름다운 두 사람의 사랑의 언어와 감
정으로 가득한 <첨밀밀(甛蜜蜜)>은 천커
신(陳可辛) 감독이 1996년에 만든 멜로
드라마로, 90년대 동아시아 스타였던 장
만위(張曼玉)와 리밍(黎明)을 캐스팅해
서, 홍콩에서 운명적 사랑 앞에서 길을 잃
고 방황하다가 멀리 돌아 다시 사랑을 찾
아가는 두 사람의 이야기를 다룬 영화다.

이 영화는 홍콩에서 큰 반향을 불러일
으켰는데, 제16회 홍콩 영화제 금상장(金

그림 1. 〈첨밀밀〉 화보

像獎)에서 최고 감독상, 여우주연상, 남우조연상, 각본상을 비롯한 9개
부문을 휩쓸었다.1) 동시에, 영화성을 세계적으로도 인정을 받아 2005년
홍콩 영화 금상장 협회는 최우수 중국어 영화 100편 가운데 28위로 이

영화를 선정했다.[2] 이 영화의 홍콩 영화사적 의의는 여러 연구에서 지적한 것처럼, 이전의 홍콩 영화가 전통적 무협 혹은 누아르 영화, 청룽(成龍)의 코믹 액션 영화, 이롄제(李連傑)·쩐쯔딴(甄子丹)을 내세운 액션 영화, 주성치(周星馳)를 비롯한 B급 코미디 영화가 대세를 이루고 있었다면, 천커신의 <첨밀밀>은 이러한 영화 판도를 뒤집고 멜로드라마 영화가 흥행 장르가 되게함으로써 홍콩 영화에 상당한 신선함을 가져다주었다는 점이다.[3]

<첨밀밀>의 주제는 사랑이지만, 천커신 감독은 두 사람의 사랑을 통해 중국인과 집의 관계를 묘사했다고 주장한 적이 있다. 그는 1997년 한국 인터뷰에서 이렇게 말했다.

> 지난 3백 년간 중국인들에게는 집이 없었다. 그들은 늘 좀 더 나은 삶을 찾아 어딘가로 떠났다. 세계 어느 곳에도 중국인들이 산다. 그러나 폴란드·이탈리아인들은 이민 간 곳에 적응해 살지만, 중국인들은 늘 중국인임을 잊지 않으며 고향으로 돌아가기를 꿈꾼다.[4]

이 인터뷰는 이상하다. "지난 3백 년간" 중국인에게 집이 없었다는

---

1) 9개 부문은 다음과 같다. 영화상, 감독상, 각본상, 여우주연상, 남우조연상, 촬영상, 미술상, 의상 및 메이크업상, 음악상.

2) 「The Best 100 Chinese Motion Pictures(最佳華語片一百部)」, 『홍콩영화금상장(香港电影金像奖)』사이트. http://www.hkfaa.com/news/100films.html

3) 홍콩영화계는 스피드와 스펙타클을 선사하는 액션영화류-<동경공략> <결전> <극속전설> <AD 2000>-가 여전히 중심 장르로 건재하고는 있으나, <첨밀밀> 이후 경제침체기의 제작비 절감의 효과와 더불어 급부상한 로맨스 영화들이 관객들의 인기를 얻으면서 2000년에는 최고의 흥행장르가 되었다. 박희성, 『중국영화산업백서』, 영화진흥위원회, 2001년, 227쪽.

4) <'첨밀밀'은 어떤 영화인가-자신의 정체성 잃지않는 젊은 중국남녀의 이민사>, 『중앙일보』, https://www.joongang.co.kr/article/3410556#home

것은 무슨 말인가? 3백 년 전은 17세기로, 한족의 명(明)나라가 만주족이 세운 청(淸)나라에 의해 멸망한 시기다. 만일 이 인터뷰가 사실이라면 천커신은 한족 중화주의를 드러낸 감독이다. 또, 이 인터뷰에서 "중국인들은 늘 중국인임을 잊지 않으며 고향으로 돌아가기를 꿈꾼다."라는 말을 했다. 하지만, 영화에서 두 사람의 고향에 대한 서사는 대단히 모호하며, 고향을 담은 영상은 한 차례도 나오지 않는다. 남자주인공인 리샤오쥔의 고향에 대한 서사는 아내의 편지로 나타나며, 여자주인공 리챠오의 고향에 대한 서사는 그녀의 어머니에 관해 언급하는 장면뿐이다. 그리고 리챠오가 미국에서 여행 가이드로 생활하면서, 한 관광객이 그녀에게 중국도 살기 좋아졌다고 하면서 고향에 대한 향수에 잠깐 젖는 장면이 나올 뿐이다. 사실 영화에서 두 사람은 홍콩에서 싹튼 사랑을 위해 고향의 가족관계를 내다 버리고, 멀리 뉴욕으로 날아가서 자신들의 꿈을 이루게 된다. 이들에게 가족은 자신들이 나누고 있는 사랑의 목을 죄어 오는 현실이란 사슬이다. 이런 점에서 이 영화의 주제는 중국 민족, 혹은 국가, 심지어는 가족이라는 혈연 집단 범위의 문화적 가치로 승화되기 어려운 주제이다. 이 영화는 영어 제목에서 말하듯, "Almost a Love Story", 즉 개인적 사랑이란 범위를 벗어나기 힘들다.

위의 인터뷰에서 더 큰 문제는 "〈첨밀밀〉은 돈 벌기 위해 서울을 찾는 중국 조선족을 떠올리게 하는 영화다."라는 말이다. 중국인과 한국인은 엄연히 다른 문화적 존재들이다. 이처럼 자국 문화를 중심으로 다른 문화의 존재를 평가하는 것은 통일된 하나의 가치관으로 세계를 이해하려는 발상이다. 타자를 타자로 이해하는 것이 아니라 타자를 나의 하위개념으로 놓음으로써 타자의 자기화를 이룩하고, 타자는 나와 평등한 위치가 아니라 열등한 위치에 놓인다. 인간은 사회를 떠날 수도 없고, 진실을 버리고 거짓으로 살아가기도 어렵다. 이 두 경계에서 사람은 늘 갈등

그림 2. 천커신(1962~) 무협과 느와르, 코믹 영화가 힘을 잃어 가던 90년대 말에 신선한 멜로 작품을 만들어 대중적 사랑을 받았다. 상업성과 예술성이 모두 갖추어진 감독으로 평가받으며, 2012년 홍콩 영화 산업에서 '주목해 할 감독'으로 선정하기도 했다. 현재 그는 영화 제작자로서의 모습이 더 강하다.

하며 살아가기 마련이다.

천커신(陳可辛)은 위에서 언급한 대로, 홍콩의 멜로 영화를 대표하는 감독이자 영화 제작자이다. 태국 화교였던 그의 아버지 천퉁민(陳銅民)은 본래 영화 제작자이자 감독을 했었던 사람이었다.[5] 천커신은 12세 무렵에 태국으로 건너가 18세 때 미국으로 가서 공부했고, 미국 국적을 얻어서, 21세에 홍콩으로 돌아온다. 이때 홍콩의 저명한 감독 우위썬(吳宇森)의 영화를 태국어로 번역하면서 홍콩 영화계와 관계를 맺게 되었고, 이후 "골든 하베스트(Golden Harvest)"의 조감독이 된다. 1989년 UFO 영화사를 설립하고,[6] <쌍성고사(雙城故事)>(1991)를 제작하였다. <쌍성고사>는 친한 친구 사이인 즈위(志偉, 曾志偉)와 아룬(阿倫, 譚詠麟)이 함께 Olive(장만옥)를 사랑하게 되면서 겪는 일들을 그렸다.[7] 이어서 그는 멜로 영화인 <금지옥엽(金枝玉葉)>(1994), <첨밀밀(甛蜜蜜)>(1996) 등을 감독하면서 멜로 감독으로서의 이미지를 굳힌다.

5) 『維基百科 · 陳可辛』, https://zh.wikipedia.org/wiki/%E9%99%B3%E5%8F%AF%E8%BE%9B

6) UFO 영화사(電影人制作公司): 영어 명칭은 'United Filmmakers Organisation'로서, 영화인이 만든 회사란 의미. 1992년 천커신, 정즈웨이(曾志偉), 이지의(李志毅), 장지량(張之亮) 등의 감독이 함께 만들었다.

7) 즈위 역을 맡은 증지위는 금상장(金像奖) 남우주연상을 받는다.

영화감독으로서 재능을 보였던 그는 영화 사업적 면에서도 능력을 보였다. 2000년에는 아시아 각국의 재능있는 공동 작업자들을 모아 어플라우스 픽쳐스(Applause Pictures)를 설립하여, 각국의 재능있는 감독의 영화에 투자해서, 태국의 논지 니미부트르(Nonzee Nimibutr) 감독의 <잔다라(Jan Dara)>(2001)와 <쓰리(見鬼)>(2002), 한국 허진호 감독의 <봄날은 간다>(2001), 홍콩의 자오량쥔(趙良駿) 감독의 <춘천회화동학회(春田花花同學會)>(홍콩, 2006) 등의 작품

그림 3. 이 영화는 2006년 홍콩 금상장에서 여우주연상 등 6개분을 수상했다.

을 제작했다.8)

2005년, 천커신은 중국 시장 공략을 기획하고, 뮤지컬 <펄햅스 러브(Perhaps Love)>을 제작한다. 이 영화는 중국 · 홍콩 · 대만 등 중화권 국가에서 크게 흥행하였고, 이에 힘입어 62회 베니스영화제의 폐막작으로 초청되기도 했다. 2007년부터 그는 누아르와 무협과 같은 홍콩 특유의 대중 영화제작에도 관심을 기울여서 상업화의 길을 가는데, 이연걸(李

그림 4. 〈무협〉 포스터

---

8) 『18회 제천국제음악영화제 · 제9회 · 금지옥엽』. https://www.jimff.org/kor/addon/00000002/history_film_view.asp?m_idx=101411&QueryYear=2013

連傑) 주연의 <명장(投名狀)>(2007), 유덕화(劉德華) 주연의 <무간도4-문도(無間道4-門徒)>(2007), 견자단(甄子丹)·여명(黎明) 주연의 <8인: 최후의 결사단(十月圍城)>(2009), 견자단(甄子丹)·금성무(金城武)·탕웨이(湯唯) 주연의 <무협(武俠)>(2011)을 촬영했다.

이들 영화는 대중 영화지만, 천커신 특유의 영화 미학도 잃지 않고 있다. 다시 말해서, 그의 영화는 대중성이 강하면서도, 일반적이지 않은 신선함이 있다. 예를 들면 <무협>은 전통적 무협 요소라고 할 수 있는 은퇴한 고수와 악당 집단, 혈연 및 문파의 비밀, 사랑, 특수한 무공 비법 등이 있지만, 이런 고전적 특성이 개성적 인물 묘사를 통해 표현됨으로써, 고전적이면서 현대적인 감각을 잃지 않고, 진부하지 않으면서도 크게 틀을 벗어나지 않는 천커신 다운 면모를 보여준다. 이런 점이 그의 영화가 작품성과 대중성을 골고루 갖추었다고 평가받는 구체적인 이유일 것이며,9) 이 영화에게 64회 칸영화제 공식 초청장이 발부된 이유일 것이다.

그는 어떻게 해서 시장성과 작품성을 다 가질 수 있게 되었을까? 이것을 천커신이 2014년 <글로벌 최고 유스 리더쉽(全球青年領導力會前高峰會)>에서 「세계 청년의 미래 상상·세계를 바꾸는 힘(世代青年的未來想像·改變世界的力量)」라는 주제로 한 강연을 통해 살펴보자.

---

9) 「처커신 감독의 영화는 예술성과 상업성의 결합으로 탄생한 완벽한 작품(陳可辛導演的電影, 是其藝術性與商業性相結合, 而誕生的完美產物)」, 『텅쉰왕(騰訊網)』, https://new.qq.com/omn/20210325/20210325A0713O00.html 「사랑이란 이름의 상업 예술적 창작-천커신 감독 읽어보기(以愛爲名的商業性藝術創作——讀陳可辛導演)」, 『중저우치칸(中周期刊)』, https://www.zzqklm.com/w/hxlw/22090.html

하지만, 너희들이 세계를 바꿀 수 있다고는 생각하지 말라고 말하고 싶다. …… 이 나이를 먹고 보면 이 세계가 그 자신의 운행 법칙에 따라 움직인다는 것을 알게 된다. …… 많은 경우 성장이란 순수한 파괴이다. 하지만, 젊은 시절 해봤던 큰일들은 자신에게 특별한 국면을 가져다줄 것이다. …… 너희들이 세상에 의해 변화되지 않으려 노력한다면, 나이가 든 다음에 세상이 너희에 의해 변화하지는 않았다고 하더라도 조금씩 좋게 변화했다는 것을 발견할 것이다. …… 시작이 옳다면 해볼 만하다. …… 나는 지금까지 내가 잘하는 것과 반대로 했다. 표면적으로는 시장의 요구에 영합하는 것 같지만, 안에는 나의 정신과 나의 것을 남겨두었다. 이것이 …… 타협의 예술이다.

但我還是覺得，別想像你們能夠改變世界。到我這個年紀就會明白，這世界有它運行的方法。……很多時候成長就是純真的破滅，但是年輕時有做過大事，仍會讓自己有不一樣的格局。……只要你堅持不要被世界改變，老了之後就會發現，世界儘管沒有被你改變，但仍會變得好一點點。……只要出發點是對的，就值得去做。……我一直在違反自己的專長，在表面上是符合市場需求，但裡面還是放了自己的精神、自己的東西。……妥協的藝術。10)

그의 이 말을 보면 그의 영화가 왜 상업성과 예술성을 다 잡은 감독이라고 불리는지를 알 수 있다. 즉 그의 영화는 "타협의 예술"에서 나온 것이다. 타협의 예술이란 어떻게 보면 삶의 철학과도 같은 깊이가 느껴지기도 한다. 중국 고전에 자주 보이는 다음의 구절을 한 번 살펴보자.

창랑의 물이 맑으면, 내 갓끈을 씻을 수 있고,
창랑의 물이 혼탁하면 내 다리를 씻을 수 있겠네.
滄浪之水淸兮, 可以濯我纓;
滄浪之水濁兮, 可以濯我足。

— 굴원(屈原)·『어부(漁夫)』

---

10) 「타협은 예술이다(妥協是一種藝術)」, 『ETtoday 별빛 구름(星光雲)』, https://star.ettoday.net/news/389884?redirect=1

일단 "창랑(滄浪)"은 청색의 물로서, 구체적으로는 한수(漢水)를 지칭한다. 지역적으로 보면 중국 고대 정치의 중심이라 할 수 있는 서안(西安) 지역에 있다. 중국의 제자백가 학설은 정치와 떨어질 수 없는 관계를 갖고 있다. 그래서 이 창랑

그림 5. 6·7폭동은 홍콩 근대사에서 중요하게 다루어지는 사건이다.

은 세상 정치의 상황을 말한다. 자연의 물이 흐리고 맑을 때가 있듯, 세상의 정치도 맑을 때도 있고 흐릴 때도 있다. 이 경우 지식인은 어떻게 행동어부(漁夫)해야 하는가? 이 글귀는 세상과 싸우지 않는 지식인의 현명한 태도를 말한다. 즉, "맑으면 갓끈을 씻는다"는 것은 시대가 맑아서 자신의 정치적 이상이 펼쳐질 수 있다는 의미고, "탁하면 발을 씻는다"는 것은 세상에서 멀어져 은거한다는 것이다.

위에 보인 천커신의 생각은 『맹자』의 글귀보다는 좀 더 적극적이다. 최소한 그는 적극적이지는 않지만, 사람들의 참여에 대한 의의를 부여하고 있고, 이렇게 된다면 나아가 더 좋은 세계가 펼쳐지게 될 것이란 것이다. 즉, "혼탁한 창랑"에 다 빠지지 말고 자신이 할 수 있는 일을 잘 계산한 다음, 한 바가지의 맑은 물을 흘려보내 황하가 맑아지기를 세월에 맡긴다. 하지만, 이러한 처세의 방식과 예술을 얽어 놓은 것은 문제가 있다고 생각된다. 그가 말한 "타협"이란 것은 '세상에 다치지 않고 현명하게 살아가는 방법'일 것이다.

그의 말을 좀 더 살펴보자. 천커신은 이 강연에서 자신이 "10년 더 일찍 태어나지 못한 점이 아쉽다(我最遺憾的是沒有早十年出生)"[11]라

---

11) 「타협은 예술이다(妥協是一種藝術)」, 『ETtoday 별빛 구름(星光雲)』, https://

는 말도 했다. 그가 말하는 것은 아마 1950년대와 60년대 영국 통치 시기에 일어났던 근대화의 문제일 것이다. 그리고, 홍콩의 영국 지배 역사는 청대 말로 거슬러 올라간다.

1841년 제1차 아편전쟁으로 영국이 홍콩을 점령한다. 그리고 다음 해인 난징 조약에서 영국은 청나라로부터 정식으로 홍콩을 할양받게 되고, 1898년 "제2북경조약"을 통해 99년간 조차권을 보장받는다. 그래서 99년 이후인 1997년까지 홍콩은 영국의 통치하에 놓인다.

영국은 홍콩을 철저하게 2분된 지역으로 구분한 것 같다. 1960년대 영국 지배하의 홍콩은 영국인의 거주지인 홍콩섬(香港島)과 중국계 홍콩인이 거주하는 구룡반도(九龍半島)로 구분되었고, 1970년대 해저터널이 개통되기 전까지, 이 두 지역간에는 "스타페리"라는 페리선이 유일한 교통수단으로 사용되었다. 그러다 1966년 스타페리의 1등석 운행 가격이 홍콩 돈 2원에서 2.5원으로 인상된다. 가격이야 얼마 안 되지만, 오랫동안 중국인의 자존심을 건드려온 영국의 민족 구분 통치 책략은 불이 붙기 시작하자 강력한 데모로 발전했고, 이 일로 1명이 사망하고, 1,465명이 체포되고, 905명이 실형을 받게 된다. 또한, 이 일 사건을 영국에 대한 중국인의 불만으로 해석하고 대륙의 문화대혁명의 영향을 받은 급진적 좌파를 중심으로 1967년에 5월 6일에서 12월까지 7개월에 걸쳐서, 반영국 폭력 시위를 진행하게 된다. 실탄이 사용된 이 사건으로 1936명이 체포되고, 832명이 상해를 입고 51명이 사망한다.

사실, 이토록 어려운 시절을 그렇게 가볍게 언급하는 천커신의 말에 조금은 고개를 갸웃거리게 된다. 더욱이, 그의 "타협"이라는 말을 생각해 보면, 그는 이념을 가지고 세상과 부딪치기보다는 세상을 이해하려

star.ettoday.net/news/389884?redirect=1

그림 6. 리샤오쥔(좌)과 리야오(우)의
사랑의 감정을 표현한 포스터. 영화에
서 장만옥(張曼玉)의 연기는 대단하다.
그녀는 이 영화로 금상장 여우주연상을
수상한다.

하고, 세상과 거래를 하고자 하는 것
처럼 보인다. 논점을 예술로 돌려보자.
예술에 타협이 있을까? 그가 말하는
"타협"이란 "예술"의 본질을 말하는
것이 아니라, 자신을 얼마나 보여줄지
를 계산하는 것이며, 곧 세상을 현명
하게 살아가는 어른의 처세를 말하는
것이다. 타협은 내가 자신을 어기는
것으로 내가 필요한 것을 얻는 행위다.
동시에, 외부의 힘 때문에 자신의 진
실을 가리는 것이며, 외부에 보이고
싶은 자신만을 보여줌으로써 세상과
공존하는 방식을 말한다. 실제로 우리
는 많은 시간을 이렇게 살아간다. 우리는 세상과의 관계에서 좀 더 계산
적으로 자신의 이익을 취하고, 자신의 욕망을 더 가지기 위해 세상을
이용하기 위해 노력한다. 우리는 이것을 똑똑하게 세상을 살아가는 법이
라 부른다.

어쩌면 타협이란 이 단어는 그의 영화가 예술성과 상업성 두 가지 사
이에 있다고 평가받는 이유를 말해준다. 즉, 그의 영화가 상업을 위한
예술을 표방함으로써, 현실과 예술을 저울질하여, 상업성을 위배하지 않
는 예술을 추구한다는 고백이다. 그가 여기에 자기 가치관과 예술성을
얼마나 넣을지는 모르겠지만, 대중성과 시장성의 손익분기점을 넘지 않
을 것은 분명하다.

<첨밀밀>의 영화의 전체 구성은 남녀 주인공 리샤오쥔(黎小軍)과 리
챠오(李翹)의 1986년에서 1995년 동안의 삶의 단편으로 구성되어 있다.

영화는 이들이 사랑이라는 감정으로 물들인 10년의 세월에 담긴 기쁨과 고뇌를 그리고 있다. 영화는 이 기간을 5개의 단락으로 나누었다. 즉, 1986년 봄(3월 1일), 1987년 새해와 10월, 1990년 겨울, 1993년의 가을, 그리고, 1995년의 여름(5월 8일)이다. 1986년 봄은 두 사람의 홍콩 도착을 의미하고, 1987년 새해는 1년 동안 키워온 사랑의 결합, 그리고 10월은 전환을, 1990년 겨울은 각자 다른 사람의 배우자이자 연인으로서 분리된 관계를, 그리고, 1993년의 가을은 홍콩을 떠나 미국으로 건너가 과거의 꿈을 간직한 채로 살아가는 모습을, 그리고 1995년의 여름은 재회를 그리고 있다. 나이를 추측해 보면, 이들이 1986년에 홍콩으로 온 시기에 리샤오쥔은 이미 결혼한 나이이므로, 이들은 최소한 20대 초중반에 홍콩에 왔을 것이다. 그렇다면, 이 영화는 이들의 20대에서 30대를 관통하는 이야기로서, 이들의 성공과 사랑에 대한 욕망을 그리고 있다고 할 것이다.

1986년 봄 - 자전거와 맥도날드

1986년 전통적인 홍콩의 교통과 상업 중심지이자 홍콩의 문화를 대표하는 구룡(九龍)역에 한 중국 청년이 기차에서 내린다. 그의 손에는 묵직한 보따리가 들려 있고, 허둥대며 출구를 찾아 나선다. 그의 이름은 리샤

그림 7. 에스컬레이터를 올라가는 주인공 리샤오쥔.

오쥔(李小軍)이다. 그는 아내를 중국 톈진(天津)에 두고 홀로 돈을 벌러 홍콩으로 왔다.[12]

그림 8. 홍콩의 야우마테이(油麻地). 홍콩의 유명한 도심 관광지다.

영화의 첫 시작에서 리샤오쥔은 에스컬레이터의 출구에서 내려오는 빛을 향해 아래에서 위로 올라간다. 이어서 나오는 "여명(黎明)"이라는 글자와 "장만옥(張曼玉)"이라는 글자가 다른 소개보다 상당히 크게 나타난다. 중국어를 이해한다면, 이 장면이 글자의 의미와 겹쳐지는 느낌을 받는다. 즉, 어두운 지하에서 밝은 지상로 올라가는 에스컬레이터를 올라가면, 동트기 전의 여명이 밝게 약속된 미래, 그리고 그곳에는 아름다운 옥이 가득히 펼쳐진 그의 미래를 표현하는 것이다. 이것은 중국이라는 어려운 나라에서 꿈의 도시 홍콩을 찾은 리샤오쥔이 그리고 있는 미래를 보여주는 것임과 동시에, 그의 미래를 따뜻하게 맞이하는 홍콩의 모습도 그려내고 있으며, 아름다운 꿈이자 시리도록 아픈 사랑의 감정이 있을 것이란 것도 미리 말해주는 것 같다.

광동어도 못하고 영어는 더욱 할 수 없는 어리숙한 샤오쥔에게 홍콩의 문을 열어 준 것은 그의 고모인 로즈(Rose)이다. 로즈 고모는 홍콩의 유명한 상업 지구이자 관광지인 "야우마데이(油麻地)"의 창녀촌에서 살고 있다. 여기서 그는 두 가지 문제에 부딪친다. 그가 맞이한 첫 번째 관문

---

12) 일부 영화 번역 혹은 평론에서 리샤오쥔을 상하이(上海) 출신 혹은 북경출신으로 설명하지만, 영화에서는 상하이를 한 차례도 언급하지 않는다. 그의 고향이 어디인지는 직접 설명되지 않지만, 아내가 톈진(天津)에서 거주하는 것과 추석에 지아오쯔(饺子)를 먹는 풍속을 따르는 것을 보면, 그는 북방 출신이다.

은 언어이다. 그는 홍콩 사람과 같은 중국인이지만 광동어(廣東話)를 사용하는 홍콩 사람과 대화할 수 없다.

영화는 리샤오쥔이 이방인으로서 홍콩에서 경험하는 다양한 공간을 보여준다. 리샤오쥔의 공간은 2중 공간이다. 우선, 리샤오쥔이 주거하는 공간에는 홍콩에서 살아가는 다양한 국가와 종족의 집합체로 구성되어 있다. 이로써, 샤오쥔이 중국 본토 출신의 촌뜨기로 드러나는 면모 외에는 특별한 이방인으로 취급받지는 않는 정서적 공간이다. 하지만, 그가 활동을 하는 사회공간은 차별의 공간이다. 그는 홍콩에서 광동어와 영어를 하지 못해서 받는 차별을 경험하고, 그리고 자신이 좋아하는 것을 공개할 수 없는 구속감 등과 같은 다양한 차별을 경험한다.

사실 첫 번째 공간은 미화된 공간이다. 그의 이 공간은 창녀촌이다. 그의 침실은 창녀촌의 화장실에 위치해 있다. 그래서, 밤늦게 구토하는 사람이 화장실로 들락날락하는 등 충분히 그 열악한 환경을 추측할 수 있다. 그는 이런 환경을 텐진에서 자신을 기다리는 아내 샤오팅(小婷)에게 편지를 쓰면서 견뎌내고 있다.

그림 9. 맥도날드에서 어벙대는 샤오쥔을 한심하게 바라보는 리챠오.

> 샤오팅, 정말 보고 싶어 …… 고모가 묵을 방을 내주셨어. 빛도 밝고 화장실도 있지. 소변보려고 밖에 안 나가도 돼. 훨씬 간편하지. 다 잘 흘러가고 있으니 걱정하지 마.

현실적 생활의 고통을 해소해 줄 그의 첫 직업은 양계장 닭을 자전거로 배달하는 일이다.[13] 영화를 보면, 그 외에는 자전거를 타는 사람이 없다. 그는 홍콩의 교통수단을 이용하지 않고, 중국 대륙의 교통 수단을 이용한다. 그리고, 여기에는 그가 톈진에서 자신의 아내와 함께 자전거를 타고 다녔다고 서술된다. 이런 점에서 자전거는 그의 중국 대륙적 정체성을 상징하는 상징물이 된다.

샤오쥔은 여주인공 리챠오를 맥도날드에서 햄버거를 주문하며 만나게 된다.[14] 줄을 서는 것도 서툴고, 광동어로 주문하기도 어려운 상황에서, 생각지도 않게 북경어(北京話)로 어디서 먹을 것이냐고 물어보는 리챠오(李翹)를 만난다. 즉, 그는 유일하게 자유롭게 소통할 수 있는 인간을 만나게 된다. 그는 리챠오에게 끌려 맥도날드에 취직하게 된다. 리챠오는 여러 다른 아르바이트도 많이 하지만, 두 사람이 처음으로 대화를 나눈 장소가 맥도날드이기에 맥도날드는 리샤오쥔과 리챠오가 처음 만난 공간이란 특수한 공간이 된다. 또한, 맥도날드가 상징하는 외국적 이미지는 그녀가 과거의 광동을 버리고 새롭게 되고자하는 홍콩 사람을 상징하는 이미지와 다소 연결되는 지점이 있다. 즉, 맥도날드는 그녀의 아이콘이 된다.

리챠오는 홍콩에서 돈을 벌어 성공해서 고향으로 돌아가는 꿈이 있다. 그리고, 이 꿈을 위해서라면 무엇이든 할 준비가 되어 있는 여성이다. 우선, 그녀는 자신이 외지인으로 보이기 싫은 다른 대륙 사람들처럼 자신이 광동 출신이라는 사실을 숨긴다.[15] 하지만, 그녀가 같은 대륙 출신

---

13) 이 장면을 약간 언어유희적 장면으로 분석할 수도 있을 것이다. "계(雞)"는 광동어에서 창녀를 지칭하는 슬랭이다. 즉, 그는 여기서 삐끼 노릇을 한 것이다.
14) 맥도날드는 중국에 1990년대 연해 도시에서 급격히 성장한 선전(深圳)에 1호점이 생긴 이래 점차 각 지역의 대도시로 번졌다.
15) 그녀는 샤오쥔과 달리 광동 출신이기 때문에, 광동어를 잘할 수 있어서, 그녀를 외지인처럼 대하는 사람은 많지 않다.

인 사람들에게도 자신의 출신을 속인다는 점은 그녀의 열망이 상당히 강렬하다는 점을 알 수 있다. 또한, 그녀는 샤오쥔이 자신을 좋아하는 것을 알고서 그를 이용한다. 즉, 자신이 청소부로 일하는 영어학원에 등록시키고 자신의 실적을 쌓고, 자신의

그림 10. 샤오쥔과 리챠오가 아우마테이 거리를 자전거를 타고 다니는 장면

꽃집에서 꽃배달을 시킨다. 사실 이 1년간의 샤오쥔과 리챠오의 관계는 리챠오가 철저히 이용하고, 샤오쥔이 기꺼이 이용당하는 관계였다.

그녀는 순순한 샤오쥔의 모습에 미안한 마음이 들지만, 감정에 연연하지는 않으려고 한다. 그러나, 두 사람의 관계는 이용하고 이용당하는 관계를 넘어서 정적 교류가 형성된다. 그녀가 영어학원에서의 일을 마치고 샤오쥔과 함께 자전거 돌아오는 씬은 이 영화에서 아름다운 장면 가운데 하나다. 그녀는 샤오쥔이 모는 자전거 뒤에 타고서. 마치 그들의 만남이 꿈인 것처럼, 그렇게 뒤에 앉아 〈첨밀밀〉 노래를 부른다. 이 당시 중국의 주요 교통수단이 자전거였다는 점을 생각해 보면, 이들은 홍콩에서 자신들의 고향의 모습을 홍콩으로 옮겨온 것으로, 이들은 그들만의 쉼터를 고생스러운 타향살이 환경에서 만들어 냄으로써 현실을 초극하고 있다.

1987년 새해 – 친구와 애인 사이

이들은 새해 전날 돈을 벌기 위해 각자 자금을 투자하여 덩리쥔 테이프를 팔지만 아무도 사지 않는다. 샤오쥔은 덩리쥔 테이프를 사면 자신

그림 11. 리챠오는 리샤오쥔에게 고향에 있을 때 테이프를 팔아서 한몫을 잡았다는 이야기를 한다. 하지만, 그녀는 홍콩에서 살아가는 중국 본토 출신 사람이 그녀와 마찬가지로 자신의 출신지를 드러내고 싶어 하지 않는 마음을 읽지 못했다. 그녀는 순수한 모습을 간직한 여성이다.

이 중국 본토 사람인 것을 드러내기 때문에, 사러 오지 않는다고 했다. 마음이 상한 리챠오는 샤오쥔에게 자신이 광동 사람인 것을 실수로 드러내고, 동시에, 샤오쥔은 그녀가 자신을 이용한다는 것을 알았지만, 친구라서 기꺼이 해 주었다고 이야기한다. 서로 솔직해진 상태에서 두 사람은 샤오쥔의 거처에서 함께 지아오쯔(餃子)를 먹는다. 중국 북방에서 설날에는 한국에서 떡국을 먹듯이 지아오쯔를 가족들이 함께 먹는 풍습이 있다. 이렇게 중국 북방식 새해를 맞이한 그들은 함께 밤을 보낸다.

다음날 샤오쥔이 리챠오가 일하고 있는 맥도날드에 간다. 그는 그녀의 마음을 확인하고 싶었고, 그녀와 좀 더 깊은 관계로 발전했다고 생각했다. 하지만, 그녀는 더 이상 깊은 관계를 원하지 않았다.

> 샤오쥔: 어젯밤 일, 당신이 어떻게 생각하는지 모르겠어요
> 리챠오: 어젯밤은 춥고 비가 내렸어요. 우린 외로웠고, 온기가 필요했을 뿐이죠. 집에는 전화했어요?
> 샤오쥔: 네
> 리챠오: 집에 가요. 내일 일해야 하잖아요
> 샤오쥔: 이요, 새해 복 많이 받아요.
> ……
> 리챠오: 우린 영원히 친구예요

그는 그녀에게 사업 손실 비라며 돈을 건네지만, 그녀는 그를 받아들일 수 없다. 그녀는 상대방을 이용하는 것에 존재하는 최소한의 의리는 지킨다. 게다가 그는 고향에 배우자가 있다. 그녀는 그와의 관계가 친구 이상으로 발전할 수 없다고 생각했

그림 12. 리챠오는 안마방에서 바오꺼를 만난다. 바오꺼는 리샤오쥔의 요리사부와 같이 비현실적 인물로서, 그녀가 가장 힘들 때 구원해 준 인물이다.

고, 그곳이 그녀의 위치란 것을 잘 알고 있다. 그녀는 다른 사람의 가정을 깨는 것은 옳지 않다고 생각한다. 그리고, 그녀에게는 돈을 많이 벌어서 돌아가야만 하는 고향이 있다. 그녀는 중국 내륙 출신의 사람과 결혼하고 싶지 않다고 이야기를 한다.

이 둘의 어정쩡한 관계는 위기가 닥친다. 리챠오는 레코드 사업을 망친 뒤에 외환 거래 주식을 시작했고, 어느 정도 돈을 벌지만, 1987년 10월 19일 월요일 뉴욕 증권 시장에서 주가가 대폭락하는 "검은 월요일 사건(Black Monday)"이 발생한 것이다. 이 대규모 폭락 사태는 홍콩에서 시작하여 서쪽을 향해 유럽으로 퍼졌고, 다른 증권 시장이 폭락한 이후 미국에도 영향을 미쳤다. 검은 월요일의 대폭락 이후 10월 말까지 홍콩의 주식은 45.5%로 반 토막 나버리고, 리챠오는 빈털터리가 된다.

이 일로 인해 리챠오는 안마소에서 일하게 된다. 이들은 여전히 함께 있지만, 불안한 미래는 점점 이들의 관계도 파탄으로 몰아간다. 그녀는 이제 집도 없어 샤오쥔의 거처에 함께 산다. 샤오쥔은 직장에서 훔친 닭발로 그녀에게 요리를 만들어준다. 그는 샤오쥔이 손가락을 많이 쓰기 때문에 닭발이 좋을 것이라 말했지만, 리챠오는 피곤해 하며 잠을

그림 13. 횡단보도에서 서로의 길을 가는 두 사람. 리챠오는 이 횡단보도를 걸어감으로써 어정쩡한 관계에서 벗어나고, 샤오췐은 앞으로도 뒤로도 갈 수 없어서, 리챠오가 건너간 신호등 길에 우두커니 서 있다.

잘 뿐이다.

샤오췐과 리챠오의 결별은 그들의 어정쩡한 관계가 만들어낸 것이다. 샤오췐은 자신의 부인인 샤오팅의 생일 선물을 사는데, 그녀에게 좀 봐달라고 한다. 그는 그녀가 고른 팔지를 2개 사서 그녀에게 준다. 그녀는 어이없어한다. 그녀는 그가 자신을 부인과 동등한 위치로 대우하는 것이 그들의 현재 위치를 더욱 깊게 절망적으로 인식하게 만든다.

> 샤오췐: 내가 부업 뛰어서 네 빚 갚아줄게.
> 리챠오: 귀향해서 소정과 결혼하는 게 네 꿈이라며, 아니야? 돌아가서 소정이랑 결혼해! 내 꿈은 아주 다르다고! 우린 아주 다른 사람들이야! 사실 난 내가 어디로 가는지 모르겠어. 내가 뭘 하는지도 모르겠고, 정말 불안해. 그리고 그 느낌이 싫어. 며칠 전에 엄마한테 전화해서 주식으로 한 건 크게 터트린다고 했어. 근데 지금 나를 봐! 땡전 한 푼 없지. 게다가 빚더미에 눌려 있고, 난 뭘 한 거지? 바로 내일도 어떻게 될지 모르겠어! 무서워, 어떻게 할지 모르겠어.

그녀는 자신에게는 어렵사리 홍콩으로 건너왔을 때의 꿈이 있다. 그것은 돈을 많이 버는 것이며, 이 꿈은 가족과 연결된 것이다. 그녀는 현재 검은 월요일로 인해 파산했다. 이 이야기는 돈에 관한 이야기이지만, 이 속에는 그와의 관계도 포함되어 있다. 즉, 그와의 관계에 있어 아무런

진전도 없고, 내일도 없다. 현
재 자신의 처지에 아무런 도
움도 안 되는 그와의 관계가
너무나 힘들다.

그림 14. 리챠오가 떠난 뒤에 샤오쥔은 자전거를
더이상 타지 않는다. 자전거는 그녀와의 추억이
너무나 깊어서 탈 엄두가 나지 않기 때문이다.

> 리챠오: 소정이 누구랑 만
> 나서, 너랑 나처럼
> 친구가 되고, 자주
> 만나면서 가끔……
> 하지만 계속 친구라고 스스로에게 거짓말을 하는 거야. 어떻게 생
> 각해?

그녀는 그와의 관계를 바라보는 시각을 현실로 돌린다. 그녀는 샤오쥔
의 부인에게 해서는 안 되는 행동을 하고 있다. 그리고, 그녀는 자신의
꿈을 버릴 수 없는 가족 서사가 있다. 그녀는 그렇게 그를 떠난다. 이들
은 건널목에서 헤어진다. 리챠오와 함께 길을 건너지 못하고 남게 된
샤오쥔은 뒤로도 앞으로도 나아가 정착할 수가 없는 처지가 된다. 마지
막 용기를 내어 리챠오에게 전화해 보지만, 그녀는 그의 연락을 무시한
다. 결국, 그는 그녀에게 "안녕"이란 메시지를 남기고, 다시 샤오팅에게
편지를 쓰기 시작한다. 하지만, 그는 자전거를 타지 않는다. 자전거에는
리챠오와의 추억이 너무 깊게 남아있다. 마치 그의 버려진 자전거처럼
홍콩 생활과 그의 마음은 생기를 잃고 녹슬어 간다. 그리고, 그는 샤오팅
을 홍콩으로 부른다. 그는 리챠오와의 추억이 담긴 자전거와 맥도날드를
기억 속에 봉인한다. 그에게는 세상살이의 계산과 같은 껍데기만 남은
인생이 기다리고 있다.

1990년 겨울 - 재회와 이별

샤오쥔은 샤오팅과 결혼식을 올린다. 사람들은 샤오쥔과 관계 깊었던 리챠오에 대해 이야기한다. 사람들은 그녀가 악바리처럼 일했고, 또 그녀가 광둥 출신인 것도 알고 있었다.

그림 15. 샤오쥔의 결혼식에서 중국 축의금을 지칭하는 홍바오(紅包)에 자신의 이름을 쓰는 리챠오

샤오쥔이 자신의 요리 사부와 만나 이야기를 나누고 함께 다시 식장에 왔을 때, 리챠오를 만난다. 리챠오는 소문처럼 돈을 아주 많이 번 사람이 되어 있었고, 그녀의 곁에는 바오꺼(豹哥)가 있다는 것을 발견했다.

신혼 생활에서 그는 신부인 샤오팅에게 관심을 주지 못한다. 그는 마치 리챠오가 방을 사는 것에 관심을 두듯 신혼 첫날에 샤오과 이야기하기 보다는 담보를 잡아 집을 사는 살아가는 것에 관한 이야기를 한다. 이어서 그는 다음과 같은 말을 하게 된다.

> 나 여기 처음 왔을 때 낡은 청재킷을 입었거든. 매일 밥 세 공기씩 먹고, 자고, 일어나서 일 나가고 매일 새롭고 재밌었어. 네가 곁에 있었으면 더 좋았을 텐데.

그의 이 고백의 대상이 샤오팅이 아닌 것은 누구나 알 수 있다. 기뻐야 할 결혼은 그에게 슬픈 무덤이 되고 있다.

잠들지 못하는 것은 리챠오도 마찬가지다. 리챠오는 자신이 꿈꿔온 모든 물질적인 것을 이룬 것 같았다. 하지만, 그녀는 사람들의 생각과 달리 그녀가 정작 이루고자 했던 일인 어머니에게 집을 지어드리는 것에 실패한다. 그녀의 어머니가 집이 지어지기 전에 돌아가셨기 때문이다.

리챠오는 샤오팅에게 잘해준다. 그녀에게 직업도 찾아주고, 신부복 촬영도 하게 해준다. 그녀는 마음에 빚이 있기 때문이다. 하지만, 샤오팅과 함께 차를 다면서 샤오쥔의 마음이 그녀로 인해 괴롭다는 사실을 알게된다.

> 샤오팅: 소군이 맥도날드 종이에 편지를 자주 써 보냈거든요. 하지만 그 사
> 람, 지금은 맥도날드 가기 싫어해요.
> ......
> 리챠오: 소군이 가르쳐줬어요?
> 샤오팅: 아뇨, 일 끝나고 오면, 바로 잠들어버려요. 아무 말도 안 하고요.
> 톈진에선 말 많이 했었는데. 땅거미가 지면, 같이 자전거도 타고
> 그랬거든요. 여기 와서 자전거 어떻게 됐냐고 물어봤는데 잃어버
> 렸대요

맥도날드는 리챠오의 상징이며, 자전거는 샤오쥔의 상징이다. 그들에게 이 두 가지는 함께 보낸 시간을 의미하며, 곧 이 둘의 사랑이다. 결국 두 사람은 감정을 이기지 못해 만남을 이어간다.

이들은 서로의 상대에게 본심을 말해주고 결합을 약

그림 16. 샤오쥔은 자신이 리챠오에게 할 말을 샤오팅에게 해주면서, 자신과 샤오팅을 속인다.

속한다. 하지만, 바오꺼가 위험에 빠지게 된 사실을 알게 된다. 경찰이 찾아오고, 그녀는 이 기회를 틈타서 바오꺼를 떠나 샤오쥔과 함께 할

수도 있었다. 하지만, 그녀는 바오꺼를 만나 자신의 솔직한 마음을 이야기하려고 한다. 하지만, 자신이 어려울 때 도와준 그를 떠나지 못한다. 빗속에 기다리는 샤오쥔을 홍콩에 남겨두고, 그녀는 바오꺼와 함께 떠난다. 리챠오가 그를 남겨두고 떠났지만, 샤오쥔은 샤오팅과 이별한다. 그리고, 그는 미국으로 간다.

1993년 가을 - 과거의 죽음

미국에서 샤오쥔은 뉴욕 브로드웨이에서 그의 요리 스승과 함께 "369 만두집(Dumpling House 369)"이란 중국집을 한다. 여기에서 주목할 부분은 그가 다시 자전거를 타기 시작했다는 것이다. 이것은 샤오쥔이 과거와 결별하고 새로운 삶을 살아갈 준비가 되었다는 것을 의미할 수도 있겠지만, 그가 새로운 사랑을 찾지 않기 때문에, 홍콩은 아니지만, 홍콩 같은 뉴욕 거리에서 그는 추억에 휩싸여 살아가는 것이라고 볼 수 있다.

리챠오 역시 바오꺼와 함께 미국 뉴욕에서 도피 생활을 이어가고 있었다. 이때, 바오꺼가 사온 샤오쥔이 만든 닭고기 요리를 먹는다. 이들은 서로를 인식하지 못하지만, 감각으로 서로를 알아본다.

이렇게 되면, 바오꺼가 죽기 전에 한 말이 상당히 의미심장하다.

그림 17. 샤오쥔을 발견하고 이를 악 물고 달려가는 리챠오를 뒤로한 채, 앞만 보고 가는 샤오쥔. 영화에서 가장 애절한 장면이자 가장 깊은 사랑의 정을 느낄 수 있는 장면이다.

여기는 30년 전에 있던 야우마테이 집처럼 생겼어.
사람들로 바글바글한 비좁은

거리들이 말이야.
가게는 작아도 모든 게 다 있지.
온갖 음식점이 있고.

그는 미국 뉴욕의 거리가 그가 십대 초반에 밥벌이를 했던 야우마테이같
다는 생각을 한다. 이 생각은 샤오쥔과 리챠오 역시 같은 생각일 것이다.

영화에서 바오꺼의 죽음은 문학적이지만, 약간은 억지스러운 부분이
있다. 바오꺼가 말했던 그의 삶을 정리하는 대사를 통해 영화는 그는
삶의 원초로 돌아갈 준비를 마쳤다는 것을 미리 이야기해준다. 리챠오가
빨래를 찾으러 간 사이, 그는 10대에게 둘러싸인다. 마치 그가 10대 시절
거리에서 밥벌이를 시작했던 것처럼, 그는 10대의 총에 맞아 죽는다.

그녀는 자신의 마지막 선택이라 생각했던 사람을 잃는다. 만료된 비자
를 가지고 입국했던 그녀가 다시 돌아갈 곳은 중국이나 홍콩뿐이다. 그
녀는 자신의 삶이 무너지는 경험을 다시 경험한다. 마치 그녀의 인생처
럼 지독하게 막힌 교통체증으로 가로막힌 공항으로 가는 길에서 그녀는
샤오쥔의 자전거를 발견한다. 그녀가 소리쳐보지만, 도시의 소음 속에서
그녀의 작은 목소리는 그에게 닿지 않는다. 영화는 이렇게 다시 두 사람
을 찢어놓는다.

1995년 여름 - 새로운 시작

미국에서 쫓겨난 악바리 리챠오는 다시 미국에 돌아온다. 그것도 당당
하게 그린카드를 가지고서 말이다. 그녀가 중국으로 돌아가는 비행기 표
를 사고 여행사를 나서는 순간 덩리쥔이 죽었다는 소식을 접한다. 덩리
쥔은 이들의 청춘을 상징하는 인물이다. 영화에서는 두 사람이 쇼 윈도

그림 18. 덩리쥔의 죽음을 알리는 뉴스와 다시 만난 두 사람. 두 사람은 같은 사람일까?

우 너머로 함께 TV를 보고 있는 마지막 장면에서 영화는 두 사람을 만나게 해주는 것으로 끝난다. 하지만, 이 마지막 장면은 2가지 선택지와 함께 아쉬움을 전한다.

우선 이 두 사람이 다른 사람이란 가정이다. 그렇게 생각하는 이유는 덩리쥔의 죽음이다. 덩리쥔의 노래는 이 두 사람이 사랑을 싹틔우는 장면이라 할 수 있는, 영화에서 가장 아름다운 장면인 홍콩 시가지에서 자전거를 타는 장면에서 흘러나온다. 즉, 덩리쥔은 이 두 사람의 사랑과 함께한다. 그래서, 덩리쥔의 죽음은 곧 이들 청춘의 사랑, 불같은 사랑이 식은 중년의 모습으로 재회한 것을 말하며, 이들의 사랑은 이미 추억 속의 한 페이지로써 존재하는 것이다.

또 하나의 가설은 이 두 사람이 정말로 만난 것이다. 설사 앞의 가설이 사실이라 하더라도, 이런 느낌을 천커신 감독이 부여했다는 것은 그가 세상과 타협한 지점이라고 생각한다. 왜냐하면, 앞서 말했듯 덩리쥔의 죽음은 곧 리챠오와 샤오쥔의 현실적 관계가 끊어졌음을 암시한다. 이것은 그들이 과거의 사랑과 꿈에 대해 담담해지고, 현실을 살아가는 삶이 펼쳐진다는 의미다. 20대의 성공을 위한 열망, 청춘의 열정이 소진된 30대의 그들에게 과거의 사랑은 어떤 의미가 있을까?

이들이 마지막에 서로를 알아보는 장면은 영화의 맥을 순식간에 끊어버린다. 영화는 덩리쥔의 노래처럼 끝내야 했다. 이들이 서로를 바라보며, 고개를 갸웃하는 순간, 흘러나오는 노래 가사의 전반부처럼 말이다.

> 어디선가, 어디선가 그대를 본 것만 같아요.
> 在哪里, 在哪里见过你
>
> — 덩리쥔, 『첨밀밀』

개인적으로, 그들의 시선이 멀리 추억 속의 상대를 보고, 실제 대상은 다른 사람일 수 있기를 바랬다. 마치 소식(蘇軾)의 작품인 <수조가두(水調歌頭)>의 마지막처럼 말이다.

> 붉은 누각을 돌아, 비단 창문 아래로 잠 못 드는 사람 비추네. 달은 어찌하여 헤어질 때만 둥글어질까? 사람에게 슬픔과 기쁨, 헤어짐과 만남이 있듯이, 달에도 밝을 때, 흐릴 때, 둥글 때, 이지러질 때가 있네. 예로부터 이 일을 다 갖추기란 어려웠지. 단지 그대와 영원히, 천 리 밖에서 함께 달을 볼 수 있기를.
> 轉朱閣, 低綺戶, 照無眠. 不應有恨, 何事長向別時圓？人有悲歡離合, 月有陰晴圓缺, 此事古難全。但願人長久, 千裏共嬋娟。
>
> — 소식(蘇軾)·『수조가두(水調歌頭)』

저토록 아름다운 달은 늘 내가 외로울 때, 사랑하는 사람과 이별 했을 때 나의 눈에 띄는 것일까? 저토록 아름다운 것은 사랑하는 사람과 함께 보아야 하는데 말이다. 즉, 아름답고 둥글게 나를 비추는 달은 작가에게 기쁨에서 슬픔을 자아낸다. 이 말은 나의 개인적 상황과 객관적 상황에는 늘 부족함이 존재한다는 것이다. 상황이 좋으면 함께 할 사람이 없고, 그 사람과 함께 있으면, 늘 상황이 좋지 않아 만날 수 없게 된다. 소식은 이런 주관적 객관적 상황이 모두 다 이루어지는 것은, 본래 현실에서 이루어지기 힘들다고 하면서, 마음으로 이런 상황을 넘어선다. 즉, 그는 상대방이 나와 함께 같은 행동과 같은 생각을 하고 있다면, 천리 밖에서라도 그것은 함께하는 것이다.

애정지상주의 로직의 통속성

이 영화는 사회적으로 허락되기 힘든 두 사람의 사랑을 그리고 있다. 그래서, 앞서 언급한 2가지 문제, 즉 이 둘의 사랑이 간직한 양면성이 어떻게 그려질 것인가의 문제와 이 둘의 사랑이 어떻게 사회적 인정을 받아 다시 사회 속으로 들어가는 문제에 대해 답을 했다면 좋았겠지만 침묵으로 일관하고 있으며, 단지 사랑에 대한 예찬을 진행할 뿐이다.

"내가 하면 로맨스, 남이 하면 불륜"이란 말은 이 두 사람의 사랑을 바라보는 잣대가 된다. 우선 내로남불의 말뜻을 살펴보자. 내가 하면 로맨스인 이유는 내가 하기 때문이다. 즉 나라는 개인적 범위에서의 사랑인 것이다. 이 사랑에서는 두 사람의 개인 관계가 중시되고, 따라서 두 사람의 사랑이 간직한 진실성만이 의미가 있다. 또한, 남이 하면 불륜이란 타자의 사랑이 가진 사회적 의무에 중점을 두며, 이 시각의 기본 정서는 나와 내 주변의 인물이 튀는 진흙탕 물의 피해를 보기 싫다는 의미다.

그림 19. 미국 뉴욕에서 리챠오는 리샤오췐을 완전히 시야에서 잃어버린다. 뒷편에 조지 코헨 동상이 보인다.

그래서 일반적으로 사회적 지탄받을 수 있는 사랑은 두 사람의 개인적 관계의 달콤함을 누리지만, 이 관계를 비난하는 타자의 영역 강화로 인해 사회와 멀어지게 된다. 즉 이 둘은 사랑을 통해 사회와 고립되고, 개인은 친밀해진다. 이것이 로맨스와 불륜의 개인적 사회적 의미다.

영화는 이런 사회와 개인의 갈등에 대해 집중하지 않고, 오직 개인 관계의 시각만을 강조함으로써 두 사람의 사랑이 가진 사회의 압박과 개인의 밀도를 강화하지 못했다. 즉, 감독은 두 사람의 사랑을 비난하는 가족 서사를 통해 주인공들의 인생 고난을 확대하는 서사를 진행하는 대신 두 사람의 불륜을 지고의 사랑으로 포장하기 위해 상당히 세심한 배려를 인물과 플롯 속에 남겨두고 계속해서 대중의 사회적 시선을 마비시킨다. 즉, 두 사람에게 시련을 부여하거나, 가족관계의 서사를 삭제함으로써 이 두 사람의 사랑이 가진 긍정적인 부분만을 부각시키고 있다.

주인공 두 사람에게 부여한 시련이 이들의 사랑을 강화하는 전략이란 점은 이미 지적된 사안이다.[16] 즉, 리챠오는 샤오쥔을 버리고 바오꺼를 따라 미국으로 도피생활을 하는 시련을 겪고, 샤오쥔은 그런 그녀를 떠나보내고, 다시 자신의 아내 샤오팅에게 불륜 사실을 말하면서 비난과 결별을 통보받는다. 통속 서사에서 이런 시련은 대중의 마음속에 존재하는 불편함을 지우기 위한 장치라는 것이다.

그림 20. 미국 뉴욕 타임스퀘어 한복판에 있는 브로드웨이의 전설 조지 코헨의 동상. 그의 "인생에서의 커튼콜은 없다"라는 말로 유명하며, 이 말은 〈첨밀밀〉의 주제 의식과 깊게 연관되어 있는 말이다.

이 외에도 영화에서는 가족서사의 생략을 통해 이 두 사람의 사회적 압박을 약화시켰다. 즉, 샤오쥔이나 리챠오의 아버지와 어머니 등과 같은 전통 가족 서사의 핵심적 인물이 등장하지 않는다는 점이다. 영화에서는 요리 사부가 샤오쥔의 아버지 대신 나오고, 리챠오 서사에서는 바오꺼가 그녀의 오빠처럼

16) 전혜정, 「3장 구조로 분석한 〈첨밀밀〉의 로맨스 플롯과 영화적 장치 연구」, 『영화연구』, 78, 2018, 203-243쪽.

나온다. 가족 관계에서 비롯될 수 있는 갈등이 인물 역할의 치환으로
쉽게 해소되고 있다. 비록, 리샤오췐의 아내 샤오팅에 관한 서사가 있지
만, 그녀가 가진 슬픔과 배신감은 묘사되지 않고 너무나도 쉽게 샤오췐을
떠나기 때문에 그녀의 존재는 너무나 비중이 없이 그려진다. 또한, 리챠
오의 서사에 있어 바오꺼에 대한 서사는 지나치게 미화되어 있다. 바오거
는 리챠오가 정말 필요할 때 갑자기 등장해서, 그녀가 필요할 때 적절한
시기에 알아서 죽는다. 그리고 바오꺼의 폭력 미학적 죽음을 끝까지 함께
하는 리챠오에 대한 묘사는 그녀를 전통적 열녀(烈女)로 귀결된다. 이런
통속적이고 대중적이며 보수적인 서사는 밀도와 현실성이 너무 낮다.

영화에서는 끊임없이 사랑을 예찬한다. 영화에 나타난 두 사람의 사랑
에 관한 강화 서사는 로즈고모와 창녀인 카이란(芥蘭)이란 두 인물이
담당한다. 우선, 로즈 고모의 존재는 사랑을 지상 최고의 가치로 두는
인식을 부여하고 있다. 고모는 병이 들어서도, 자신의 짧은 만남을 돌아
보며 삶의 의의를 찾는다. 고모가 기억하는 남자는 <모정>(1955)의 남자
주인공 윌리암 홀든(William Holden)이다. 하지만, 로즈 고모의 가치는
약간 유치할 정도의 애정 지상주의를 보여준다. 이러한 로즈의 서사를
뒷받침해주는 인생철학은 "카이란"이라는 태국 창녀가 에이즈에 걸려
서,17) 영어 선생이 함께 태국으로 가는 장면이다. 즉, 창녀의 사랑을 주
변에 배치하여, 육체만 남은 사랑도 깊은 관계로 이어질 수 있음을 끊임
없이 이야기하고, 죽음이 인생의 모든 것을 앗아간다는 이야기를 전함으
로써 삶의 허무주의를 주장한다.

영화가 강화하는 애정지상주의의 숨겨진 상징은 조지 코헨(George,
M.Cohan, 1878~1942)이다. 미국에서 리챠오가 택시에 타고 공항으로 가

---

17) 일부 번역에서는 양배추로 나온다.

면서, 리샤오쥔을 발견하고 달려가다, 샤오쥔을 시야에서 놓치고 서 있
을 때, 뒷배경으로 조지 코헨의 동상이 나온다. 코헨은 한 시대를 풍미했
던 브로드웨이의 전설로서, 다음과 같은 인생에 대한 통찰을 노래 가사
로 남겼다.

당신은 앉아서 생각해 본 적이 있나요?
......
왜 우리가 여기에 있고,
삶이 도대체 무엇에 관한 것인지?
이 문제는 많은 똑똑한 사람들을
술에 취하도록 했죠.
삶은 우리가 알아내려 하는
가장 이상한 것이라고.
수천 가지 이론들을
모든 과학자들이 보여줄 수는 있겠지만,
그들은 그 이유를 아직 증명하지 못했죠.
......
우리는 땅에 묻힐 때까지, 바쁘고 걱정스럽게 살아가죠. 그리고, 삶에는 앙
코르가 없죠.
삶은 매우 웃기는 제안서에요.
Did you ever sit and ponder,
......

Why we're here and what this life is all about?
It's a problem that has driven
Many brainy men to drink,
It's the weirdest thing they've tried to figure out.
About a thousand diff'rent theories
All the scientists can show,
......

Hurried and worried until we're buried,
and there's no curtain call,
Lifes a very funny proposition after all.
— 조지 M. 코헨(George M. Cohan) 〈Life's A Funny Proposition〉

사람들은 삶을 아등바등하며 살아간다. 어떤 사람은 좀 더 풍족한 삶을 위해, 그리고 어떤 사람은 좀 더 많은 쾌락을 위해 움직인다. 하지만, 삶에서 그가 걱정을 많이 하든 적게 하든, 죽음의 커튼이 내려지고 나면, 오지 무가 존재한다고 가사는 말해준다. 그리고, 이러한 허무한 삶에 똑똑한 사람도, 이성적인 과학자도 모두 그 해답을 알아내는 데 실패했다. 즉, 아무도 올바른 기준을 사람들에게 제시하지 못했다는 것이다. 따라서, 이 문제는 자신에게 질문하고 스스로 해답을 구해야 한다. 게다가 인생에 앵콜은 없다.

영화는 이처럼 인생의 의미에 대해서 영화가 주는 대답은 진정한 사랑이라고 주장한다. 즉, 죽음과 정답이 없는 인생에서 유일무이한 가치를 지닌 사랑은 추구할 가치가 있는 것이다. 그 사랑이 불륜이라 하더라도 말이다. 하지만, 영화는 가족 서사를 약화해서 주인공의 사랑에서 사회적 압력을 해제하고, 죽음이 주는 허무주의와 삶의 불가사의(不可思議)적 성격, 그리고 과도한 애정지상주의를 통해 사랑의 가치를 지나치게 강조함으로써, 이들의 사랑이 시리도록 아프게 응축되는 과정을 없애버렸다.

마지막으로, 영화의 시작과 마지막을 장식한 기차는 이들의 사랑이 필연적임을 암시한다. 영화의 마지막에서, 감독은 리샤오쥔이 기차를 타고 홍콩에 도착하는 첫 장면을 다시 보여준다. 그리고 영화의 시작과 달리 카메라는 리샤오쥔 뒤에서 그와 머리를 맞대고 잠에 든 리챠오를 클로즈업한다. 이 영상은, 이 두 사람의 사랑이 메이드 인 헤븐(made in haven)이란 운명을 신비적으로 드러내지만, 영화의 맥을 뚝 떨어뜨린다.

이처럼 영화는 두 사람의 러브스토리가 간직한 핵심적 부분인 사회적 비난과 사회적 재진입이란 서사를 모호하게 처리했기 때문에, 두 사람의 사랑이 간직한 절박함을 잘 묘사하지 못했으며, 이 두 사람이 다시 만나는 상황 역시 밀도가 옅게 보인다. 하지만, 이 영화는 어떻게 해서 상업적 성공을 거둘 수 있었을까?

다시 이 둘의 사랑을 살펴보자. 이 둘의 사랑은 사회적으로 환영받지 못하는 사랑이다. 이 영화에서 나타난 주인공들의 사랑을 여러 아름다운 언어를 배제하고 사회적 시각에서 바라본다면 혼외정사라는 카테고리에 놓인다. 중국 문화뿐만 아니라 동아시아 문화, 그리고 세계의 다양한 문화에서 주인공들의 이런 사랑을 옹호해주는 사회적 시스템과 인식은 찾아보기 힘들 것이다. 사회 윤리적 시각에서 본다면, 아무리 그들의 사랑이 진실하고 참된 것이라고 하더라도, 이들의 사랑은 사회적으로 지탄받는 불륜의 카테고리로 분류될 것이다. 사람들이 이들의 사랑을 바라보는 시각 역시 2가지로 극명하게 나뉜다. 하나는 아름다운 것으로, 또 하나는 불편한 사랑이다. 이것은 사랑을 바라보는 시각의 초점이 다르기 때문이다. 이른바 "내가 하면 로맨스, 남이 하면 불륜"인 것이다.

이 말을 좀 더 생각해 보면, 불륜은 서로 공통으로 합의된 사회문화적 규범의 입장에서 혼외정사를 바라본 것이고, 로맨스는 이런 사회적 규범이 아닌 사랑 자체의 관점에서 사랑이라는 현상을 보는 것이다. 전자는 사회적 약속의 이행 여부에 관한 판단을 통해 사회적 이해관계를 타산하는 것이고, 후자는 개인적 관계 속에서 두 사람의 감정이 가진 진실과 거짓에 초점을 둔다. 이 두 관점은 하나로 연결되기 힘들며, 또한 어느 하나가 옳다 그르다고 할 수 없다. 자신의 입장이 주는 위치에 따라 다르다고 할 수밖에 없다.

인간은 자신을 불편하게 하는 관계에 대해 비난하지만, 속으로는 일탈을 꿈꾸는 존재다. 그래서, 이 두 관점은 사회적 자아와 개인적 자아의 투쟁을 이끈다. 인간은 과연 무엇을 선택할 것인가? 이것이 영화의 플롯에 존재하는 첨예한 부분이라고 할 수 있다. 그리고 인간이 사회를 떠나서는 살아갈 수 없다면, 두 사람의 사랑은 어떻게 해야 진실을 찾고 사회 속으로 들어갈 수 있을 것인가란 질문 역시 이 영화의 플롯이 간직한 문제점 가운데 하나다.

영화 댓글을 보면, 대중의 선택은 두 사람의 사랑을 옹호하는 글이 많다. 다음(Daum)과 네이버(Naver) 영화에 나타난 <첨밀밀>의 평점은 9점 이상이며, 이 둘의 사랑이 아름답다는 말이 지배적이다.[18] 즉, 대중은 두 사람의 사랑에 대해 불륜이 아니라 로맨스란 판단에 손을 들어준다. 이 점 역시 특이하다. 만약 현실 속에서 자신의 누나, 언니, 여동생이 리샤오쥔의 아내였다면, 이들은 리샤오쥔에 대해 맹렬한 비난을 했을 것이다. 그리고, 사회적 유명인사가 이런 행동을 했다면 사람들은 더욱 비난을 그치지 않았을 것이다.

하지만, 대중은 그렇게 하지 않았다. 이것은 대중의 가치판단이 영화와 현실 사이에 선을 그어놓고 있다는 점을 말해준다. 즉, 대중은 영화를 통해 자신의 꿈을 바라보았을 뿐, 이들의 사랑이 현실 속에서 일어날 수 있다는 점을 인정하지 않았다. 대중은 사회적으로 억압된 자신의 내적 욕망을 영화 속 주인공의 사랑을 통해 카타르시스를 얻어갔다. 40대의 평점이 20대보다 높게 나타나고 있는데,[19] 이 점은 이 영화가 잃어버

---

18) 다음영화: https://movie.daum.net/moviedb/grade?movieId=2148
   네이버영화: https://movie.naver.com/movie/bi/mi/point.naver?code=17997#tab
19) 다음영화: https://movie.naver.com/movie/bi/mi/point.naver?code=17997#tab

린 자신의 과거를 떠올리게 하는 영화라는 점을 말해준다. 다시 말해서 천커신은 꿈을 과거에 두고 온 사람들에게 두 사람의 치명적인 개인적인 사랑 이야기를 잘 팔았다는 것이다.

천커신 감독의 이 영화는 누구나 가지고 있을 법한 사랑, 즉 여러 이유로 과거에 이루지 못한 사랑을 상기시켰고, 이들의 사랑이 가진 지고지순한 가치를 주장함으로써, 대중의 마음속에 억압된 사랑을 다시 환기하여 큰 대중적 성공을 거두었다. 하지만, 사회적 비난을 삭제하고 개인적 사랑만을 강조하는 영화의 서사는 영화의 리얼리티와 사랑의 아픔이 가지는 강도를 떨어뜨렸다. 이런 감독의 영화적 타협은 장만옥의 열연에도 불구하고 두 사람의 사랑이 가지는 진정성의 가치는 상품 이상의 가치를 가지기 어렵다.

제5장
인간성 회복의 염원
소토자키 하루오 〈귀멸의 칼날: 무한열차편〉

이은희

소토자키 하루오(外崎春雄) 감독과 유포테이블(ufotable)

소토자키 하루오 감독은 후쿠시마현 이와키시에 본사가 있는 애니메이션 제작회사 스튜디오 더브(현: BNP 이와키 스튜디오) 출신이며 애니메이션감독이다. 현재 유포테이블(ufotable)에 소속되어 애니메이션 업계에서 25년 이상 일하고 있는 베테랑이다. 주로 작화 감독(作画監督)이나 원화 등 영상 연출 부분의 경력이 길다. TV 애니메이션만 해도 원화가 65개 이상, 작화 감독은 35개 이상 담당했다. 그는 원래 건담 시리

그림 1. 소토자키 하루오 감독

즈 같은 메카물에서 메카닉 전문 애니메이터로 활동했었으며, 여러 제작사를 돌다가 최종적으로 유포테이블에 자리를 잡았다. 기본적으로 메카

닉 작화는 아무나 못 하는 것이기 때문에 그가 감독한 애니의 작화 수준은 어느 정도 보장할 수 있다. 또한 애니메이터로서는 수많은 작품에 참여한 베테랑이지만 감독이 되어서는 불행하게도 한동안 이렇다 할 히트작이 없었다. 하지만 〈귀멸의 칼날(鬼滅の刃)〉 시리즈의 총감독을 맡으면서 드디어 일약 스타 감독이 될 수 있었다.

소토자키 하루오 감독이 애니메이션 제작에 참여하게 된 작품은 1994년 〈기동무투전 G건담(機動武闘伝Gガンダム)〉이며 유포테이블의 제작 참여는 2002년 〈바이스 크로이츠 그리엔(ヴァイスクロイツ グリーエン)〉 작품부터 시작된다. 『하늘의 경계(空の境界)』(2007)와 『Project Fate/stay night』(2006, 2014)는 대표적인 작품으로 꼽을 수 있다. 2007년 〈테일즈 오브 심포니아(テイルズ オブ シンフォニア, Tales of Symphonia〉는 〈테일즈 오브(テイルズ オブ)〉의 시리즈 작품으로 유명하다. 그리고 가장 인기를 얻은 2019년에 TV 애니메이션판 〈귀멸의 칼날〉과 2020년에 극장판 〈귀멸의 칼날: 무한 열차편〉의 애니메이션 제작을 꼽을 수 있다.

유포테이블은 원작에 충실하게 시나리오를 쓰면서도 애니메이션 특유의 연출과 아름다운 영상을 통해 단순한 영상화가 아닌 독자적인 매력을 보여주는 제작사로 알려져 있다. 일반적으로 만화라는 매체에서 애니메이션이라는 매체로 바꾸는 영화적 변용의 과정에서 일종의 독자적인 내용 삽입이 필연적으로 개입한다. 그러나 유포테이블은 그 독자적인 내용 삽입을 발휘하는 여지를 극소화하여 〈귀멸의 칼날〉의 원작을 영상화하였다. 한편으로 〈귀멸의 칼날〉에서 귀살대의 검객들이 사용하는 검술은 '호흡'으로 불린다. 이를 일본 전통화법과 3DCG 기법을 조합하여 생동감 넘치는 장면을 만들어내었다. 탄지로가 사용하는 '물의 호흡(水の呼吸)'은 가쓰시카 호쿠사이(葛飾北斎)의 우키요에(浮世絵), '후가쿠삼십

육경 가나가와의 파도(冨嶽三十六景 神奈川沖浪裏)'의 파도를 움직이는 듯한 이미지를 차용한 것이고, 귀살대의 핵심 대원인 렌고쿠 교쥬로(煉獄杏寿郎)가 사용하는 '불꽃 호흡(炎の呼吸)'은 '도바후시미 전투(鳥羽伏見の戦い)'를 그린 니시키에(錦絵)의 불꽃을 참고로 하였다고 전해진다.

한편으로 캐릭터 디자인과 총작화 감독은 마쓰시마 아키라(松島晃)가 맡았다. 그 역시 유포테이블 소속이며 총감독 소토자키 하루오와는 <바람의 검심> 때부터 같이 일했던 막역한 사이라고 전해진다. 그는 <헌터헌터(ハンター×ハンター)>, <나루토(ナルト)> 등 소년점프 원작 애니에서 중요한 애니메이터로 활약한 전례가 있기에 이번에 <귀멸의 칼날>에서 캐릭터 디자인 및 총작화 감독을 맡아 제대로 실력 발휘를 했다고 볼 수 있다. 유포테이블의 촬영감독으로서 데라오 유이치(寺尾優一)는 기본적으로 여러 광원 표현과 이펙트 효과에 능하지만 그의 장기라고 한다면 어두운 밤이나 좁은 실내 같은 광원이 한정적인 곳에서 화려한 조명 표현에 능하다. <귀멸의 칼날>처럼 숲속이나 좁은 공간 안에서 전투 장면이 많이 벌어지는 장면을 주로 만들다 보니 그의 능력이 그대로 발휘된 것이다. 결국은 데라오 유이치 스타일이 곧 유포테이블 스타일이 되었다. 게다가 그는 촬영 외에도 콘티와 연출도 하고 심지어는 원화도 그릴 줄 알기에 그야말로 유포테이블에서 가장 중요한 인물이라 할 수 있겠다. 극장판과 TV <귀멸의 칼날>에서 촬영 업무 외에 콘티와 연출에도 힘을 보탰다고 한다.

작품 전체의 방향성을 결정하는 것은 작품 제작의 리더인 감독의 일이다. 작품의 방향성 하나로 작품의 분위기는 크게 바뀐다고 할 수 있다. <귀멸의 칼날>은 기본적으로 원작인 만화에 충실한 스토리 전개가 진행되었기 때문에 원작 팬도 만족도가 높다는 평가이다. 이와 같은 맥락에

서 극장판 〈귀멸의 칼날: 무한 열차편〉에서 소토자키 하루오 감독이 특
히 신경을 쓴 부분은 다음 세 가지[1]로 알려지고 있다.

첫째, 원작의 내용과 이미지를 그대로 살리면서 영화의 완성도를 높이
려고 하였다. 극장판 〈귀멸의 칼날: 무한 열차편〉은 기본적으로 원작을
그대로 따르는 형태로 이야기가 진행된다. 소토자키 하루오 감독은 원작
을 충실하게 진화시키는 것에 능숙하다. 예를 들어 캐릭터 디자인이나
작풍을 보면 원작의 도안을 충실히 재현하고 있다. 이처럼 원작의 분위
기가 그대로 살아나 작품의 매력이 높아지기도 했고 원작 팬에게도 만족
도가 높았다는 평가를 받고 있다.

둘째, 작품에서 보여주고 싶은 메시지를 명확하게 전달하려고 노력했
다. '정말 보여주고 싶은 것'을 매력적으로 보여주기 위해서 각본 전체를
잘 구성하였다는 것이다. 영상이나 음악을 도입하는 방법도 전달하고 보
여주고 싶은 메시지를 충분히 전달하기 위해서이다. 예를 들어, 캐릭터
의 힘을 돋보이게 하려면 어떻게 그려야 할지, '오니(鬼)'의 소름 끼치는
느낌을 주기 위해서는 어떤 음악을 넣어야 할지 등 장면마다 힘이 들어
간 부분과 빠진 부분이 있는 것을 알 수 있다. 그 결과 메시지가 시청자
에게 전달되기 쉬워져서 전체적으로 인상 깊은 작품으로 완성된 것이다.
극장판 〈귀멸의 칼날: 무한열차편〉은 원작의 7권~8권을 바탕으로 하는
데 원작을 보지 않고도 〈귀멸의 칼날: 무한열차편〉은 비교적 내용 전달
이 잘 되었다는 평가를 받았고 흥행에도 성공할 수 있었다. 전달하고
싶은 메시지를 알기 쉽게 표현하고자 시나리오 작업에 공을 들였다고
한다.

---

[1] 督·外崎春雄,https://cubeglb.com/media/2020/10/30/haruo_sotozaki/검색일: 2022.
1.5.)

셋째, 개성을 살린 캐릭터 표현과 뛰어난 작화 표현을 들 수 있다. 작품 속 등장인물들이 매력적으로 그려져 있다. 특히 탄지로와 함께 오니를 처단하는 귀살 대원은 각자 물, 번개, 불, 짐승, 나비, 바위 등 상징성이 뚜렷한 능력을 펼쳐 보인다. 탄지로가 구해 내려고 힘쓰는 여동생 네즈코 역시 인간성이 남아 식인은 하지 않지만 오니(鬼)[2]의 신체와 능력이 잘 살려져 있다. 귀살대(鬼殺隊)[3]를 공격하는 십이귀월(十二鬼月)[4] 역시 각자의 특색이 잘 드러나 있다. 이러한 뛰어난 작화와 연출이 더해져서 이들 케릭터들은 더욱 돋보인다. 각 등장 케릭터들의 특성에 맞는 일본식 전통 복장의 재연은 물론 인파가 몰린 도심 풍경까지 실사에 가깝게 세밀하게 그리고 있다. 니치린도(日輪刀)를 사용하여 오니와 싸우는 전투 장면은 긴장감과 박진감이 넘쳐 관객에게 좋은 평가를 받고 있다.

---

2) 도깨비로 번역되기도 하지만, 도깨비와 오니는 다르게 정의된다. 일본에서 오니는 예로부터 인간의 어두운 부분을 상징하는 분신으로 여겨져 왔으며, 이 세상에 인간으로 돌아오고 싶어하는 존재로 그려진다. 塚本鋭司(2020), 「鬼神学と鬼滅の刃」『文明21』, 45, 愛知大学国際コミュ…ニケーション学会, pp.1-13. 본고에서는 혈귀, 도깨비, 요괴로 번역되고 있는 것을 오니로 통일하여 표기한다.

3) 귀살대는 우두머리를 중심으로 주(柱: 기둥)라는 간부 집단, 그리고 나머지 대원들로 구성된다. 귀살대는 오니에게 가족을 희생당한 아이들이 지원하며, 인간의 한계를 극복하는 훈련을 통해 오니를 상회하는 능력을 갖게 된다. 이들은 물, 화염, 번개, 짐승 등의 속성을 지닌 '호흡'이라는 검술을 구사해 오니들을 제거하고 사람들을 오니로부터 지킨다. 대장은 일반 귀살대원 100명 이상의 힘을 갖고 있다.

4) 기부쓰지 무잔의 피를 진하게 이은 열두 강자들의 오니를 십이귀월이라 부른다. 상현(上弦)과 하현(下弦)으로 구분되어 있으며 오로지 강함, 실력순으로 순위가 매겨지는데 1~6위가 상현이고 7~12위가 하현이다. 오니는 원래 사람이었으나 기부쓰지 무잔에 의해 혈귀가 되며, 혈귀는 사람을 많이 잡아먹을수록 힘이 강해진다.

그림 2. 일본 극장판 〈귀멸의 칼날 : 무한열차 편〉 및 『귀멸의 칼날』 포스터

이처럼 감독과 유포테이블의 작화 역량이 〈귀멸의 칼날〉에서 특히 돋보인다. 화려하고 역동적인 액션 장면에 풀 애니메이션으로 움직이는 장면 등 리미티드 애니메이션 위주의 일본 애니 시장에서 자주 보기 힘든 장면들이 많이 등장한다. 게다가 등장 인물들 옷에 무늬가 복잡한 것과 인물들의 전투 장면 등은 작화적으로 어려운 부분인데 뛰어난 작화를 이번에 보여줬기에 관객과 시청자들이 TV 판과 영화 〈귀멸의 칼날〉의 작화를 맡은 유포테이블에 열광했을 것으로 생각된다. 또한 2010년 이후로 급격히 발전한 디지털 기술을 일본의 전통적 2D 애니메이션에 적극적으로 접목하는 행보를 보였고, 그렇게 생산해낸 작품들을 통해 대중적 인기까지 얻게 됐으니 애니 제작 경향에 있어서 유포테이블의 고유 작법이 다른 제작사들한테도 영향을 미치게 될지 그 귀추가 주목된다고 할 수 있겠다.

원작『귀멸의 칼날(鬼滅の刃)』과 '무한열차'

영화 <귀멸의 칼날 무한열차편>은 만화를 원작으로 하고 있다. 원작 『귀멸의 칼날(鬼滅の刃)』은 작가 고토게 고요하루(吾峠呼世晴)의 작품 으로써 일본의 연재 만화인『주간소년 점프(週刊少年ジャンプ)』에 연 재되었으며, 2016년 2월부터 2020년 5월까지 205회에 걸쳐 연재되었다. 단행본은 전체 23권을 끝으로 2020년에 완결되었다. 원작 만화는 2019년 에 TV 애니메이션으로 방송되기 시작하면서 1200 만부의 누계 발행 부 수를 넘기면서 대중의 폭발적인 관심을 받게 된다. 연재를 단행본으로 만든 만화책도 마지막 권인 23권은 초판이 370만 부에 달했으며 전체 합계 발행 부수는 1억 권을 넘어서며 연간 판매량에서 11년 연속 1위였 던『ONE PIECE』를 넘어섰다고 한다.

원작 만화는 시대적 배경이 다이쇼기(大正期)로 도쿄와 도쿄 인근의 야마나시, 사이타마 등지를 무대로 전개된다. 첫 화부터 주인공의 시련 이 전개되고 점차 고단한 수련과 뼈아픈 경험담이 이어지는 구성으로 볼 때 이 만화는 소년 가마도 탄지로(竈門炭治郎)와 여동생 네즈코(禰 豆子)의 성장드라마라고 볼 수도 있다.『귀멸의 칼날』은 탄지로가 귀살 대 활동을 하며 대면하게 되는 동료와 오니의 여러 사연이 다채롭게 전 개되는 가운데 오니의 시조라 할 수 있는 기부쓰지 무잔(鬼舞辻無惨)을 쫓는다는 큰 플롯이 관통한다. 5)이처럼 주인공 가마도 탄지로는 오니 네즈코를 인간으로 되돌릴 단서를 찾아 비밀조직 귀살대에 들어가며 멧 돼지탈을 쓴 하시바라 이노스케, 노랑머리 아가쓰마 젠이쓰와 함께 임무 를 수행하며 성장하는 것이다.

---

5) 박이진·김병진(2021)「≪귀멸의 칼날≫ 속 '경계' 이야기 - 다이쇼 모노가타리 의 탄생」『일본문화연구』Vol.- 동아시아일본학회 p.139.

원작 『귀멸의 칼날』의 작가 고토게 고요하루는 후쿠오카 출신의 31세 여성이라는 점만 밝혀졌다. 『귀멸의 칼날』이 첫 연재 작품이다. 그 이전에도 2013년의 제70회 JUMP 트레저 신인 만화상으로 가작에 입선한 『사냥이 과하면 사냥당한다(過狩り狩り)』 등의 단편 작품도 출품했었다. 그 외 『소년 점프 NEXT』 2014년 제2호에 게재된 상업 데뷔 작품 『문수 시로 형제(文殊史郎兄弟)』 『주간 소년점프』 2014년 제39호에 게재된 『늑골 씨(肋骨さん)』 『주간 소년점프』 2015년 제21호에 게재된 『파리 정원의 지그재그(蠅庭のジグザグ)』 등이 있다. 이들 단편 작품은 단행본 『고토게 고요하루 단편집』에 정리되어있다. 그녀는 얼굴 사진을 공개하는 대신 자화상으로 '안경을 쓴 악어(メガネをかけたワニ)'라는 캐릭터를 사용한다.

원작 『귀멸의 칼날』 단행본의 빈 페이지 삽화에 작품의 설정이나 이야기 등의 해설을 해주는 '다이쇼 소곤소곤 소문(大正こそこそ噂話)' 코너 페이지에도 작가의 자화상인 악어 캐릭터가 나온다. 편집부 회의 때도 한 번도 모습을 드러내지 않았고 심지어 원고조차 이메일이나 우편으로

그림 3. 안경을 쓴 악어(좌)와 다이쇼 소곤소곤 소문(우)

만 보내 철저히 베일에 싸여있는 인물이다.6) 2020년『귀멸의 칼날』205화를 마지막으로 대단원의 막을 내렸다. 작가 또한 연재가 마무리되어 이제 다시 고향인 후쿠오카로 돌아간다며 "또 언젠가 만날 수 있는 날을 기대하고 있습니다"라고 23권을 마지막으로 저자 인사를 쓰고 있다.

원작『귀멸의 칼날』이 지닌 매력은 어디에 있는지부터 살펴보면, 우선 스토리와 캐릭터에 대해서 생각해 볼 수 있다. 주인공 탄지로가 가족을 오니에게 몰살당하는 아픔을 겪고도 복수 등의 인간적인 감정에 의지하기보다는 생명을 가진 존재라는 근원적인 존엄성으로서 상대를 대하는 모습과 개인적인 욕망이 아니라 상대방을 위해서 강해지려고 하는 자세는 독자에게 큰 울림을 준다. 타인에게는 관심이 없고 오로지 자기만을 우선하는 현대인의 모습과 비교되는 주인공의 매력이라고 할 수 있다. 또한 등장인물은 서로 다른 개성을 발휘하며 자기의 삶을 살아간다. 매회 죽음을 맞는 오니도 주인공의 입장에서는 적에 해당하지만 결국 인간이었던 원래의 본성을 뒤늦게 나마 되찾고 행복하게 사라져간다. 귀살대가 오니를 만나 퇴치하는 단순한 스토리지만 그것이 단순하게 느껴지지 않는 이유는 세심하게 그려진 개성 넘치는 캐릭터 때문이라고 볼 수 있다.

원작『귀멸의 칼날』의 시대 배경은 지금으로부터 약 100년 전인 다이쇼(大正) 시대이다. 다이쇼 시대는 1912년 7월 30일~1926년 12월 25일까지로 이 시기에는 1차 세계대전이 있었고 한국을 식민지화했던 시기이며 서양의 풍습과 일본의 전통이 공존하던 시기였다. 현재 메이지 시대(明治: 1868~1912) 사람들은 이미 생존해 있지 않고, 쇼와 시대(昭和: 1926~1989)라고 하면 패전을 경험한 시기이기 때문에 현대 일본인들에

6)『鬼滅の刃』の作者 '吾峠呼世晴', https://mitaiyomitai.com/manga/post-18112/ (검색일:2022.1.20.)

게 향수를 불러일으키는 시기이므로 작품의 배경을 이 시대로 잡은 것으로 추측되고 있다. 그리고 다이쇼 시대는 일본이 청일, 러일 양 전쟁에서 승리를 거둬 세계 강국이라는 타이틀을 얻은 지 얼마 안 되는 시점이기도 했고, 서양 문물을 적극적으로 받아들이면서 일본의 전통과 서양이 묘하게 섞여 이국적인 분위기를 풍기면서도 일본의 전통적인 의식을 그대로 담고 있는 시대이기도 하다. 직접적인 피해를 입지 않은 전쟁에서, 그것도 세계 강국을 상대로 이겼다는 것만으로도 일본인들의 자존심은 최대로 높아졌을 것이다. 그것이 다이쇼 시대이다. 전쟁을 경험한 사람은 있지만, 그것은 극히 일부일 뿐이고, 그래서 정부가 원하는 대로의 전쟁상을 국민들도 공유할 수 있었던 시절이다. 다이쇼 시대는 짧기 때문에 더욱더 그러한 환상에 빠질 수 있다고 볼 수 있다.

그러나 『귀멸의 칼날』에 그려진 다이쇼 시대는 그 배경뿐이다. 이 작품에 그려진 세계는 다이쇼 시대이기는 하지만 인간을 해치는 오니가 존재하는 세상이고 사무라이처럼 칼을 쓰는 귀살대가 존재하는 세상인 것이다. 단순히 배경이 다이쇼시대라고 해서 그 시대를 그리고 있다고 할 수는 없다. 다이쇼 시대는 입헌주의에 기초한 민주적 정치체제를 수립하기 위한 움직임이 활발해서 이를 '다이쇼 데모크라시'라고도 부를 정도로 일본 사회에서 다시없을 시대라고 할 수도 있다. 『귀멸의 칼날』에서 그러한 자유 민권주의적인 분위기는 전혀 느낄 수 없다.

오히려 귀살대는 상하관계가 철저해서 윗사람에게 함부로 말대답을 할 수도 없다. 오니 역시도 능력에 따라 철저히 신분이 나눠 있다. 절대적인 존경의 대상인 당주가 존재하는 귀살대와 절대적인 힘을 가진 오니무잔이 존재하는 것에서 천황 중심 체제였던 메이지 시대와 닮았다고도 할 수 있다. 『귀멸의 칼날』은 어딘지 낭만적인 분위기가 넘치는 다이쇼 시대를 배경으로 하고 있으나 실제로 캐릭터들을 지배하고 있는 것은 천황 체제와도 비슷한 1인 독재 체제라고도 할 수 있다. 그리고 주인공 탄지로는 끊임없이 장남으로서의 도리, 가족의 중요성을 되뇌인다. 다이쇼 시대와는 어울리지 않는 봉건적인 가부장적인 생각이 뿌리 깊게 박힌 주인공이라고 할 수 있다. 일본인들이 돌아가고 싶어하는 '좋았던 그 시절'은 자유 민권주의적인 움직임이 활발했던 다이쇼 시대의 낭만적인 분위기일 뿐 다이쇼 시대는 아닌 것이다.[7] 천황이라는 절대권력, 가장이라는 가족의 절대권력이 존재해서 그 존재에게 의존하고 싶은 현대 일본인들의 의식이 반영된 것으로도 볼 수 있다. 그리고 애니메이션은 세계 최고라는 자부심을 일본인들에게 느끼게 해줄 수 있는 것이다. 「귀멸의 칼날」의 인기는 코로나 상황 속의 일본인이 느끼던 일본 회귀의 갈증을 어느 정도 해소시켜 주는 역할을 한 것으로 파악된다.

한편으로 『귀멸의 칼날』의 다이쇼 시대가 일본의 근대화가 시작된 때이므로 '열차'와 같은 신문명이 자연스럽게 소개되고 있다. 외국과의 교류가 활발해진 다이쇼 시대의 상징으로 무한열차의 모델로 증기 기관차가 등장한다. 극장판 무한열차의 모델인 SL 기관차는 '8620형 증기 기관차'이다.[8] <귀멸의 칼날: 무한열차편>은 탄지로가 동료들과 함께 귀살대의 새 임무를 수행하기 위해 '무한(無限)'이라는 이름의 증기 기관차에 탑승한 뒤 벌어지는 이야기를 담고 있다. 일본에서 흥행 돌풍을 일으키면서 무한열차의 실제 모델인 증기기관차 '8620형과 8630호기'는 2021년 초에 교토시의 철도박물관에서 '무한'이라는 이름을 내걸고 운행되기도 했다.

---

7) 유은경(2020), 「포스트코로나 시대를 위한 한일관계와 일본대중문화」『국제어문』, Vol. -No.90, 국제어문학회, pp.43-45.

8) https://www.youtube.com/watch?v=e00kwwJVsXQ에서는 영화에 등장한 무한열차를 소개하고 있다.

그렇다면 일본철도에 대해서 간단히 살펴보겠다. 일본철도는 130년이 넘은 역사를 통해 일본의 근대화를 추진하는 큰 역할을 수행해왔다. 원래 철도라는 교통수단이 자본주의 체제의 성립기에 공업원료나 제품을 고속으로 대량 수송하기 위해서 만들어진 것이다. 그러나 일본에 있어서는 그러한 조건이 성립하기 전에 사회 전체의 후진성을 극복하기 위한 '이기(利器)'로서 도입되었다.

따라서 도입 당시부터 서구 근대문명의 섭취, 모방을 축으로 하는 이른바 '문명개화'에 머무르지 않고 사회시스템의 변혁과 이용자의 의식 변화를 유도하는 근대화를 추진하였다. 더욱이 철도의 수송기능은 자본주의 경제체제의 정착이라는 그것도 도입 당시에는 예측하지 못한 효과를 가져왔다. 또한 일본의 철도 유럽 선진제국, 특히 영국의 경우와 완전하게 다른 동기로 출발하여 그 사명이나 역할은 단순히 경제적인 역할에 머무르지 않고, 시민사회의 성립이라는 넓은 범위에까지 미치고 있다. 더구나 일본은 철도 도입 후 30년 만에 선로와 기관차를 자국에서 제작하는 등 기술자립을 달성하였다.[9] 이러한 기술력으로 일본 내의 증기기관차가 등장하게 된 것이다.

따라서 다이쇼 초기에는 전국적으로 증기기관차 보급이 이루어졌고 극장판 무한열차(無限列車)의 모델이 된 8620형 증기기관차는 1914년에 제조된 것이다. 영화 속의 무한열차가 8량의 증기기관차로 설정된 것과 마찬가지로 8620형은 수송량이 다소 적은 여객용 증기기관차로 등장한다. 8620형 증기기관차의 제작사로는 히타치(日立), 가와사키(川崎), 미쓰비시(三菱) 등이 알려져 있다. 실제모델은 일본 증기기관차 'SL 히토요시(人吉)'이다.

---

9) 이용상(2017), 『일본철도의 역사와 발전』 북 갤러리 pp.39-40.

그림 4. 실제모델인 증기기관차 무한열차(좌)와 실제 모델인 8620형 증기 기관차(우)

무한열차는 탄지로가 귀살대의 임무를 수행하기 위해 탄 열차로 귀살대의 임무는 이 무한열차에 숨어있는 오니를 토벌하는 것이다. 난생처음 열차에 탑승한 주인공 일행은 들뜬 마음을 감추지 못한다. 급격한 사회 변화, 온갖 신문물이 넘치는 세계라고 할 수 있는 열차는 근대화를 보여주는 표상이자 일본인들에게 친숙하고 추억과 애정이 담겨있는 교통수단이라고 할 수 있다.

한편으로 영화 속 '무한열차'는 오니와 귀살대의 결투를 하는 주요 무대로 등장한다. 극장판 무한열차에 등장하고 있는 주요 오니의 이름은 '엔무(魘夢, えんむ)' 이며 '잠귀(眠り鬼)의 능력을 지니고 있다. 이 '오니'의 이름인 '엔무'는 '악몽에 시달리게 한다'는 뜻으로, 인간을 '영원히 꿈속에 갇히게 한다'는 의미에서 '무한(無限)' 열차인 것이다. 그래서 '엔무'는 무한열차에 탑승한 인간 및 귀살대의 정신을 지배하기 위해 '거짓 꿈'을 꾸게 한다. 오니가 장치한 '거짓 꿈'에도 불구하고, 그 내용이 한 사람 한 사람이 바라고 원하던 내용으로 이루어져 있어서 '강력한 욕구의 집결체'로써 상징되고 있다. 따라서 무한열차에 탑승한 승객과 귀살대는 이러한 '강력한 욕구의 집결체'인 '거짓 꿈' 속의 굴레에 갇히게 되어

깨지 않고 잠들어 버리게 된다.[10] 이처럼 엔무는 사람들을 잠재우는 혈귀술을 구사한다. 〈귀멸의 칼날: 무한열차편〉에서는 꿈과 관련된 캐릭터이며 몽환열차을 만들기 위해서 융합하는 모습도 보여준다.

엔무의 혈귀술인 잠재우는 능력은 일정한 조건을 갖추면 사람을 잠에 빠지게 하는 기술이다. 또한 밧줄을 이용하여 잠든 사람의 꿈에 침투하여 무의식 영역에 있는 정신의 핵을 파괴시켜 잠든 사람을 폐인으로 만들어버리는 전법을 취하는 오니이다. 〈귀멸의 칼날: 무한열차편〉의 주요 소재는 '정신(精神)과 무의식'이다. 인간에게 가장 중요한 것이 마음이기에 그만큼 중요한 것이다. 이러한 정신의 무의식 안에 있는 '정신의 핵(精神の核)'을 파괴하면 인간은 그대로 무너져버린다는 것이 영화의 주요 스토리이다. 다음은 인간의 나약함을 공략하여 혈귀술로 최면을 거는 엔무의 대사이다.

> 자장자장, 잘 자거라. 숨 쉬는 것도 잊은 채 잘 자거라. 오니가 온대도 잘 자거라.
> ねんねんころり、こんころり。息も忘れて こんころり。鬼が来ようと こんころり。
> 이제 깨어날 일은 없을 거야.
> もう目覚めることはできないよ。

엔무는 무한열차에 탑승한 인간 및 귀살대의 정신을 지배하기 위해 '거짓 꿈'을 꾸게 하고 그 꿈속에서 깨지 않도록 한다. 엔무가 장치한 '거짓 꿈'임에도 불구하고, 그 내용이 한 사람 한 사람이 바라고 원하던

---

10) 노윤선(2021), 「일본 국민 만화 『귀멸의 칼날』의 영화 속 욱일기와 사무라이 정신」『日本文化硏究』, 第79輯, pp.104~107.

내용으로 이루어져 있어서 그 꿈은 '강력한 욕구의 집결체'로써 상징하고 있다. 탄지로는 꿈에서 가장 그리워하던 가족들과 재회한다. 젠이츠는 네즈코와 데이트를 하고 이노스케는 탄지로, 네즈코와 함께 즐겁게 탐험한다. 엔무의 주술로 귀살대는 행복한 꿈 속으로 빠져들어 현실로 돌아오지 못한다.

그림 5. 혈귀술 '강제졸도 수면·눈동자' 에 맞서는 가마도 탄지로

무한열차에 탑승한 승객과 귀살대는 이러한 강력한 욕구의 집결체인 '거짓 꿈' 속의 굴레에 갇히게 되어 깨지 않고 잠들어 버리게 된다. 탄지로는 여동생 이외의 가족들이 오니로부터 무참하게 죽임을 당했기 때문에 탄지로의 무의식에서 보이는 '강력한 욕구의 집결체'는 온 가족이 행복하게 지내는 삶인 것이다. 엔무는 '거짓 꿈' 속으로 탄지로를 갇히게 하여 잠들게 한다. 그러나 탄지로는 강제 졸도라는 주술에 걸린 순간 각성하고 자결하는 엄청난 담력을 보여준다. 엔무는 꿈을 통해 인간의 의식을 지배하고자 하지만, 꿈속에서 탄지로는 자결을 통한 각성으로 매번 현실로 돌아온다.

이처럼 탄지로의 경우에는 엔무에 의해 갇힌 꿈속은 본인이 원하고 바라던 가족과 함께 행복하게 사는 내용이었지만, 그것이 거짓임을 자각한 뒤 거짓인 꿈과 타협하지 않고 꿈속에서의 자신을 죽임으로써 '거짓 꿈'으로부터 벗어나고자 한다. 그러한 벗어나고자 한 행동이 탄지로가 '칼날'로 자신의 목을 쳐서 자결하는 모습은 수없이 영화에 그려지고 있다.

노윤선은 이러한 자결의 모습을 '사무라이 정신'과 연결시키고 있다. 작품 속에서는 이것을 '각성(覺醒)'이라는 단어로 직접 표현하고 있는데, 주인공이 '현재에 대한 각성'과 '정신적인 각성'을 해나가는 과정을 28번 가량에 걸쳐 보여주고 있는 것은 정신 영역에서 '각성'이 그만큼 중요 비중을 차지하고 있음을 의미하는 것이다. 이는 일본의 '사무라이 정신'11)에서 신체뿐만이 아니라 정신의 중요성을 강조하는 것과 같은 의미로 해석할 수 있는 것이다.

꿈과 현실의 공존은 불가능하기 때문에 꿈 속의 자아를 죽여야만 현실의 자아를 살릴 수 있는 것이다. 탄지로는 과거의 슬픔에서 현재의 책임과 헌신으로 나아간다. 엔무는 귀살대의 '정신의 핵'을 파괴하고자 하지만, 렌코쿠의 불 바다, 이노스케의 어두운 계곡, 젠이쓰의 큰 가위, 탄지로의 깨끗한 하늘과 바다라는 특이한 정신의 핵을 파괴할 수가 없다.

그림 6. 무한열차의 사람들을 잠재우는 혈귀술을 구사하는 엔무

---

11) 노윤선(2021) 앞의 논문 p.106.

엔무는 현실의 괴로움에서 벗어나 행복한 꿈에 잠기고 싶은 인간의 욕망을 이용하지만, 탄지로는 과거의 슬픔, 괴로움을 모두 간직하고 가족에 대한 믿음과 사랑으로 흔들리지 않는 것이다.

오니(鬼)와 등장인물들

일본의 오니는 상상 속의 요괴로 분류된다. 맨몸에 호랑이 가죽을 걸친, 사람의 모습과 비슷한 체형을 지니고 있으나 피부색에 빨갛거나 파랗거나 시꺼멓다. 머리에 뿔이 났으며 입, 코, 눈이 큼직큼직하고 날카로운 송곳니가 나 있다. 한국의 도깨비와 흡사하다. 이러한 모습은 이민족으로부터 얻은 것이라고 한다. 인도에서는 불교 성립 이전 베다 신화에 야차, 나찰이라는 악귀가 등장하는데 이것들이 불교에 받아들여지면서 지옥의 염라대왕 밑에서 옥졸을 하게 된다. 이것을 중국에서는 귀(鬼)라고 했는데 일본의 오니에 뿔이 나 있고 호랑이 가죽을 걸치고 있는 것은 중국의 귀(鬼)에서 온 것이라고 한다.

반면 일본의 오니는 한국의 도깨비가 무서운 존재이면서도 인간에게 부와 유머를 주는 양면성이 있는 것과는 달리 인간을 잡아먹거나 죽이는 무서운 존재로 인식되어져 있다 『이즈모 풍토기(出雲風土記)』(733)에는 눈이 하나만 달린 오니가 나타나서 농부를 잡아 죽였다는 기사가 나온다. 잡혀 죽은 농부는 "아요 아요"라고 소리쳤기 때문에 그 지방을 아요(阿欲)라고 부르게 되었다고 한다. 이 이야기가 일본의 문헌에 처음으로 등장하는 최초의 오니이다. [12] 이처럼 역사상 일본인에게서 오니는 인간의 적으로 결투의 대상으로 그려지고 있다.

---

12) 김영심(2006), 『일본영화 일본문화』, 보고사, pp.111-113.

또한 일본의 문헌에서는 오니에 대해 다양한 개념으로 설명하고 있다. 오니에 대해 민속학자 야나기타 구니오(柳田國男)는 '신의 영락한 모습'으로, 고마쓰 가즈히코(小松和彦)는 인간에게 재난이나 불행을 초래하는 존재로 정의하기도 한다. 『와묘쇼(和名抄)』에는 오니의 어원이 '오누(隠,おぬ)에서 변화한 것으로, 원래는 모습이 보이지 않는 것, 이 세상에 속하지 않는 것이라는 의미'라 정의하고 있다. 즉 오니는 인간이 이해할 수 없는 기괴하고 이상한 현상, 혹은 그런 것을 일으키는 불가사의한 힘을 가진 비일상적, 비과학적 존재를 말한다. 우리가 이해할 수 없는 것에 대한 두려움이 만들어낸 것이 오니라 하겠다. 또한 공동체에 적응하지 못하는 무리들, 공동체의 주변에 있는 사람들을 오니로 규정하기도 한다. [13]이에 반해서 한국 문화 속에서 도깨비는 풍자와 해학, 금기시와 훈육 등 다양한 대상으로 기능하지만 일본 문화 속에서 요괴는 대부분 공포의 대상이며 금기시하는 대상[14]으로 묘사된다.

오니는 죽지 않는 자라는 의미가 죽음과 삶의 경계에 머무는 자로 의미화되면서 경계인(in-between self)의 속성을 내포한다. 이러한 경계적 속성을 원작 만화 속 오니들이 함의하고 있다. 경계라고 할 때 우리는 종종 인간과 동물, 신과 인간, 안과 밖과 같은 확연한 대립 구도 사이의 구분을 떠올린다. 그러나 경계의 의미는 정상과 비정상, 수용과 위반 등 사회 규범적이나 정치적 의미상의 추상적 경계, 곧 '사이'의 개념 속에서 사유해야 한다. 이러한 '사이'의 경계성은 이율배반과 역설 등을 내포한 모호한 변경지역에 존재하는 주변적 존재들을 포함한다. [15] 일본에서는

---

13) 허영은 외(2021), 『도시의 확장과 변형』, 學古房, pp.110-111.
14) 이광형·김금숙(2021), 「설화에 나타난 일본의 오니(鬼)와 한국의 도깨비 비교 연구」『인문논총』 56권, 경남대학교 인문과학연구소, pp. 71-73.
15) 박희영(2021) 「〈귀멸의칼날〉 속 인간과 요괴의 경계 구조와 상징성 연구」『외국

애니미즘적 신앙이 있어서 인간, 동물, 식물, 인공물 등은 '신'이 될 가능성과 '오니'가 될 가능성을 동시에 지니고 있다. 이처럼 오니와 같은 존재는 신과 인간의 경계에 위치하며 모호한 중간지대를 이루기도 하지만, 보편적 세계관에서 수용 가능한 존재와 보편적 원리에서 위배된 존재로서 배척의 대상의 메타포로 그려지기도 한다.

  극장판 <귀멸의 칼날: 무한열차편>에서 등장하는 오니는 엔무와 아카자이다. 무잔의 피를 이어받은 열두 강자의 오니를 십이귀월이라고 한다. 실력과 강함의 순위는 1~6위는 상현, 7~12위는 하현으로 정해져 있다. 엔무는 하현에서 가장 강한 오니이고 아카자는 상현에서 2위로 메겨지고 있다. 다른 오니들과는 다른 특징을 가지고 있는데 그것은 인간의 욕망을 자극하는 존재로 표현된다. 엔무는 사람들에게 행복한 꿈을 꾸게 하여 그 환상에 빠져들게 한다. 아카자는 죽지 않는 삶을 살며 강력한 힘을 가질 수 있는 우월함을 내세운다. 실로 매력적이지 않을 수가 없다. 괴로움으로 가득한 현실이 모두 꿈이었다면, 하는 생각은 누구나 한 번쯤 해보지 않았을까. 엔무는 그것을 실현시킬 수 있었다. 아카자도 마찬가지였다. 늙지도 쉽게 죽지도 않는 오니의 몸이라면 얼마든지 단련하고 얼마든지 탐구하여 자신을 더욱 갈고 닦을 수 있다. 생명이 있는 존재라면 누구에게나 채워져 있는 수명이라는 족쇄를 풀 수 있다니, 이 얼마나 달콤한 제안인가. 아카자는 렌코쿠에게 다음과 같이 말한다.

> 아카자: 네가 왜 지고의 영역에 도달할 수 없는지 알려주지. 인간이기 때문이다. 늙어가기 때문이다. 죽기 때문이다. 렌코쿠 너도 오니가 되어라. 나와 함께 언제까지나 대련하며 강해지자.
> お前も鬼にならないか。なぜお前が至高の領域に踏み入れないのか、教

학연구』. Vol. No57, 중앙대학교 외국학연구소, pp. 515-532.

えてやろう。人間だからだ。老いるからだ。死ぬからだ。杏寿郎、お前も鬼になれ。私と一緒にいつまでも対戦し、強くなろう。

렌코쿠: 늙는 것도 죽는 것도 인간이라는 덧없는 생물의 아름다움이다. 늙기 때문에, 죽기 때문에 견딜 수 없이 사랑스럽고 소중한거다. 강함이라는 말은 육체에 대해서만 사용되는 말이 아니다."
老いることも死ぬことも人間という儚い生き物の美しさだ。老いるからこそ死ぬからこそ堪らなく愛おしく尊いのだ。強さというものは肉体に対してのみ使う言葉ではない。

아카자: 뼈를 깎는다는 생각으로 싸운다 해도 전부 헛수고다.
生身を削る思いで戦うとしても、すべて無駄なんだよ。

렌코쿠: 자신의 나약함이나 한심함에 무너지더라도 마음을 불태워라. 한계를 넘어라.
打ちのめされようと心を燃やせ。心を燃やせ。限界を超えろ。

렌코쿠: 내 동생 센쥬로에게는 마음이 시키는 대로, 옳다고 생각하는 길을 가라고 전해다오. 신의 나약함과 무능함이 온몸을 짓눌러도 마음을 불태워라. 자, 이를 악물고 앞으로 나아가라, 네가 발을 멈추고 몸을 웅크려도 흐르는 시간은 멈춰주지 않는다. 네 곁에서 함께 슬퍼해주지 않는다.
弟のせんじゅろうには自分の心のまま、正しいと思う道を進むように伝えて欲しい。己の弱さや不甲斐なさにどれだけ打ちのめされようと心を燃やせ。歯を食いしばって前を向け、君が足を止めて蹲っても時間の流れはとまってくれない。ともに寄り添って悲しいんではくれない。

꿈이라는 걸 깨닫고도 놓고 싶지 않을 정도로 사람의 마음은 약하다. 욕망에 솔직하고 유혹에 쉽게 끌리는 것이 인간의 본능인 것이다. 그러

나 그 약한 마음에 서로가 서로의 버팀목이 되어준다면. 본능마저 이겨
낼 정도로 사람의 마음은 강해질 수 있다는 것을 렌코쿠는 말하고 있다.
<귀멸의 칼날: 무한열차편>이 표방하는 강함이 바로 그것이고, 그 강함
을 증명하는 인물이 극장판의 주인공 역할을 하는 렌고쿠다. 아직은 미
숙한 탄지로를 보며 약자라고 조롱했던 아카자와 달리, 그는 탄지로의
무한한 가능성을 일깨워준다. 아카자에게는 "너와 나는 가치 기준이 다
르다" 라고 렌코쿠는 말한다. 아카자는 오직 자기 자신만을 중심으로
가치를 매겼지만, 렌고쿠가 생각하는 강함은 단순히 힘의 유무가 아니라
인간을 위대하게 하는 마음의 활용을 강조한다. 더불어 공생, 단결을 보
여주며, 사랑하고 아끼는 사람을 위해 자신을 헌신하며 공동체를 소중히
여긴다는 점이다.

　그렇다면 원작 『귀멸의 칼날』에서 오니는 어떠한 양상으로 그려지고
있을까. 원작 만화와 영화의 주된 스토리는 주인공 탄지로의 오니가 된
여동생 네즈코를 인간으로 되돌리기 위해 귀살대 대원들과 오니의 대립

그림 7. 무한열차의 탑승한 승객 모두를 오니로부터 구한 렌코구 교쥬로

으로 전개된다. 하지만 귀살대는 선(善), 오니는 악(惡)이라는 단순한 권선징악이라고도 선악의 대립이라고는 할 수 없다. 인간과 오니, 선과 악의 경계를 모호하게 그리고 있기 때문이다. 특히 원작에서는 대부분이 오니에 대해 왜 오니가 될 수밖에 없었는지에 대해 묘사함으로써 독자가 그들의 삶에 공감하고 연민의 정을 느끼게 하는 것이다. 이처럼 원작에서 악으로 등장하고 있는 오니는 처음부터 오니가 아니었다. 인간이었던 시절이 있었고 그 시절에 대한 아픈 사연들은 독자들에게 깊은 감동을 준다.

처음 오니가 된 기부쓰지 무잔은 병약한 체로 태어났고 치료를 위해 의사가 투약한 것이 원인이 되어 오니로 변하였다. 치료 도중에 의사를 살해한 무잔은 갑자기 '햇빛 아래에서 걸어 다닐 수 없게 된' 자신의 한계를 극복하기 위해 동료를 늘려나간다. 무잔은 세상에 수많은 죽음을 몰고 오고 혈연관계에 있던 우부야시키(産屋敷) 가문에 '단명'의 저주를 내렸다. 이러한 무잔의 위협과 저주를 풀기 위해 귀살대가 결성된다. 귀살대의 대원이 되어 목숨을 걸고 무잔에 맞서는 대부분의 인간은 가족이나 소중한 존재를 오니에게 잃은 경험을 갖고 있다. 무잔은 '햇빛을 극복한 존재'가 되는 것, 귀살대는 '무잔의 소멸'이 원작 『귀멸의 칼날』의 기본 이야기의 구성인 것이다. 이러한 구성은 '해'와 '달'의 대립 장치를 통해 전체 이야기를 관통한다. 무잔은 '햇빛 아래에서 걸을 수 없는 존재'이고 이는 마치 유전자가 유전되듯이 모든 오니의 약점이 된다. 물리적인 공격을 받아도 어떠한 상황에서든 재생해 내는 능력을 가진 오니들의 육체가 햇빛에 닿으면 그 능력을 잃는다.[16]

귀살대에게 최대의 무기는 햇빛이다. 귀살대가 극한의 상황에서 수행

---

16) 박이진·김병진(2021), 앞의 논문, pp.144-147.

하고 검술을 단련하는 이유는 오니와의 싸움에서 오니를 '햇빛에 노출시키기' 위한 시간벌기에 가깝다. 이를 잘 보여주는 상징적인 무기가 귀살대의 니치린도(日輪刀)이다. 니치린도는 태양에 가장 가까운 곳이자 일년 내내 햇빛이 비치는 요코산(陽光山)의 광석으로 만든다. 햇빛을 충분히 받아 그 에너지를 머금고 있는 광석을 원재료로 만든 검만이 오니에게 치명타를 입히고 재생 능력을 막을 수 있다. 원작에서는 다음과 같이 니치린도와 오니에 대해 묘사하고 있다.

> (오니는) 경이로운 생명력으로 팔다리가 부러져도 배에 구멍이 뚫려도 금방 재생해요. 약점은 니치린도라고 하는 특수한 칼만으로 처치할 수 있는데 그것조차도 목을 베지 않으면 죽지 않아요. (도미오카기유외전·전편)
> (鬼は) 驚異的な生命力で手足が捥げても腹に穴が空いてもすぐに再生します。弱点は日輪刀という特殊な刀のみそれすら頸を刎ねなければ死に至ません。(冨岡義勇外伝·前編)
> 니치린도의 원료가 되는 사철과 광석은 태양과 가장 가까운 산에서 난다. '진홍사철' '진홍광석' 햇볕을 흡수하는 철이지. 요코산은 한해 내내 해가 비치는 산이다. 구름도 끼지 않고 비도 내리지 않지.(9화)
> 日輪刀の原料である砂鉄と鉱石は太陽に1番近い山でとれる.。「猩々砂鉄」「猩々鉱石」陽の光を吸収する鉄だ。陽光山は一年中陽が射している山だ曇らないし雨も降らない。(9話)

막강한 괴력을 가진 오니를 무찌르는 것은 검만으로 역부족이고 나름의 '호흡'을 터득해야 한다. <귀멸의 칼날: 무한열차편>의 주인공인 렌고쿠는 '불꽃 호흡(炎の呼吸)'을 사용하는 '염주(炎柱)'이며, '호흡'으로 신체와 정신을 단련해 온 인물이다. 영화 속 '호흡'은 '전집중(全集中)의 호흡'으로, 일본 내에서는 작품의 인기와 함께 이러한 '호흡'에 대한 관심도 급상승하였다. 실제로 이와 유사한 '장수 호흡법(長生き呼吸法)'을 제창한 의학 교수에게 문의가 잇따랐다고 한다.[17] 렌고쿠의 '불꽃의 호흡(炎の呼吸)'을 상징하는 '불꽃(炎)'은 작품 곳곳에 장치되어 있는데, 외적인 머리 모양도 그러하며 극장판의 주요 소재인 '정신과 무의식'에서 렌고쿠의 무의식 영역으로 '불꽃(炎)'이 가득 차 있음을 확인할 수 있다. 다음은 기둥인 '주(柱)'로서 '위엄'과 '불꽃 호흡'에 대한 렌고쿠의 대사이다.

> '태양의 호흡'은 그것은 '시작의 호흡' 제일 처음 태어난 호흡, 최강의 기술. 그리고 모든 호흡은 '태양의 호흡'의 파생! 모든 호흡은 '태양의 호흡'을 따라한 것에 불과하다.
> 「日の呼吸」は、あれは！「始まりの呼吸」1番初めに生まれた呼吸、最強の御技そして全ての呼吸は「日の呼吸」の派生! 全ての呼吸は日の呼吸の後追いにすぎない。
>
> 탄지로, 호흡이다. 숨을 가다듬고 해가 되거라.
> 炭治郎、呼吸だ。息を整えてヒノカミ様になりきるんだ。
>
> 나는 나의 책무를 완수한다! 여기에 있는 사람은 아무도 죽지 않아! 마음을 불태워라! 가마도 소년, 맷돼지 소년, 노랑머리 소년, 더욱 성장해라! 그리고 다음에는 너희들이 귀살대를 지탱하는 기둥이 될 것이다. 나는 너희들을 믿는다.
> 俺は俺の責務を全うする！ここにいる者は誰も死なせない！心を燃やせ。竈門少年 猪頭少年 黄色い少年、もっともっと成長しろ。そして今度は君たちが鬼殺隊を支える柱となるのだ。俺は信じる君たちを信じる。

렌고쿠의 의지는 탄지로에게 전해져, 어려운 순간마다 그의 마음에

---

17) 林弘幸(2020),「特集鬼滅の刃 の全集中に学ぶ長生き呼吸法」『週刊新潮』, 65 (43), 新潮社, pp.42-45.

불을 지피고 그를 더욱 강하게 성장시킨 것이다. 렌고쿠는 자신의 호흡 기술과 정신력을 탄지로에게 전수해 주며, 후배를 살리기 위해서 자신의 목숨을 바치며, 귀살대의 후배들과 무한열차의 승객들이 단 한 명도 죽지 않은 사실에 행복해한다. 렌고쿠는 인간을 죽이는 오니를 멸(滅)하여 내일의 세상을 더 나은 세상으로 만들고자 했던 그의 꿈은 이제 다음 세대에게 남겨졌다. 그는 인간으로 남았기 때문에 죽었지만 그는 무엇이 명예이고 무엇이 긍지인지를 보여준다. 더 나은 미래에 대한 믿음을 끝까지 놓지 않았던, 렌고쿠와 같은 인간을 통해 문명은 지금껏 진보해왔다. 인간은 위대함과 한계를 제 한 몸으로 온통 떠안고 살아가는 존재인 것이다. 그러나 인간의 최대 한계인 늙음과 죽음이라는 필멸의 운명을 극복한 오니는 한계가 없으되 위대함도 없다. 귀살대의 정신적 지주인 렌고쿠는 후세대들을 향한 무한 신뢰를 보여주고 있다. 강한 자가 약자를 지켜내는 사명감이 영화 속에서 강렬하게 부각되고 있는 것이다.

한편으로 과거 인간 시절의 에피소드로 인해 독자들에게 가장 많은 동정을 받는 오니가 있다. <귀멸의 칼날: 무한열차편>의 아카자(猗窩座)이다. 아카자는 인간 시절이였을 때 가난한 살림으로 아버지의 약을 구하기 위해 소매치기를 하게 되고, 능숙하지 못했던 탓에 어른들에게 잡혀가 고문에 가까운 처벌을 받았다. 결국 아들의 범죄가 자신 때문이라고 생각한 아버지는 목을 매고 자살해 버리고 '가난하게 사는 것조차 허용되지 않는 세상'에 대한 원망을 품게 된 아카자는 방황하게 된다.

그러다 아카자는 고유키(恋雪)라는 자신의 아버지와 비슷하게 병을 앓는 소녀를 돌보게 되면서 열심히 수련하게 된다. 그러나 결국 검술 도장의 라이벌이 우물에 독을 타고 이를 마신 소녀가 죽어 버린다. 평생 그녀를 지켜주겠다는 약속을 지키지 못한 아카자는 과거 아버지에 대한 죄책감이 오버랩되며 극노하고 라이벌 도장의 문하생 67명을 비롯해 독

을 탄 사람들을 모두 죽인다. 그런 후 무잔이 찾아와 오니가 되었다. 약
육강식의 사고방식에 갇혀 약자를 무시하고 '강함'만을 추구하는 듯한
아카자는 식인을 선호하지 않고 성실함과 진지한 태도를 지닌 오니이
다.[18] 대부분의 오니는 대량의 식인을 통해 힘을 키우는 데 반해 아카자
의 식인은 생존을 위한 최소한의 방식일 뿐 오로지 단련을 통해 힘을
키운다. 이러한 특성이 '진정한 강함이란 무엇인가'에 대해 질문함은 물
론이고 소중한 무엇인가를 지키기 위해 오로지 육체적, 물리적으로 강해
져야 한다는 강박관념을 갖게 된 아카자의 과거를 통해 인간사회의 비정
함을 되돌아보게 한다.

　귀살대의 인물인 노랑머리 아가쓰마 젠이쓰(我妻 善逸)는 평소에 겁
이 많고 소심하고 유약한 성격의 소유자임이 부각되지만 잠이 들면 무서
운 능력이 발휘된다. 번개 호흡을 사용하며 겁쟁이 성향이라 과소평가

그림 8. 절대적인 힘을 자랑하는 오니 아카자

---

18) 박이진·김병진(2021), 앞의 논문, p.146.

되지만 엄청난 전투력을 보여준다. 청력이 우수하여 독특한 소리를 감지하여 오니의 위치를 알아낸다. 심각한 겁쟁이긴 하지만 동시에 기본적으로 이름에 착할 선(善)이 들어갈 정도로 굉장히 선하고 책임감 있는 성격으로, 이런 부류의 흔한 캐릭터들과는 달리 허세를 전혀 부리지 않으며, 겁을 먹는다고 해도 사람들의 목숨이 걸린 일에는 절대 도망치지 않는다. 오니와 전투하는 사건마다 무섭다고 떼를 쓴 적은 있어도 싸움을 포기하거나 도망친 적은 단 한 번도 없다. 약자를 방패 삼거나 약자에게 폭력을 휘두르는 등의 저열한 짓도 보이지 않는 캐릭터로 그려진다.

하시비라 이노스케(嘴平 伊之助)는 생존을 위해 산속에서 만들어낸 자신의 독자적인 짐승의 호흡을 쓴다. 그의 능력은 탄지로나 다른 귀살대 인물들처럼 하나의 검이 아닌 이도류를 사용하여 뛰어난 반사신경을 보여준다. 엄청난 근육질 몸매를 자랑하며 늘 윗옷을 벗은 채로 다니며 멧돼지 가면을 쓰고 다닌다. 산에서 야생으로 자란 이노스케는 몸이 상당히 유연한데 팔을 자유롭게 탈부착 가능하며 엽기적인 자세로 치명적인 상처를 피하는 모습을 영화에서 강렬하게 보여준다. 귀살대 동기인 젠이

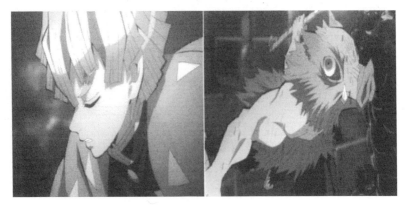

그림 9. 아가쓰마 젠이쓰(좌)와 하시비라 이노스케(우)

쓰와 탄지로와 함께 오니와의 여러 전투를 겪으며 점점 전략적으로 생각할 줄 알게 되며 성장해가는 모습을 보여주는 인물이라고 할 수 있다.

원작의 주요 핵심 내용 자체가 인간에서 오니로 된 네즈코를 다시 인간으로 되돌리는 것이 주인공 탄지로의 목표였고, 그 목표는 서사의 진행과 더불어 네즈코를 오니로 만든 무잔에 대한 복수, 나아가 인간과 오니의 대립에서 퇴치로까지 확장되는 형태로 전개되어 간다. 이처럼 전체 스토리에서 네즈코는 서브 주인공이지만 사건의 난초와 목표가 되는 중요한 역할을 맡고 있다고 볼 수 있다.

네즈코는 처음에는 오빠인 탄지로를 공격하지만 탄지로의 사랑, 가족의 사랑을 기억하고 내적 갈등을 하게 된다. 이때 귀살대 기유를 만나게 되고, 그의 추천으로 탄지로의 첫 번째 스승 사콘지를 만난다. 사콘지는 '인간을 네 가족으로 여기고 그들을 지키라'는 암시를 네즈코에게 주입시키고, 그로 인하여 네즈코는 오빠와 인간을 보호해야 한다는 사명으로 오니의 특징인 흡혈을 억제할 줄 알게 된다. 낮에는 오빠인 탄지로가 가방에 넣어 메고 다니며 그 안에서 자는데 오니의 특징 중 하나인 햇빛을 볼 수 없기 때문이다. 밤에는 깨어 있지만 다른 사람을 오니로 만들 수 없도록 입에 대나무 재갈을 물고 있다. 탄지로가 오니와의 싸움에서 위험에 처하면 가방에서 나와 도와준다. 이러한 네즈코의 행동을 보고 렌고쿠는 다음과 같이 말한다.

> 가마도 소년, 나는 너의 동생을 믿는다. 귀살대의 일원으로 인정하마
> 기차 안에서 그 소녀가 피를 흘려가며 인간을 지키는 것을 보았다.
> 생명을 걸고 오니와 싸우며 사람을 지키는 자는 누가 뭐라 해도 귀살대의 일원이다.
> 竈門少年、俺は君の妹を信じる。鬼殺隊の一員として認める。
> 汽車の中であの少女が血を流しながら人間を守るのを見た。

命をかけて鬼と戦い人を守る者は 誰が何と言おうと鬼殺隊の一員だ 。

고마쓰 가즈히코에 따르면 "인간 스스로의 욕망, 질투, 증오 등의 마음의 독이 쌓이면 인간이 오니로 변하게 된다고 보면서, '인간이 오니가 되는 것'은 인간의 내면의 모습이 외면에 나타난 것으로 질서, 도덕을 무너뜨리고 반사회적 행위나 질서를 해하는 경우 인간은 오니라는 이미 지화되어 사회에서 말살되거나 추방되어 공동체에서 더 이상 살 수 없는 비인간들이 오니가 된 것"[19] 으로 보고 있다. 이러한 맥락에서 인간이 오니가 되는 것은 약간의 차이는 있지만 모두 공동체에 해를 가하는 반사회적인 성격을 띠는 측면을 지적할 수 있다.

그림 10. 가마도 탄지로의 여동생 네즈코

네즈코가 오니가 된 것은 전형적으로 오니가 된 인간과는 대비되는 형태로 작품에서 그려지고 있다. 네즈코는 식인을 견뎌내기 위하여 오랜

---

19) 고마쓰 가즈히코(2009), 『일본의 요괴연구』, 민속원, pp.40-52.

기간 잠들기도 하고, 때로는 귀살대들 앞에서 '식인성'을 시험당하고 견
디내기도 하면서, 수많은 인간들에게 도움을 주고 구해준다. 네즈코의
이와 같은 행위 속에서 다른 요괴화된 인간들과의 변별성을 획득할 수가
있었다. 또한 이를 바탕으로 작품 속의 '네즈코의 요괴성'을 유추해 보면
'네즈코의 요괴화'는 '오니가 된 네즈코의 인간성 회복'을 암시하고 있는
좋은 복선이자 설정이라 보아도 무방할 것이다.[20] 인생이 힘겹다고 모두
오니가 되지는 않는다. 네즈코는 이유도 모르고 오니가 되었지만 기혹한
삶에서 벗어나려고 부단히 노력한다. 귀살대원들도 오니들 못지않은 원
한과 슬픔을 안고 있지만 개인의 복수를 넘어 세상을 지킨다. 네즈코는
오니가 됐을지언정 인간을 잡아먹지 않고 인간을 지키는 것이다. 이러한
맥락에서 작품 속의 '오니 이야기'가 우리에게 전하는 많은 메세지 중에
서 가장 중요하게 여겨지는 주제는 '인간성의 회복'이 라고 할 수 있다.

　서곡숙에 의하면 〈귀멸의 칼날: 무한열차편〉은 오니와 귀살대의 대결
을 통해 경제적 인간과 생태적 인간의 대비를 잘 보여준다[21]고 주장한
다. 첫째, 경제적 인간 오니와 생태적 인간 염주를 대비시킨다. 오니는
소유, 이익, 공격을 보여주며, 타인을 자신의 이익을 위한 수단으로 여긴
다는 점에서 경제적 인간을 대변한다. 오니는 자신의 힘을 강하게 하기
위해서 사람들을 잡아먹으며, 사람들의 죽음을 담보로 힘을 키우고 몸의
자생력과 생명력을 유지한다. 반면에, 귀살대는 단결, 희생, 공생을 보여
주며, 사랑하고 아끼는 사람을 위해 자신을 희생한다는 점에서 생태적
인간을 대변한다. 특히, 염주는 자신의 호흡 기술과 정신력을 탄지로에

20) 박희영(2021), 전게논문, p.526.
21) 서곡숙(2021), 「서곡숙의 문화톡톡」 〈극장판 귀멸의 칼날: 무한열차편〉 - 달콤
　　한 악몽과 괴로운 현실을 서사성과 서정성의 조화로 그려내기」, 르몽드디플로
　　마티크, http://www.ilemonde.com(검색일: 2022.2.15.)

게 전수해 주며, 후배를 살리기 위해서 자신의 목숨을 바치며, 자신이 죽어가는 와중에 후배들과 200명 승객들이 단 한 명도 죽지 않은 사실에 행복해한다.

둘째, 오니와 귀살대 모두 정신과 육체의 합일을 보여준다. 꿈과 현실을 혼동시키려는 엔무의 공격에 대응하여 탄지로는 자결에 의한 각성으로 맞서고, 탄지로와 이노스케의 협공이 엔무를 소멸시킨다. 혈귀는 행복한 꿈을 꾸고 싶은 인간의 욕망을 이용하여 정신과 육체를 파괴한다. 이에 탄지로는 자결이라는 각성의 조건을 재빠르게 파악하여 현실로 돌아온다. 이것은 자신의 죽음을 통해 각성하며 꿈에서의 자신을 버려야 현실로 돌아온다는 것을 깨달으며, 정신의 강인함이 육체의 강인함으로 이어진다는 것을 강조한다. 강하다는 것은 결국 서로 배려하는 유대관계, 타인을 위해 희생할 줄 아는 이타적인 마음에 있다는 것을 <귀멸의 칼날: 무한열차편>에서는 분명히 드러내고 있다고 생각된다.

〈귀멸의 칼날: 무한열차편〉의 흥행요인

일본 애니메이션 <귀멸의 칼날>이 미국과 캐나다 등 북미 영화관 개봉 2주차를 맞아 박스 오피스 1위를 차지했다. 2021년 5월 3일 미국 연예 매체 버라이어티 등에 따르면 <귀멸의 칼날: 무한열차편>은 4월 30일부터 사흘간 북미 개봉관에서 640만달러 티켓 판매를 기록해 게임 원작의 액션 영화 '모탈 컴뱃'(620만달러)을 제치고 1위에 올랐다. 이 애니메이션은 지난달 23일 북미 극장가에서 <데몬 슬레이어(demon slayer)>라는 제목으로 개봉했다. 박스오피스 집계 사이트 모조에 따르면 <귀멸의 칼날>은 북미 시장에서 현재까지 3천411만달러 누적 티켓 매출을 올려 역대 일본 애니메이션 중 흥행 3위에 올랐다. 기존 3위는 2018년 개봉한

〈드래곤볼 슈퍼: 브로리〉 (3천71만달러)이다. 역대 1위는 〈포켓몬스터: 뮤츠의 역습〉 (1998년·8천574만달러), 2위는 〈포켓몬 더 무비 2000〉 (1999년·4천375만달러)이다.[22]

한편으로 일본에서는 2020년 10월 16일에 전국 430개 영화관에서 개봉한 애니메이션 영화 〈귀멸의 칼날: 무한 열차편〉을 개봉 첫날부터 10일간 대략 800만 명이 관람해 100억 엔의 흥행수입을 올렸다는 사실이 발표되었다. 역대 1위의 흥행수입 308억 엔의 기록을 가진 〈센과 치히로의 행방불명(千と千尋の神隠し)〉이 100억 엔을 넘긴 것은 개봉한 지 25일 후이므로 그 기록을 크게 갱신했다. 20021년에는 〈귀멸의 칼날: 유곽편(鬼滅の刃: 遊郭編)〉 이 TV 애니메이션으로 방영되었으며 게임 앱뿐만 아니라 플레이스테이션 전용인 게임과 함께 외전 만화, 화집 등의 콘텐츠로도 선보였다. 영화 〈귀멸의 칼날: 무한열차편〉 흥행의 놀라운 점은 사전 정보 없이 원작 만화나 TV 시리즈를 보지 않으면 등장인물과 스토리를 이해하기 어려운 중간 부분에 해당한다는 것(원작 7권~8권을 내용을 담음)과 코로나19로 인해 스가 총리가 긴급명령까지 내린 상황 속에서도 관객 동원이 이뤄져 신기록을 세웠다는 것이다. 이로 인해 영화 〈귀멸의 칼날: 무한열차편〉은 각종 할리우드 영화들을 제치고 애니메이션으론 최고 순위인 2020년 전 세계 흥행 수익 5위에 오르는 기염을 토한다.

이와 같은 『귀멸의 칼날』의 흥행요인을 하혜주(2021)[23]는 다음 네 가

---

22) 정요섭(2021), 「일본 애니 '귀멸의 칼날', 북미 개봉 2주차 박스오피스 1위」. 연합뉴스, https://www.yna.co.kr/view/AKR20210504005400075?input=1195m(검색일: 2022..02.13)

23) 하혜주(2021), 「언택트 시대, 극장판 『귀멸의 칼날: 무한열차편』의 흥행요인 연구 —일본에서의 흥행성과 분석을 중심으로—」『일본문화학보』, 한국일본문화

지 요인으로 고찰하고 있다.

첫째, 공감스토리와 연출이다. 『귀멸의 칼날』 원작과 영화는 주인공 탄지로의 가족을 덮친 오니의 관점에서 그들이 지나온 과거, 인간이었을 때의 가족 이야기에도 초점을 맞추고 있다. 즉, 주인공 탄지로의 가족애 (愛)뿐만 아니라 오니들의 가족애도 그리고 있다. 원작과 영화 모두 오니를 결코 악으로 단정하지는 않는다. 오니들은 소멸 직전, 인간이었던 시절의 기억을 되찾고 부모의 사랑을 깨닫는다. 이는 가족애가 인간에게만 있는 것이 아니라 오니에게도 존재한다는 사실을 보여주는 것이다. 이처럼 『귀멸의 칼날』 원작과 영화는 보편적인 가족애를 그리면서도, 그 다양성을 생각하게 해준다.

둘째, 팬덤의 형성과 확대이다. 원작 만화는 출판 불황 속에서도 극장판 개봉 직전까지 350만부가 발매될 정도로 많은 팬을 보유한 만화이다. 그러나 『귀멸의 칼날』의 인기가 급증한 것은 2019년 4월, TV 드라마 『귀멸의 칼날』이 방송되고부터이다. TV 드라마 『귀멸의 칼날』은 원작 1권부터 7권까지를 영상화한 것으로 2019년 4월에서 9월까지 텔레비전에서 방영되었다. TV 드라마 <귀멸의 칼날> 방송 장면에 가족이 참살당하는 잔인한 장면 등이 포함되어 있어, 어린 아이들이 시청할 수 있는 시간대를 피한 전략과 스토리에 대한 몰입도를 확대하기 위해 광고 방송마저 제외했다는 점에서도 넓은 팬층을 확보했다고 한다. 따라서 원작의 독자와 드라마 <귀멸의 칼날>의 시청자들에 의해 형성된 팬덤의 후광효과(halo effect) 영향이 크다고 할 수 있다. 원작 『귀멸의 칼날』에 대한 좋은 태도가 드라마 <귀멸의 칼날>에 대한 좋은 평가로 연결되고, 이는 다시 극장판 <귀멸의 칼날: 무한열차편> 흥행에 긍정적인 영향을 미친

학회, pp.21-42.

그림 11. 가지우라 유키와 시이나 고(좌) / LiSA, 리사(우)

것으로 추론하고 있다.

셋째, SNS를 통한 구전의 확산이다. 『귀멸의 칼날』 공식 트위터 계정 @kimetsu_off는 2016년 11월 개설되었으며, 트위터의 팔로워 수는 2019년 4월 10만, 39) 2020년 1월 100만, 같은 해 8월 160만, 2021년 8월 현재, 231만에 달한다. 이는 같은 기간의 『진격의 거인』(@anime_shingeki) 약 116만명, 『원피스(ワンピース)』(@Eiichiro_Staff)의 약 89만을 훨씬 상회하는 것이다. 영화 공개(2020. 10.16.) 후의 트윗 수가 공개 전과 대비해서 3.7배 증가한 것을 알 수 있다. 그리고 영화 공개 전후 2개월간의 트윗 수(5,654,030)가 2019년 트윗 수를 상회하는 것으로 나타나 영화 공개가 큰 화제가 되었음을 알 수 있다. 여기서 주목해야 할 부분은 『귀멸의 칼날』 트위터의 팔로워 수 및 트윗 수의 증가가 COVID-19 사태 속에서 이루어졌다는 것이다. 이러한 온라인 구전의 확산에는 유명 정치인과 연예인 등 인플루언서의 영향이 컸을 것으로 판단하고 있다.

넷째, 스마트미디어 환경에서 다양한 단말기를 통해 동영상 미디어 콘텐츠를 이용할 수 있는 대표적인 서비스는 온라인 동영상 서비스 즉, OTT(Over The Top, 이하 OTT)이다. 이러한 미디어 환경의 변화는 『귀멸의 칼날』흥행에도 많은 영향을 미치었다. 즉, OTT가『귀멸의 칼날』의 붐을 가속화시킨 것이다.『귀멸의 칼날』은 시청자와의 접점을 만들기 위해 지상파 방송 20국과의 제휴는 물론 넷플릭스와 Amazon 프라임 등 온라인 동영상 서비스사 20개와 제휴했다. 연간 시청자 수 랭킹 1위를 기록했다. 같은 미디어 환경 속에서 OTT 이용자 증가는 극장판『귀멸의 칼날』의 화제성을 확대하고 후속 이야기에 대한 기대를 증가시키는 효과를 가져온 것이다. 그리고 이러한 환경 속에서 극장판『귀멸의 칼날』공개가 이루어져 성공적인 성과를 거둘 수 있었던 것이다. 이는 전략적인 미디어 믹스(mediamix)의 결과라고 판단하고 있다.

그러나 이상과 같은 요인만이『귀멸의 칼날』의 성공요인이라고 단정할 수는 없다. 영화 음악도 한몫을 하였다고 평가할 수 있다. 또한 일본의 가수 리사(LiSA)가 부른 주제가와 유명 성우들의 기용도 영화 흥행에 영향을 미치었다는 미디어 분석도 있다. 작곡가이자 음악 프로듀서이며 애니메이션 노래에 특히 활약하고 있는 가지우라 유키(梶浦由記)와 작곡자이자 편곡가이며 게임 음악, 연극, 애니메이션 노래 분야에서 활동하고 있는 시이나 고(椎名豪)는 TV 애니메이션에 이어 공동으로 <귀멸의 칼날: 무한열차편>의 음악을 담당하였다.

가지우라 유키는 TV판 엔딩곡과 주요한 5개의 테마곡, 극장판 주제가만 손댔고, 전반적인 작품의 BGM 설계는 시이나 고가 전적으로 도맡았다. 하지만 애니의 얼굴이라 할 수 있는 OP/ED의 중요성과 그간 가지우라 유키가 이뤄낸 엄청난 업적과 경력에 비춰본다면 이 테마들의 영향력도 만만히 볼 수 없다. 대중음악으로 시작했던 이력답게 가지우라 유키는 2002년 <기동전사 건담 SEED>와 2004년 <기동전사 건담 SEED DESTINY>의 노래들을 맡아 성공을 거둔 이래 여성 보컬들과 좋은 궁합을 보이며 수많은 주제가들을 완성해냈다. 그리고 영화 <귀멸의 칼날:

무한열차편〉에서도 가수 LiSA와 다시 호흡을 맞춰 '불꽃(炎)'을 선보였다. '홍련화'로 2019년 오리콘 차트와 빌보드 재팬에서 최고 순위를 기록하고 처음 홍백가합전에도 출전하는 등 생애 최고의 한해를 보냈던 LiSA는 '불꽃'으로 오리콘차트 7관왕에, 트리플 플래티넘, 제62회 일본 레코드 대상을 수상하며 『귀멸의 칼날』이 낳은 가장 큰 수혜를 입으며 LiSA는 일반 대중에게도 유명한 가수로 거듭났다.24)

가지우라 유키와 LiSA 듀오의 역대급 활약에 가려진 면이 있지만, 시이나 고가 담당한 압도적인 카리스마를 자랑하는 애니메이션 음악은 바로 〈귀멸의 칼날〉의 백미다. 유포테이블과는 자신이 음악을 맡은 게임을 애니화 했던 인연으로 돈독한 교류를 이어왔는데, 〈귀멸의 칼날〉에 이르러서 웅장한 스케일과 화려한 액션, 가슴을 먹먹하게 만드는 애절한 감수성에 최적화된 스코어를 적시적소에 뽑아내며 만개된 솜씨를 펼쳐 보인다. 다이쇼라는 시대극적인 배경과 오니와 대결이라는 판타지 및 괴기적 요소, 배틀물의 정석을 들고 온 성장담 등 모든 요소를 아우른 음악은 가히 모든 감정을 흡수하고 모든 비주얼을 커버한다. 〈귀멸의 칼날: 무한열차편〉에서는 가지우라 유키가 주제가와 그 어레인지 곡을 담당했고 시이나가 극중의 BGM을 다루었다. 배경 음악 제작의 방향성에 대해 시이나는 "모든 장면에 걸쳐 음악의 고조에 신경을 썼다"고 밝혔다. 특히 꿈이나 열차 안 등 공간마다 다른 소리의 표현에도 공을 들였다고 말한다. 극장판을 돋보이게 만드는 음악은 어떻게 탄생하게 되었을까?

다음은 음악 제작의 이면에 대해 가지우라 유키와 시이나 고에게 인터뷰를 한 내용25)이다.

---

24) 씨네플레이(2021), 「일본 역대 흥행사를 바꿔버린 〈귀멸의 칼날〉 음악」. https://blog.naver.com/cine_play/222230083980(검색일: 2022.2.13)

시이나: "영화의 길이는 약 2시간이기 때문에 고조의 피크가 약 30분인 TV 애니메이션과는 다릅니다. 어느 부분을 고조시키고 어느 부분을 잔잔하게 할지 등등 영화이기 때문에 할 수 있는 긴박한 장면의 변천을 의식하며 음악을 만들었습니다. 꿈 장면에서는 공기 저항에 의해 소리가 흐릿한 것처럼 들리는 효과를 넣었습니다. 윤곽을 두드러지게 하는 것으로, 꿈 특유의 푹신한 분위기를 내고 싶었지요. 또 열차가 무대이므로 한번 타면 나올 수 없는 폐쇄감이나, 레일 위를 달려가는 감각을 소리에서도 표현하고 있습니다. 예를 들면 열차의 도르래 소리를 이미지 한 리듬. 영화관에는 5.1 서라운드 음향 설비가 있기 때문에 마치 밴드처럼 드럼 소리가 극장 내에 웅장하게 들립니다. 관객분들도 귀살대와 함께 열차를 타고 있는 것 같은 감각을 맛봐 주셨으면 합니다."

무한열차의 액션 장면뿐만 아니라 장면마다 완급조절을 효과적으로 이루어 낸 배경음악도 관객에게 큰 호평을 받았다. <귀멸의 칼날: 무한열차편>의 배경음악 제작자인 시이나 고는 극장판만의 특징을 효과적으로 돋보이게 하였다. 2시간 동안 상영되는 작품의 길이를 고려하여 어떠한 장면에 긴박한 배경음악을 넣고 어떠한 장면에 잔잔한 배경음악을 넣어야 할지 등 장면의 전환에 신경을 썼다고 한다. 또한 장면의 공간 소리에도 공을 들였다. 꿈속 장면에는 흐릿하고 푹신한 느낌을, 영화의 주제인 열차가 달려가는 장면에는 열차의 웅장함을 부각시키기 위해 드럼 소리로 효과를 내어 관객에게 열차에 타는 듯한 감각을 느끼게 해주었다.

가지우라 유키는 일본의 여성 가수이자 작사가인 LISA와의 주제가 가사를 공동 제작하는 등의 새로운 시도도 보였다. 극장판의 주제가 '불꽃

---

25) 鬼滅の刃 無限列車編」感動を誘う"音楽の仕掛け"とは？ LiSA「炎」誕生秘話も梶浦由記×椎名豪【インタビュー】, https://animeanime.jp/article/2020/11/13/57606.html(검색일:2022.2.8.)

(炎: ほむら)' 작업에 관여한 가지우라 유키에 따르면 LISA의 악곡에 대한 방향성은 제작 전부터 명확하게 정해져 있었다고 한다. '불꽃'의 가사는 LiSA와의 공동제작으로 제작 과정은 가지우라 유키가 쓴 가사에 LiSA가 코멘트를 더해갔다. "공동제작이었기 때문에 아주 좋은 가사가 되었다"라고 가지우라는 밝히고 있다. 처음에는 아픔이 전면에 나오는 가사를 썼었다고 한다. 다음은 그 과정에 대한 이야기로 인터뷰에서 자세히 공개하고 있다.

> 가지우라: 각본을 읽은 후에 곡조는 미들 발라드 밖에 없다고 만장 일치로 정해졌습니다. 첫 시작은 화려한 소리가 아닌 이야기에 가까이 다가가듯이 조용히 시작됩니다. 작품에서 전해지는 카타르시스와 앞으로 향하는 힘, 어느 쪽도 곡 안에 담을 수 있도록 이미지를 굳혀 갔습니다. 가사 제작에서는 제가 쓴 것을 LiSA 씨에게 건네 드렸습니다. LiSA 씨가 손 봐주신 덕분에 아픈 감정의 표현뿐만 아니라 앞으로 나아가는 마음도 표현할 수 있었다고 생각합니다. 제가 처음에 쓴 가사에는 '아픔'이 강하게 표현했는데 그 이유는 이야기를 읽을 때에 '힘들어, 괴로워'라고 생각해 버렸기 때문에, 아픔이나 슬픔이 짙게 나타난 것이죠. 『귀멸의 칼날』은 주인공 탄지로가 성장해가는 미래를 향해 앞으로 나아가는 가사 쪽이 좋다고 머리로만 이해했는데 가사 표현에서 LiSA 씨가 앞으로 전진하는 마음가짐이나 에너지를 실어주셔서 고마웠습니다. 『귀멸의 칼날』에 대한 LiSA 씨의 깊은 애정과 해석에 자극을 받았습니다."

가지우라가 LiSA에게 경의를 표하고 있는 것은 작사에 대한 자세뿐만이 아니다. '불꽃'의 가사를 채워나가면서 가이드곡을 수록하고 있을 때에도 가수로서의 능력을 느꼈다고 한다. 그리고 원래부터 LiSA 씨는 능력 있는 가수라고 생각하고 있었지만 실제로 함께 작업해보니 노래하는 자세가 훌륭하다고 가지우라 유키는 평가하고 있다.

일본 영화의 대대적인 기록을 세운 <귀멸의 칼날: 무한열차편> 의 주제가인 '불꽃'은 음악 업계에 수많은 기록을 세운 명곡이 되었다. Bill-board JAPAN에서 6부문, 오리콘 차트에서도 6부문에서 1위를 차지했고 일본 레코드 협회에서는 플래티넘 디스크로 인정받았고 제62회 일본 레코드 대상에서 대상을 수상했다. 스트리밍 차트에서는 가장 빠른 2억회 재생을 돌파하는 등 대성공을 거두었다. '불꽃'이 대성공을 거둔 이유 중 하나는 영화의 주인공 탄지로와 렌고쿠와의 만남과 슬픈 이별의 이야기가 가사에 들어있었기 때문이다. 가사를 듣는 것만으로도 영화를 보았을 때의 여운과 감동이 강하게 다시 느껴진다는 사람도 많다. 미들 발라드의 잔잔하고 조용하게 시작되는 이 곡은 작품이 전하는 카타르시스와 주인공의 앞으로 나아가려는 의지가 동시에 전해지는 것이다.

처음 가지우라 유키가 가사로 담았던 내용은 '아픔'이 강하게 느껴졌지만 LISA가 의견을 더하여 앞으로 전진하려는 마음가짐의 에너지가 가사에 실린 것이다. <귀멸의 칼날: 무한열차편>은 원작 7~8권의 내용을 바탕으로 하는데 LISA는 극장판의 스토리를 가장 좋아했다고 말한다. LISA는 작품에 대한 깊은 애정을 담은 코멘트의 가사와 노래가 영화에 딱 맞는 주제곡 '불꽃'을 만들어낸 것이다.

다음은 LiSA가 부른 '무한열차편'의 주제곡 '불꽃' 의 가사이다.

> '잘 가' '고마워' 라고 목청껏 외쳤어
> 슬픔보다 더 중요한 걸
> 떠나가는 뒷모습에 전하고 싶어서
> 온기와 슬픔에 늦지 않도록
> 이대로 계속될 거라 생각하면서
> 우리들의 내일을 그려갔어

서로 부르던 (서로 부르던) 빛이 아직 (빛이)
가슴 속에 뜨거운데
우리들은 불타는 여행 중에 만났고
손을 잡고선 놓았어 미래를 위해서
꿈이 하나씩 이뤄질 때마다 난 널 생각하겠지
강해지고 싶다고 빌면서 울었어
결의를 전별의 뜻으로
그리운 생각에 붙잡히거나
잔혹한 세상에 울부짖으며
어른이 될수록 늘어만 가
이제 그 무엇도 잃고 싶지 않아
슬픔에 삼겨져 휩쓸려버리면
아픔을 느낄 수 없게 되지만
네가 한 말들 (네가 한 말들) 네 소원을 (네 목소리를)
나는 지켜내겠다고 맹세했어
소리를 내며 무너져가는
하나뿐인
둘도 없는 세계
손을 뻗어 끌어안았던 열렬한 빛다발
빛나고 사라졌던 미래를 위해서
맡게 된 행복과 약속을 넘어가면서
뒤돌아보지 않고 나아갈 테니까
앞만 향하며 외칠 테니까
마음에 불꽃을 밝히며
머나먼 미래까지.
さよなら ありがとう 声の限り
悲しみよりもっと大事なこと
去りゆく背中に伝えたくて
ぬくもりと痛みに間に合うように
このまま続くと思っていた

僕らの明日を描いていた
呼び合っていた　光がまだ
胸の奥に熱いのに
僕たちは燃え盛る　旅の途中で出会い
手を取り　そして離した未来のために
夢が一つ叶うたび　僕は君を想うだろう
強くなりたいと願い　泣いた　決意を餞に
懐かしい思いに囚われたり
残酷な世界に泣き叫んで
大人になるほど増えて行く
もう何一つだって失いたくない
悲しみに飲まれ　落ちてしまえば
痛みを感じなくなるけれど
君の言葉　君の願い
僕は守りぬくと誓ったんだ
音を立てて崩れ落ちて行く
一つだけの
かけがえのない世界
手を伸ばし　抱き止めた　激しい光の束
輝いて　消えてった　未来のために
託された幸せと　約束を超えて行く
振り返らずに進むから
前だけ向いて叫ぶから
心に炎(ほむら)を灯して
遠い未来まで……

제6장
기차와 트랜스내이션(transnation)
봉준호 〈설국열차〉

배지연

들어가며: 영화와 기차, 혹은 영화 속 기차

영화와 기차는 근대의 산물이며, 이 둘의 상관성에 관한 논의들이 많다. 산업혁명의 비약적 성과를 이끈 대표적인 것이 증기기관과 기차이며, 최초로 공개 상영된 영화는 그러한 기차를 다룬 것이었다. 1895년 뤼미에르의 <치오타 역의 기차의 도착 L'Arriveé d'un train à la Ciotat>이 최초 상영되자, 관객들은 멀리서 다가오는 기차가 스크린을 가득 채우며 다가오는 장면을 보며 공포와 충격에 휩싸였다. <기차의 도착>을 본 관객들의 반응은 당시 기차와 영화 사이의 일종의 상동성을 간접적으로 보여준다. 19세기에 등장한 기차가 시간과 공간을 그 이전과는 전혀 다른 방식으로 바꿔놓았고, 그로 인해 인간들의 삶의 방식도 변화했다. 시간과 공간의 개념을 완전히 바꿔버린 기차를 영상으로 재현한 최초의 영화는 오브제인 기차처럼 시간과 공간의 변형을 통해 이미지의 개념을 바꿔버렸다. 영화 <기차의 도착>을 본 관객들은 이러한 시공간의 변형과 재현된 이미지에 압도당한 것이었다.

　끊임없이 움직이는 영화는 사라지는 것이 이미지를 만들어내는 장치이다. 현실성이 사라지며 휘발되는 그 자리에서 영화가 탄생한다. 열차의 창틀에 갇혀 있지만 끊임없이 사라지는 차창의 풍경은 스크린의 사각의 틀에 갇혀 사라짐으로써만 존재하는 영화의 이미지와 같다. 이처럼 기차는 영화 이미지를 인식할 수 있는 토대를 제공하였다. 기차는 영화를 탄생시킨 고향이다[1].

　기차와 영화는 기계들의 순환 운동에 의한 공간의 이동을 만들어낸다. 기차가 바퀴와 선로 등 기계들의 움직임으로 공간의 움직임을 만들어내듯이 영화는 카메라 프랭크 등 여러 장치가 맞물려 필름을 움직이며 이미지를 생산한다. 또한 기차와 영화의 공간은 모두 익명의 집단 주체가 자리하는 곳이다. 기차 여행자가 객실에 앉아 차창 밖의 빠르게 스치는 풍경을 관람하듯이 영화 관객은 영화관에 앉아 스크린을 끊임없이 움직이는 영화 이미지를 바라본다. 차창 밖의 풍경을 즐기던 기차 여행자들처럼 영화 관객들은 스크린 속 이미지를 통해 상상의 공간을 여행한다. 기차를 통해 여행이 제도화되는 이 시기에 가난한 일상에 쪼들린 사람들은 영화관에서 기차 여행을 대신했다. "이곳에서 다른 곳으로의 이동, 현실에서 허구로의 이동이라는 점에서 기차와 영화는 모두 모험에의 열정으로 가득 찬 근대인의 욕망에 부응"한 것이다[2].

1) 심은진, 「영화에서의 기차 이미지」, 『프랑스학연구』 47, 2009, 250쪽.
2) 위 논문, 250~255쪽. (본문 내 인용 부분은 251쪽). 영화 속 기차 이미지를 다룬 심은진에 따르면, 근대에 이르러 기차로 여행이 제도화되면서 사람들은 낯선 미지의 먼 곳을 동경하게 된다. "기차와 스크린 위의 움직이는 이미지는 '마치 당신이 그곳에 있었던 것'과 같은 효과를 만들어낸다. 기차 여행을 할 수 없었던 가난한 사람들은 5센트 동전으로 진짜와 같은 효과를 만들어내는 기차 극장에서 거짓 여행을 즐겼다. 영화의 스크린은 기차의 차창을 대신하며 관객에게 여행에의 즐거움을 주었다. 또한 기차 장치는 관객을 영화에 집중시키고, 시각

이처럼 영화는 태생적으로 기차와 뗄 수 없는 관계이다. 뤼미에르의 필름을 통해 관객을 놀라게 한 기차는 영화의 지향에 결정적인 영향을 미쳤다. 현실의 기차를 영화 속으로 끌어들인 최초의 관계는 이미지임에도 불구하고 현실에서와 같은 감각(공포)을 느끼게 하는 것, 즉 영화가 추구하는 리얼리티의 문제로 이어진다. "〈기차의 도착〉이 만들어낸 충격은 바로 영화의 어머니"라는 프랑크 보의 언급은 영화와 기차의 태생적 관계를 선명하게 보여준다.

뤼미에르의 〈기차의 도착〉 이후 많은 영화에 기차는 등장한다. 영화에서 기차는 공간적 배경이나 소재적 차원으로 활용되기도 하고, 기차가 지닌 속성과 연관한 이미지와 메시지의 차원에서 사용되기도 한다. 기차는 근대 이전과는 비교할 수 없을 만큼 시간과 공간을 압축하며 더 빠르

그림 1. 뤼미에르의 〈치오타역의 기차의 도착〉 장면 일부

고 멀리 이동함으로써 승객들에게 만족과 편의를 제공했지만, 기차 승객은 철도 시스템에 통제되는 수동적 존재이다. 운행 일정이나 기차 이용 규범 등은 개인의 개성에 우선되면, 무엇보다도 운행 과정에 발생한 탈선 등의 사고에 대해 승객들은 무방비로 놓이게 된다. 영화는 이러한 기차의 속성을 주로 활용한다. 영화에서 기차가 등장할 때 관객은 스크린 위의 움직임이 만들어낸 쾌감과 함께 통제 불가능한 움직임을 공포로

적 서사의 공간 속으로 관객을 끌어들이는 역할을 했다."

인식한다. 그것은 기차가 선로에서 벗어나거나 기차 탑승 중에 발생한 사고에 무방비로 노출된 승객들의 두려움과 같다. 기차가 영화 전체를 아우르는 주요한 공간이자 제재로 사용되는 경우, 이러한 영화의 '기차' 적 속성이 최대한 활용된다.

그림 2. 〈설국열차〉 포스터

한국 영화의 경우, 기차가 영화 전체의 주요 제재이자 공간으로 사용된 〈설국열차〉와 〈부산행〉 등은 이러한 '기차'적 속성을 기반으로 한다. 특히 '열차'를 타이틀로 내세운 영화 〈설국열차〉는 인류의 유일한 생존공간으로 설정된 기차 안에서 생존을 위한 투쟁을 다룸으로써 영화 속 기차에 내포된 극적인 요소를 최대한 활용하고 있다. 이와 관련해서 봉준호 감독은 폐쇄적인 기차 내부의 풍경을 보여주는 한편, 달리는 열차, 흔들리는 객실, 계급으로 나뉜 기차 칸의 상황 등을 다양하고 기상천외한 객실을 사실감 있게 재현했다. 이 영화에서 기차는 그 자체가 하나의 캐릭터이며, 따라서 기차라는 공간 자체의 재현성(리얼리티)에 집중하지 않을 수 없다.

〈설국열차〉는 영화의 '기차'적 특성을 기반으로 하여 '열차' 자체를 영화화하고 있는데, 무엇보다 시공간적 배경이 삭제된 기차라는 폐쇄된 공간을 전면화하는 한편 그 과정에서 국가와 인종, 언어 등이 뒤섞임으로써 설국열차를 지배하는 질서가 국적이 상실되거나 무국적의 반향을 띠게 된다. 봉준호라는 한국 감독이 제작했지만, 프랑스 만화를 원작으로 해서 다양한 국적의 배우와 다국적 스텝이 참여했고 체코의 스튜디오에서 촬영하는 등 〈설국열차〉는 여러 방면에서 국가의 경계를 가로지르는 영화가 되었다. 그런 점에서 〈설국열차〉는 초국가적 영화 혹은 트랜스내셔널 시네마(transnational cinema)로서 평가된다. 이 글에서는 영화의 '기차'적 특성을 전면화한 〈설국열차〉를 대상으로 한국 영화이면서도 그 국적을 넘어서는 트랜스내셔널(transnational)의 관점에서 살펴보고자 한다.

트랜스내이션(transnation), 혹은 트랜스내셔널(transnational)

트랜스내이션(transnation) 혹은 그 형용사형인 트랜스내셔널(transnational)은 접두사 'trans'와 국가, 국민을 의미하는 'nation' 혹은 그 형용사형인 'national'의 합성어이다. 여기서 중요하게 파악해야 할 것은 접두사 트랜스이다. 접두사 'trans'는 'cross', 'through(out)', 'beyond'를 의미하는데, 인류학자이자 트랜스내셔널 연구자인 아이와 옹(Aiwah Ong)은 접두사 "트랜스는 공간을 관통하거나 선들(lines)을 가로질러 움직이는 것뿐만 아니라 어떤 것의 성격을 변화시키는 것, 둘 다를 지시"[3] 한다고 말한다.

이러한 시각에서 "트랜스내셔널 개념의 핵심적인 의미망은 어간인 '내셔널'이 아니라 접두어인 '트랜스'에서 찾아야 하며 '횡단하는(transversal)', '과정적인(transactional)', '번역의(translational)', '위반하는(transgressive)' 등의 의미를 포괄하는 합성어로 이해해야 한다"[4]거나 "공간을

---

3) Aiwah Ong, Flexible Citizenship: The Cultural Logics of Transnationality (Durham and London, 1999), p. 4; 김택현, 「트랜스내셔널 역사를 다르게 생각하기」, 『서양사론』 131, 232쪽에서 재인용.

4) 오경환, 「트랜스내셔널 역사: 회고와 전망」, 『한국사학사학보』 25, 2012, 330쪽;

관통하거나 선을 넘어 움직이는 것뿐만 아니라 경계 양편 혹은 중간에
거치는 대상의 성질을 변화시킨다는 변동의 의미까지 함께 갖고 있"5)는
접두사 트랜스의 복합적 의미가 강조되기도 한다.

이와 관련하여 트랜스내셔널 역사연구자 데이빗 텔렌(David Thelen)
은 '트랜스내셔널'을 설명하는 글에서 "접두어 트랜스는 우리가 관심을
갖고 있는 세 가지 현상―대중문화, 정치, 이주―과 국민국가(nationsta-
te)의 조우(encounter)를 관찰하기 위한 세 가지 시각(angles)을 시사한
다"고 언급하며, 그 세 가지 시각을 "국민(국가)을 넘어서는 것(over the
nation)", "국민을 가로지르는(across) 것", "국민을 관통하는(through)
것"으로 설명한 바 있다.6) 말하자면, 트랜스내이션이라는 용어는 국가
(국민)을 넘어서거나 가로지르는, 혹은 관통하는 개념어로서 정치, 경제,
문화 등 다양한 영역에서 사용되고 있다.

트랜스내셔널이라는 용어 혹은 개념이 사용된 역사와 맥락을 살펴보
면, 트랜스내이션에 관한 접근이나 이해는 매우 복잡하며 한편으로는 논
쟁적이다. 19세기 후반에 처음 사용되기 시작했던 트랜스내셔널이라는
개념은 이미 20세기 초반에 트랜스내셔널 경제, 트랜스내셔널리즘 등의
용어로 사용되다가, 1950년대 이후 정치, 외교, 비정부기구 활동 등에서
이주하거나 무역활동을 하고 사상을 교환하는 개인들 간의 비-국가간
(non-interstate) 관계의 영역으로서의 '트랜스내셔널한 사회(société tran-

김택현, 위 논문, 233쪽에서 재인용.
5) 박혜정, 「하나의 세계, 근대, 그리고 민족-2102년도 세계사 교과서에 대한 트랜
스내셔널 히스토리적 성찰」, 『이화사학연구』 45, 2012, 347쪽; 김택현, 위 논문,
233쪽에서 재인용.
6) David Thelen, "The Nation and Beyond: Transnational Perspective on United
States History", The Journal of American History, vol. 86, no. 3, (1999), p.968;
김택현, 위 논문, 232쪽에서 재인용.

snationale)'가 언급되다가, 1970년대 이후 '인터내셔널리즘' 대신 국가의 경계를 가로질러 움직이는 비정부적 행위자들의 트랜스내셔널한 조직과 상호작용에 주목하기 시작하면서 '트랜스내셔널리즘'이 탄생하게 되었다. 1980년대 이후 글로벌 시대가 도래하면서 문화연구와 인류학, 이민연구, 글로벌 경제 분야에서 트랜스내셔널의 개념으로 활발한 접근과 논의가 이루어졌다. 이처럼 트랜스내이션이라는 개념은 언어, 문화, 정치, 경제, 역사, 문학 등 다양한 분야에서 매우 다양한 방식으로 논의되어왔으며, 이 과정에서 트랜스내셔널이라는 개념은 다소 혼종적으로 사용되기도 했다[7].

트랜스내이션(혹은 정치, 경제, 문화 등 특정 영역에서의 트랜스 내셔널)은 국경을 가로질러 사람들 간의 상호작용과 교환과 구축과 번역에 주목하고, 사람과 물자와 사상과 제도와 문화들이 국민국가의 위/아래/둘레에서, 혹은 관통하며 어떻게 움직이는지를 탐색하는 것이다. 말하자면, '모든 트랜스내셔널한 접근의 핵심적 주장은 운동들, 흐름들, 순환들에 관심을 집중'하는 것이다.

트랜스내셔널 시네마 〈설국열차〉

트랜스내이션이라는 개념은 국민국가와 떼어놓고 생각할 수 없다. 국민국가의 탄생은 근대의 시작과 맥을 같이 하는데, 근대 국민국가는 자본주의와 식민주의의 융성으로 이어진다. 자본주의가 가속화되자 제국주의의 식민지 개척이 활발해지면서 국경과 국가, 민족과 인종을 복합적

---

7) 트랜스내셔널의 의미 및 개념의 변천사와 연구사에 관한 세부적인 논의는 김택현, 위 논문 참조.

으로 가르지르는 일종의 트랜스내셔널적 현상이 발생한다. 근대성이 심화되는 과정에서 생성된 트랜스내이션의 개념이 대두한 19세기 후반에 또 다른 근대성의 산물로서 탄생된 것이 영화다. 근대 자본주의가 가속화되며 그것이 식민지 확장으로 이어지던 이 시기에 영화는 국가와 인종을 가로지르며 유통되고 소비되었다. 영화가 자본과 인력의 측면에서 언제나 국경을 넘어설 가능성을 지니고 있다는 점에서 영화는 트랜스내셔널한 장르다.

트랜스내셔널리티를 내재하고 있는 매체로서 영화는 세계화로 지칭되는 전지구화(globalization)의 흐름에 의해 그 특성이 심화되었다. "1990년대부터 가시화되기 시작한 일본, 홍콩, 태국, 한국 등 아시아 지역 영화의 부흥과 이 지역에서 활발해진 트랜스내셔널한 인적·물적 네트워크, 할리우드에서 비할리우드 영화를 리메이크함으로써 발생하는 전세계화, 비할리우드 영화제작자들의 할리우드 진출을 통한 인적 교류, 세계 각 지역에서 개최되고 있는 다양한 영화제"[8] 등 다양한 계기에 의해 트랜스내셔널 시네마에 대한 관심 또한 강화되었다.

전지구화 시대에 국민(민족)국가의 경계를 가로지르는 트랜스내셔널 시네마를 통해 각국의 영화는 글로벌(전지구적인 것-보편성)과 로컬(지역적인 것-특수성)이 교차하고 혼종함으로써 그 경계를 넘어서고 있다. 한국 영화의 경우, 트랜스내셔널 시네마는 "초국적 관객이 가능한 작가주의 영화", "국경이라는 경계를 넘나들며 문화적 생산물을 통해 갈등과 봉합이 발생하는 텍스트들", "떠나온 모국과 정착한 이민국 모두에게 말을 거는 한인 디아스포라 영화" 등으로 구체화된다[9].

---

8) 한미라, 「트랜스내셔널 시네마와 경쟁하는 보편성」, 『영화연구』68, 2016, 266쪽.

그림 3. 영화 〈설국열차〉의 영문판 포스터(좌) / 다국적 스텝들과 작업 중인 봉준호 감독(우)

2013년에 상영한 봉준호 감독의 〈설국열차〉는 대표적인 트랜스내셔
널 시네마이다. 〈설국열차〉는 프랑스 만화를 원작으로 하고 있으며, 원
작 만화를 봉준호 식으로 시나리오 작업을 한 후 한국의 제작진과 할리
우드 배우를 비롯한 다양한 국적의 배우와 스텝들이 모여 제작하였다.
몇 년간 준비과정을 거쳐 체코 바란도프 스튜디오에서 촬영하였고, 후반
공정작업이 완료되기도 전에 전 세계 167개국에 판매 완료되어 세계인
이 함께 보는 한국 영화가 되었다. 여기에는 〈설국열차〉가 영어로 제작
된 블록버스터란 점도 한몫했다.

이와 같은 〈설국열차〉를 둘러싼 일련의 제작 과정은 일차적으로 트
랜스내셔널 시네마로서 〈설국열차〉의 위치를 파악하게 한다. 보다 세
부적인 특성을 파악하기 위해 감독 봉준호의 영화 작업들과의 관계를

---

9) 한윤정, 「전지구화 시대의 한국영화에 나타나는 트랜스내셔널리티 연구」, 연세
   대 박사논문, 2009, 123~181쪽.

살펴보기로 한다.

봉준호 감독과 〈설국열차〉의 트랜스내이션

봉준호 감독은 제도권 상업영화가 우선적으로 지향하는 상업성, 그와 대비되는 가치로 여겨졌던 예술성을 상보적으로 결합될 수 있음을 보여준 몇 안 되는 감독이다. 영화감독으로서 봉준호의 이야기 스타일은 스토리와 플롯이 절묘하게 균형을 맞춘다. 하나의 특이한 상황 설정이나 소재를 가지고 다양한 스펙트럼의 주제를 만들어낸다. 관객들의 다양한 시점에서 영화를 들여다보고, 각자의 방식으로 읽어내고 재구성할 수

그림 4. 봉준호 감독

있는, 말하자면 "해석과 수용의 지평이 크게 열려있는 흥미로운 텍스트"10)이다.

봉준호 감독의 영화는 한국적 리얼리티와 로컬리티를 보여준다는 평가를 받아왔다. 〈설국열차〉 이전에 발표된 영화를 중심으로 보자면, 2000년 장편영화로서 첫 작품이었던 〈플란다스의 개〉 이후 〈살인의 추억〉(2003), 〈괴물〉(2006), 〈마더〉(2009)까지 봉준호 영화는 1980년대 이후 한국사회의 단면을 드러내는 다양한 공간과 장소에서 그 시대의 사회

---

10) 서정남, 「영화 〈설국열차〉와 봉준호의 서사전략」, 『한국문학과비평』 68, 2015, 36쪽.

그림 5. 〈설국열차〉 이전에 발표된 봉준호 감독의 장편 영화들

적 사건들을 독특한 서사와 영상을 통해 재현해왔다.

서울 변두리의 허름한 아파트 지하실, 서울의 변두리 소도시 화성, '기적'으로 불리며 서울의 주요 관광지였지만 주한미군에 의해 독극물이 방류되는 한강과 허름한 매점, 골프장이 들어서며 개발이 진행되는 이름없는 소도시 등의 공간을 통해 한국사회의 어두운 단면을 예리하게 포착해온 것이다. 이처럼 봉준호의 영화들은 영화의 공간과 서사를 통해 한국사회의 특수성을 재현하는 과정에서 한국적 리얼리티 혹은 일종의 로컬리티를 생성하고 있다.

이에 비해 〈설국열차〉는 한국 사회의 로컬리티가 삭제될 뿐 아니라 국가의 경계와 흔적이 사라졌다. 컴퓨터그래픽 등 다양한 효과를 활용한 블록버스터 영화이며 동일한 주연배우가 출연한다는 점에서 〈괴물〉과 〈설국열차〉는 자주 비교되는데, '한강의 기적'과 '주한미군'으로 표상되는 한국 사회의 리얼리티를 재현한 〈괴물〉에 비해 〈설국열차〉는 특정 국가의 흔적과 경계를 넘어선다. 이처럼 〈설국열차〉의 트랜스내셔널한 측면은 영화 제작 과정 이외에 영화 자체에 스며들어 있다.

일단, 〈설국열차〉는 시공간의 설정과 스토리 자체에 국적성을 찾기 어렵다. 원작 자체에 그러한 무국적성이 농후하다. 〈설국열차〉의 시간적 배경에 대해서는 오프닝 시퀀스에서 내레이션과 자막으로 아주 짧게 제시된다. 영화는 타이틀 크레딧과 함께 여러 목소리의 뉴스 보도를 내레이션으로 들려주며 시작된다.

> "2014년 7월 1일, 현재 시각 오전 6시. CW-7의 살포가 시작됩니다. 지난 7년간 수많은 논란을 일으키며 환경단체의 거센 반대 속에 개발을 이어온 CW-7은... 지구 온난화의 해결책으로 기대되고 있습니다. 지구 온난화가 심각해진 지금, 79개국 정상이 CW-7 살포를 결정하였고... 대기 상층권에 CW-7이 살포되면 대기 온도가 이전 수준으로 급속히 회복되면서 지구 온난화 위기가 해결될 것으로 기대됩니다. 과학자들은 기온을 내려주는 인공 냉각제인 CW-7이 지구 온난화에 대한 획기적 해결책이라 밝혔습니다."

'17년간 무한 반복운행되는 설국열차'라는 영화의 설정은 전세계적 기후위기에 세계 각국에서 공동 대응하는 과정에서 초래된 결과로서 제시된다. 지구 온난화를 해결할 인공 냉각제의 대량 살포로 인류는 새로운 빙하기를 맞게 되고, 대부분 인간은 얼어죽고 설국열차에 탑승한 사람들만 생존하게 된다는 것이다. 이러한 영화의 기본 설정은 오프닝 크레딧에 제시된 내레이션과 함께, 이후 CW-7이 살포되는 장면과 곧이어 CW-7 살포로 인해 지구에 빙하기가 닥친다는 자막이 배치된다.

오프닝 시퀀스는 2014년 CW-7이 살포되어 설국열차 탑승객만이 지

그림 6. 화학물질 살포 장면

그림 7. 새로운 빙하기로 인류 멸종되었다는 자막

구의 유일한 생존자라고 제시되는데, 이후 영화가 전개되면서 현재 시간이 2014년에서 17년이 지난 시점, 즉 2031년이라는 사실이 드러난다. 하지만 이 오프닝 시퀀스를 제외하고는 영화적 사건 속에서 구체적인 시간적 맥락이 지워져 있다. 설국열차는 정차하지 않고 무한순환함으로써 자급자족에서 생산 불가능한 것들이 존재했고, 이러한 설정으로 인해 영화의 시간적 배경이 미래사회라는 것을 자각하기 어렵게 한다.

영화는 연속되는 기차 내부의 객실, 눈과 얼음으로 둘러싸인 외부세계와 함께, 도끼와 칼, 횃불 등으로 육탄전을 벌이는 사람들을 통해 미래가 아니라 오히려 과거로 퇴행한 듯하다. 또한 기차라는 폐쇄된 공간과 결말 부분의 설원도 국적과 지역을 전혀 알 수 없다.

이와 함께, 〈설국열차〉의 서사는 기차 내부에 존재하는 보편적 계급의 문제를 다룸으로써 특정 국가나 민족, 인종의 경계를 넘어선다. 커티스를 중심으로 기차의 꼬리 칸 사람들이 절대 권력자 윌포드에 맞서 기차의 중심인 엔진 칸을 점령하기 위해 기차의 앞쪽으로 전진하는데, 이는 꼬리 칸 사람들의 생존과 연계된 계급 해방의 문제로 연결된다. 계급의 문제는 국가와 인종 등의 문제와 무관하지 않지만, 〈설국열차〉에서는 하위 계급을 상징하는 꼬리 칸 사람들이나 상층 계급의 기차 앞쪽 칸 사람들을 인종 등의 차이가 없이 뒤섞어놓음으로써 국적과 민족의

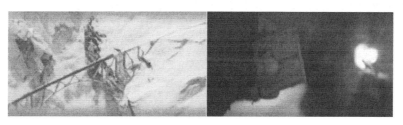

그림 8. 설국열차 외부의 장면(좌)와 말보로 담배에 성냥 불을 붙이는 장면(우)

경계를 넘어서는 보편적 계급의 문제로 제시되고 있다. 주인공이 백인 남성이지만, 영화의 엔딩은 동양인 소녀와 흑인 소년만을 남겨 놓고 인류가 사라지는 것으로 종결된다. 이러한 결말은 인종과 국적을 넘어서려는 영화의 주제의식을 부각한 것이다[11].

이와 같이, <설국열차>는 환경, 계급 격차 등 전 세계적으로 발생하는 보편적인 문제를 서사의 주요 동인으로 삼고 영화의 디테일한 부분으로 재현하고 있다. <설국열차>는 하나의 국가나 민족, 인종의 경계를 넘어서는 한편, 무한궤도를 반복하는 열차라는 소재를 통해 공간과 선을 가로지르며 이동하고 있는데, 이는 트랜스내이션에 내재한 '트랜스'적인 의미, 말하자면, "국가와 자본주의의 변화하는 논리에 의해 조절되고 가능해지는 현재의 행동과 상상들에 횡단적이고, 교류적이며, 번역적이고, 위반적인 측면"[12]을 보여주고 있다.

원작 〈Le Transperceneige〉을 횡단하는 영화 〈설국열차〉

봉준호 감독이 만화 <설국열차>를 발견한 것은 영화 <괴물>의 시나리오를 쓰고 있던 2005년 무렵이다. 그 자리에서 단숨에 읽고 차기작[13]

---

11) 이와 관련하여 한미라는 민족국가의 경계를 가로지르는 트랜스내셔널 시네마 <설국열차>는 전지구적인 것과 지역적인 것들의 섞임이 어떤 긴장과 흔적을 보여주고 있다고 파악한다. 그에 따르면 "<설국열차>는 '기차'라는 무국적성의 시공간적 이미지, 계급혁명이라는 보편적 주제를 통해 로컬리티가 삭제된 이른바 '보편적' 블록버스터로 기능"하는 한편, 서사의 지연과 균열을 일으킴으로써 "특수성과 보편성이 끊임없이 겹쳐지고 경합하는, 끊임없이 유동하고 의미를 재협상하는 '경쟁하는 보편성', '과정 중의 트랜스내셔널 시네마'로 향한다."(한미라, 앞의 논문, 256쪽.)

12) 한미라, 앞의 논문, 265쪽.

으로 점찍었다고 한다. 열차라고 하는 폐쇄된 공간이 갖는 상징성, 억압
적인 상황 속 계급투쟁, 빈부격차 비판, 더 이상 잃을 것이 없는 사람들
의 혁명 등 봉준호를 매혹시킨 여러 요소들이 있었다. 봉준호는 만화
원작자가 내한한 2008년 제12회 서울국제만화애니메이션 페스티벌에서
함께 만나 향후 영화로 제작할 의사를 공식적으로 밝혔다. 1000만 관객
을 넘어선 〈괴물〉의 성공을 발판으로 봉준호는 〈설국열차〉 제작에 돌입
할 수도 있었을 터지만, 차기작으로 섬찍었던 시기 이후 오랜 준비 끝에
2013년 영화화한다.

그림 9. 영화의 원작 프랑스 만화 〈설국열차〉

자크 로브(Jacques Lob) 원작인 만화 〈설국열차〉는 1982년 카스테르
만(Casterman)이 발행하는 흑백만화 전문잡지 아 쉬브르(A Suivre)에 연
재되었다가, 1984년 단행본으로 출간되었다. 〈설국 열차(Le Transper-

___

13) 정확히 말하자면, 차차기작이다. 2009년 발표한 〈마더〉 이후에 〈설국열차〉가
제작되었기 때문이다.

ceneige)>는 독자들의 현실 그 어디에도 존재하지 않는 열차 이름 'Le Transperceneige'를 사용한다. '뚫다', '스며들다'의 의미를 지닌 동사 'transpercer'와 '눈neige'를 결합하여 만든 단어로, '눈을 뚫고 달리는 열차'를 뜻한다.

만화 <설국열차>의 전체 스토리 구상을 마친 자크 로브는 카스테르만 출판사에 의뢰하여 오랫동안 그림 작가를 물색했고, 그렇게 해서 찾은 장 마르크 로셰트와 공동 작업한 1권 탈주자 (L'chapp)의 발행 이후 그는 1990년에 사망했다. 이후 그림 작가인 로셰트의 제안으로 뱅자맹 르그랑이 스토리를 맡게 되었고, 1권 발행 후 15년 만에 2권 선발대(L'arpenteur, 1999)가, 그리고 그 이듬해에 3권 횡단(La traverse, 2000) 연작이 발표되었다[14].

<설국열차> 1~3권의 배경은 기후 무기 개발과 함께 불어닥친 기후 재앙이다. 지구의 빙하기에 혹한으로 모든 생명체가 죽어갈 때 살아남은 자들이 유람 열차로 고안된 초호화 열차에 올라탄다. 최첨단 설비와 최고의 서비스를 갖춘 1001칸의 열차가 화물과 식량을 실을 칸을 연결하고 있을 때 생존자들이 무단탑승하고, 열차는 그들을 싣고 끝없는 운행을 시작한다. 엄청난 규모의 이 열차는 앞칸은 '황금 칸'으로 부유한 승객이 타고 있고, 중간 칸에는 중간 계층에 타고 있으며, 꼬리칸은 '바퀴 없는 게토'로서 무임승차한 이들이 머문다. 열차의 사령부가 이들과 열차 전체를 통제한다. 만화의 2권에서는 이러한 설국열차보다 첨단화된 기계장치가 탑재된 또 한 대의 열차가 있는 것으로 설정된다. 제2의 열차, 즉

---

14) 영화 <설국열차>는 이 3권의 원작 만화를 기반으로 하는데, 흥미로운 점은 영화 상연과 그 성공 이후에 원작 만화의 4권이 출판되었다(2015). 만화 <설국열차>의 4권은 영화 <설국열차>의 영향을 받은 텍스트로, 두 텍스트는 상호텍스트 관계에 놓인다.

'쇄빙열차'는 제1 열차와의 충돌을 대비하여 정차 훈련을 반복적으로 실시하고 정찰을 위한 선발대를 대기하는 등 1권의 열차와는 다소 차이가 있다[15].

봉준호에게 영화 제작의 모티프를 제공했다고 알려진 제1권 <탈주자(L'chapp)>의 핵심 내용은 꼬리 칸을 떼어버리려는 지배층의 야욕을 드러내는 이야기이다. 꼬리칸에서 탈출한 주인공 프롤로프가 붙잡히면서 만화는 시작되는데, 프롤로프의 호송과정에 원조기구 소속으로 2등칸에 사는 아들린이 연루되고 함께 호송된다. 그들은 매점 칸, 채소 칸, 합성고기 칸, 매춘 칸, 황금 칸을 지나며 하층민, 원조기구, 종교집단, 군인계급, 정치가, 고위층 등 다양한 계층의 사람들을 만나게 된다. 이들은 앞쪽 칸 지배층들이 꼬리칸 사람들과 그들을 돕고자 하는 원조기구를 몰살시킬 계획을 알게 된다. 이들은 음모에 대항하지만 아들린은 죽고, 꼬리칸은 분리되며, 프롤로프는 엔진 칸에 고립되고 만다. 만화에서 프롤로프는 불합리한 열차 시스템에 반발한 '탈주자'일 뿐 혁명가는 아니었다. 그는 열차를 운행하는 시스템과 그 배후에 관심이 있을 뿐, 그 시스템을 전복하거나 파괴할 의지는 없었다.

1999년에 발표된 제2권 선발대(L'arpenteur)는 제1 열차와의 충돌을 대비한 훈련과 정찰을 위한 선발대 등은 열차 내부의 사람들을 효과적으로 통제하기 위한 공포와 위협의 수단이었음이 밝혀지는 과정을 다루고 있다. 2권의 주인공 퓌그는 선발대원으로서 권력자들의 실체와 진실을 알면서도 지배계급의 안락한 삶을 위해 침묵한다. 다음 해 발표된 제3권

---

15) 만화 원작 및 원작의 영화적 변용에 관한 자세한 논의는 이수진, 「만화 『설국열차』의 영화화에 관한 공간 중심 연구」, 『프랑스문화예술연구』 25, 2008, 333~355쪽; 노시훈, 「프랑스 SF만화 『설국열차』의 영화적 변용」, 『프랑스문화연구』 제33집, 2016, 241~261쪽 참조.

횡단(La traverse)은 꼬리 칸을 떼어낸 열차가 음악 소리에 이끌려 혹한 속에 대서양을 건너는 여정을 다루는데, 그들이 발견한 것은 또 다른 생존자들이 아니라 음악이 흘러나오는 기계였다.

살펴본 만화 <설국열차>(1~3)는 현실적인 혁명의 문제보다는 디스토 피아적인 미래사회를 재현함으로써 묵시론적 세계관을 보여준다. 그 과 정에서 부각되는 것은 계급사회의 부조리와 지배계급의 비윤리적 행태 들이다. 원작자들은 이러한 담론을 풀어내기 위해 기차라는 폐쇄적 공간 을 선택했다. 만화에서 그려진 열차는 폭력과 착취, 살인과 음모, 탐욕과 배신, 지배계급의 통제와 종교 심판 등 인간의 현실 세계를 집약적으로 보여주고 있다. 아울러 프랑스어로 창작된 만화 <설국열차>는 다양한 방면에서 프랑스의 문화와 제도 등이 녹아있지만, 동양의 음양 사상과 우주관 등 다양한 철학적 사유를 통해 디스토피아와 묵시론적 세계관을 풀어내고 있다. 이러한 만화 <설국열차>는 영화감독 봉준호를 만나면서 새롭게 읽히고 번역되며, 자신의 경계를 넘어 횡단하게 된다.

> 프랑스 작가가 그린 원작 만화의 구성은 영화에는 맞지 않았어요. 남자 주인공 한 명이 기차의 뒤에서부터 앞으로 가면서 보고 듣고 느끼는 일들을 잔잔하게 알려주는 식인데 사색적인 철학자가 말하는 듯해요. 영화로 만들 려면 긴박한 구성이 필요했죠. 반란군이 앞으로 치고 나갈 때의 격렬한 쾌 감 같은 것이 중요했어요.16)

봉준호 감독은 원작인 만화 <설국열차>에서 '탈주자'인 주인공이 보 여주는 열차와 사람들에 관한 철학적 담론이나 세계관보다는 생존을 위

---

16) 이진욱, 「'설국열차' 봉준호 감독 "시스템 조악한 실체 들춰내고파"」, CBS 노컷 뉴스 기사. 2013.8.

해 앞칸으로 전진하는 '반란군'의 역동성을 영화에 담고자 했다. 이를
위해 그는 만화 〈설국열차〉의 '설국열차'라는 기본 설정을 취하면서 영
화의 극적인 효과를 최대한 발휘할 수 있는 방향으로 원작을 재창조한
다. 영화 〈설국열차〉는 기후 대재앙 이후 마지막 인류가 달리는 설국열
차에 생존해있으며, 열차에서의 위치에 따라 계급이 나뉘어 서로 투쟁을
벌인다는 원작의 기본적 구도를 가져온다.

> "확실히 저는 '설국열차'의 원작을 보면서 폐소 공간의 모티브에 매혹되
> 었던 것 같아요. 게다가 기차는 닫힌 공간이면서도 계속 움직이고 있기에
> 시각적 모티브도 강렬하죠."17)

영화 〈설국열차〉는 타이틀에서부터 영화 전반에 걸쳐 기차의 이미지
를 강렬하게 제시한다. 영화의 주요 공간인 기차 내부의 폐쇄적 이미지
뿐만 아니라 달리는 열차 자체를 시각화하는 다양한 장면이 배치된다.
봉준호 감독은 '폐쇄된 공간으로서의 달리는 열차'라는 가장 핵심적인
모티프를 가져왔고, 폐쇄적이고 협소한 공간에서 '탈주'하는 원작의 서
사를 통제와 대립, 저항과 탄압을 주로 하는 '반란'의 과정으로 재현하고
있다.

만화에서 잠시 언급되는 꼬리 칸의 습격이 영화에서는 여러 차례 언급
될 뿐 아니라 영화의 주요 서사로 자리 잡는다. 영화에서 반란은 커티스
와 길리엄을 중심으로 한 꼬리칸 사람들에게는 혁명의 역사로서 앞칸으
로의 전진을 추동하고 있으며, 앞 칸 사람들에게는 '성스러운 엔진'을
신성화하기 위한 증거로서 채택된다. 학교 칸의 학생들은 반란 후 기차

---

17) 이동진, 「봉준호 감독의 '설국열차'는 어떤 모습일까?」, http://newsnaver.com/
moviescene/?ctg=issue

그림 10. 기차 외부에서 바라본 설국열차의 달리는 모습(상) / 폐쇄된 기차 내부를 부각하는 장면들(하)

밖으로 탈출한 '7인의 반란'을 중요한 역사적 사건으로 학습한다. 탈출한 그들이 얼어 죽은 현장이 학습자료로 제시되며, 그들의 실패를 통해 윌포드의 '성스러운 엔진'이 통제하는 현 체제를 자연스럽게 받아들이게 한다.

학교에서 아이들은 다음과 같은 노래를 부르며 실패한 반란의 역사를 통해 현 체제를 옹호하는 개인들로 성장하게 된다.

기차 밖으로 나가면?
모두 얼어 죽는다.
엔진이 멈추면?
우리 모두 죽는다.
성스런 엔진의 수호자는?
윌포드님!

그림 11. 기차에서 본 7인의 반란 현장(좌) / '7인의 반란'에 관한 선생님의 질문에 자신있게 대답하는 학생(우)

이와 같이, 영화 〈설국열차〉는 '탈주'가 아니라 '반란'의 서사로 재창조되는데, 이 과정에서 영화의 주요 인물들이 새롭게 창조된다. 반란의 주체인 꼬리 칸 인물로서 리더 커티스와 정신적 지도자 길리엄, 그리고 에드가, 타냐, 앤드류 등이 새롭게 만들어졌고, 반란을 진압하는 앞칸의 인물로는 열차의 지배자 월포드와 그 대행자 메이슨 총리, 진압에 앞장서는 프랑코 등이 그러하다. 반란의 주체와 반동 세력의 대립 구도 속에서 제 3의 가능성을 제시하는 남궁민수와 요나도 창조된 캐릭터들이다.

원작과 비교할 때 특별하게 변별되는 것은 영화의 주인공이 월포드에 의해 통제되는 현재 시스템을 전복하고자 한다는 점이다. "영화는 시스템을 없애버리려는 것이고, 만화는 시스템의 근원과 이유를 알려는 것이니 철학적으로도 완전히 반대"[18]인 것이다. 새롭게 창조된 인물들은 월포드의 시스템이 강고하게 작동하는 현재의 시스템을 멈추기 위해서 앞칸으로 전진한다. 최종적으로 엔진 칸을 점령하여 월포드를 죽이고 새로운 지도자를 세우면 현재의 시스템을 바꿀 수 있다고 생각한 것이다. 주인공 커티스는 여러 난관을 뚫고 마침내 엔진 칸에 도착했고, 커티스

---

18) 이진욱, 「'설국열차' 봉준호 감독 "시스템 조악한 실체 들춰내고파"」, CBS노컷 뉴스 기사. 2013.8.

그림 12. 기차가 파괴된 영화 마지막 부분(좌) / 기차 밖으로 나오는 티미와 요나(우)

를 만난 윌포드는 이제까지의 반란이 열차 생태계의 균형과 질서를 유지
하게 위해 길리엄과 공모한 것이라고 말하며, 커티스에게 자신을 대신해
서 열차의 지배자가 되라고 제안한다. 엔진 칸에서 기계 부품으로 살아
가는 티미를 발견한 커티스는 지도자의 교체만으로는 시스템이 전복될
수 없음을 깨닫는다. 커티스와 함께 반란의 과정에 동행한 남궁민수와
요나는 외부로 향하는 문을 폭파함으로써 기차는 폭파되고, 요나와 티미
만이 살아남아 눈이 녹기 시작한 세상으로 향한다.

　영화의 이러한 결말은 원작과는 전혀 다른 곳을 향한다. 만화 1권에서
탈주자 프롤로프는 기차에 고립된 것으로 종결되지만, 영화는 주인공을
포함하여 설국열차에 생존한 대다수 사람들의 죽음과 대조적으로 열차
에서 태어난 새로운 세대만이 최후의 생존자로 미래를 열어갈 것을 암시
한다. 아울러 유럽인들이 주로 등장한 원작과는 달리, 영화에서는 여러
인종들이 등장할 뿐 아니라, 동양인 요나와 흑인 소년 티미만이 새로운
인류 역사의 주인공으로서 제시되고 있다. 영화 <설국열차>에서 다양한
인종과 언어를 서로의 경계를 넘나들며, 특히 백인 남성이 아니라 유색
인 소녀와 아이가 미래의 주체로 설정되는 것은 원작 만화가 설정한 세
계를 넘어서는 영화 <설국열차>의 트랜스내셔널한 지점이 아닐 수 없다.

　한편, 영화 <설국열차>에서는 빙하기의 원인이 기후 무기의 사용이

아니라 지구온난화 대책으로 살포한 냉각제로 바뀌었다19). 봉준호 감독
은 이 과정에서 '노아의 방주'와 같이 지구 생태계 문제와 인류의 멸망이
라는 주제를 통해 전 세계적 차원으로 확대했으며, 그 과정에서 하위
계급에 대한 억압과 그에 대한 저항을 영화의 메시지로 담고 있다. 이를
효과적으로 보여주기 위해 영화 〈설국열차〉는 객관적인 카메라를 통해
극단적인 디스토피아적 공간에서 벌어지는 인간의 투쟁을 사실적으로
재현했다. 미래사회에 발생할 가능성이 농후한 이러한 문제 앞에 관객들
이 진지한 고민과 해결방안을 모색하길 바라는 감독의 의도일지도 모를
일이다.

살펴본 바와 같이, 영화 〈설국열차〉는 프랑스 만화를 원작으로 하고
있지만, 원작이 설정한 세계를 새롭게 '번역'해냈다. '설국열차'라는 폐쇄
적 공간에서 벌어지는 인간의 이야기, 계급과 자본의 서사를 가져오면서
도 원작과는 다른 방식으로 재창조한 것이다. 더 흥미로운 점은 원작
만화와 영화가 주고받는 상호텍스트적 관계다. 원작과 전혀 다른 서사를
창조한 영화 〈설국열차〉를 보고 원작 만화의 작가들은 오랜 공백을 깨
고 제4권을 창작했으며, 영화의 서사 및 메시지와 함께 최후의 생존자인
요나와 티미를 만화에 등장시키는 등 원작과 영화가 상호 교섭하며 서로
의 경계를 넘나들며 새로운 영향 관계를 만들어냈다. 이처럼 영화 〈설국
열차〉는 "영화라는 새로운 장르로 재현함으로써 언어의 번역을 넘어 장
르간 교차, 원작과의 중층적인 상호텍스트 과정을 매우 역동적으로 보여

---

19) 오프닝 시퀀스는 이러한 변화를 다양한 방식으로 제시한다. 타이틀 크레딧이
   올라가는 동안 기후 위기로 인한 지구 온난화의 문제가 냉각제 CW-7의 살포로
   해결될 것이라는 방송 매체의 내레이션이 흘러나오고, 이어 CW-7를 살포하는
   비행기를 비추는 화면이 나오는데, CW-7의 살포 이후 빙하기에 들어간 지 17
   년이 지났음을 알리는 자막과 함께 타이틀 시퀀스가 끝난다.

주고 있다."[20]

'설국열차'라는 기차와 철도 시스템: 자본주의와 계급, 혹은 생명정치

영화 <설국열차>는 기차라는 폐쇄적 공간에서 벌어지는 인간의 이야기, 계급과 자본의 서사를 흥미롭게 다룬다. 모든 것이 갖춰진 1001칸의 거대한 열차에 자본과 계급으로 구획되는 인간의 삶의 구조들을 '폐소공간'인 기차의 특성을 최대한 살리고 있다. <설국열차>의 기차는 열차라는 오브제가 보여주는 다중복합적인 상징성, 예컨대, 폭주하는 쇳덩어리와 같은 이미지를 강조한다. 영화는 고속으로 질주하는 열차의 옆면을 보여주면서 시작되는데, 굉음을 내며 질주하는 열차의 단면, 길게 늘어진 열차가 눈에 뒤덮인 옛 흔적들 사이를 운행하는 모습 등이 자주 제시된다.

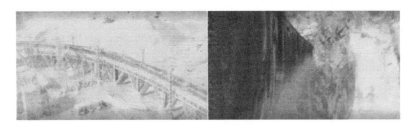

그림 13. 자연과 대비되는 설국열차의 이미지들

<설국열차>에서 강조되는 기차의 이미지는 근대의 산물이자 이전과는 다른 삶의 양태들을 제도화한 근대성의 그것과도 같다. 열차는 근대

---

20) 노지훈, 앞의 논문, 257쪽.

의 산물로서 자본주의 체제의 첨병과 같은 역할을 해왔다. 물자와 원료를 실어나르며 공장과 기계를 돌리고, 상품을 시장으로 실어나르는 역할을 함으로써 자본주의 경제체제가 가속화되는데 결정적으로 공헌했다. 자본주의 시장의 확장을 위한 식민지 확보에도 기차는 큰 역할을 했다. 서구 열강들은 자신들의 상품을 팔아줄 아시아, 아프리카 지역에 식민지를 확보하고자 군수물자를 실어나르며 침략전쟁을 일으켰다. 이와 같이, 마을 중심으로 자급자족하던 근대 이전의 체제는 기차의 출현과 일상화를 통해 마을과 인근 지역의 경계를 넘어서게 되었고, 제국주의의 군대와 자본이 식민지로 들어가고 식민지의 자원이 수탈당하는 후기 자본주의 체제의 기저에 기차가 자리하고 있다. 기차는 이 과정에서 개별 국가의 경계를 넘나들며 근대 자본주의를 가속화했다.

　〈설국열차〉는 이러한 근대 자본주의와 기차의 관계를 윌포드의 열차를 통해 흥미롭게 보여주고 있다. 자본의 무한증식을 욕망하며 앞만 보며 달려가는 자본주의 체제처럼 기차는 자연의 경계를 무너뜨리며 직진한다. 무엇보다도 설국열차 내부에 구획된 앞칸과 꼬리칸의 구분, 그리고 각 칸에 속한 사람들이 누리는 불평등하고 차별적인 삶의 양태들은 자본주의가 생산한 계급 체제와 대응된다. 이러한 차별은 근대적 운임체제를 기반으로 운행되는 철도 시스템과 연동된다. 기차 승객은 운임을 지불해야 기차에 탑승할 수 있으며, 운임에 따라 객실이나 서비스 이용 범위가 달라진다. 〈설국열차〉에서 열차의 구획된 칸들은 소유한 자본의 차이에 따라 모든 것들이 등급화되고 계급화되는 자본주의 체제의 속성을 표상하고 있다.

　앞쪽 칸 사람들이 누리는 서비스는 꼬리 칸 사람들에게는 상상조차할 수 없는 것들이다. 영화에서는 꼬리칸이 형성되는 과정을 직접적으로 제시하고 있지는 않지만, 영화의 첫 장면-무장 군인인 철도 관리인들에

그림 14. 꼬리칸의 열악한 상황(좌측 상단) / 앞칸에서 누리는 다양한 열차 서비스(그 외)

게 꼬리 칸 사람들이 점호 당하는 장면은 감옥과 같이 신체가 통제당하
는 이들의 상황을 잘 보여준다.

영화에서 꼬리칸은 좁은 장소에 갇혀서 옴짝달싹할 수 없이 신체를
통제당하는 장소다. 그들에게 제공되는 음식은 (바퀴벌레로 만든) 단백
질 바가 유일하다. 영화의 마지막 부분, 커티스의 회상에서 밝혀지듯이,
기차 탑승 후 얼마간 음식이 전혀 제공되지 않아서 꼬리 칸 사람들은
서로를 잡아먹는 상황에 이르렀고, 길리엄을 비롯한 꼬리칸 사람들 일부
가 자신의 팔을 잘라 사람들에게 음식으로 제공하면서 식인행위는 없어
졌다. 영화에서 꼬리칸이 어떻게 형성되었는지는 자세히 제시되지 않지
만, '아비규환'의 장소인 꼬리 칸은 인류 종말 이후 17년간 '쓰레기'로
취급받으며, 폭력에 무방비로 노출되어왔다. 월포드로 대표되는 열차 관
리자들은 '체제 유지를 위한 질서'라는 명분으로 꼬리칸에 대한 차별과
불평등을 정당화한다.

승객 여러분! (...) 기차에 탈 때부터 각자의 자리는 탑승권에 명시되어

있었다. 일등석, 일반석, 너희같이 무임승차한 쓰레기들!

성스러운 엔진이 영원한 질서를 정해놓은 거야. 자기 자리를 지키는 사물과 승객들, 흐르는 물과 온기, 모두 성스러운 엔진 덕분에 존재한다. 애초에 점지된 바로 그 자리에서!

애초에 내 자리는 앞쪽칸, 너희 칸은 꼬리칸이었다. 발 주제에 모자를 쓰겠다는 건 성역을 침범하겠단 얘기지. 자기 주제를 알고 자기 자리를 지킨다. 내 발밑에서.

꼬리칸 사람들을 "승객 여러분"으로 호명하는 메이슨은 '탑승권' 즉 기차 운임체제를 근간으로 승객의 계급이 정해진다고 말한다. 탑승권은 근대 자본주의의 표상이자 그 시스템 자체로서 기차의 위상을 보여준다. 영화 〈설국열차〉에서 메이슨의 발언은 이 지점을 매우 압축적으로 제시하고 있다. 무임승차했기 때문에 꼬리칸 사람들을 '쓰레기' 취급한다는 것은 그들의 폭력적이며 비윤리적인 행위 자체를 정당화하는 것이며, 동시에 자기체제의 모순을 은폐하는 것이기도 하다. 설국열차에서 꼬리 칸 사람들은 아무렇지도 않게 '쓰레기'라고 호명되며, 폭력에 무방비로 노출되어 마치 아무렇게나 다뤄도 되는 존재로 취급받는다. 그들은 무임승차라는 이유로 일상의 모든 것을 통제당하고, 생명마저도 언제든지 희생당할 수 있다.

특히 영화 전반부에 등장하는 앤드류의 신체 훼손 장면은 폭력의 일상화를 보여주고 있는데, 이는 기차를 통제하는 지배체제에 내재된 폭력이 재현된 것이다. 열차 관리인들에게 아이를 빼앗긴 앤드류가 신발을 던지며 저항하자, 윌포드의 대행자인 메이슨 총리는 그의 신체를 훼손하는 과정에서 체제 유지를 위한 질서를 강조한다.

메이슨은 앤드류가 던진 신발을 들어 보이며 "그것은 신발이 아니라 무질서"이며, 이것은 곧 "죽음"이라고 말한다. 거대한 한파가 닥쳐 지구

그림 15. 구두의 비유를 통해 열차 내 계급과 질서를 강조하는 메이슨

생명체가 멸종당한 상황에서 기차가 무한 운행되기 위해서는 질서가 필요하며, 그 질서에 저항하는 것은 곧 죽음이라는 것이다. 메이슨은 자기 '구두'를 벗어 아이를 데려가는 윌포드 비서의 얼굴(머리)에 던지는 앤드류의 행위를 죽음과 같은 무질서로 규정한다. "신발은 발밑에! 모자는 머리 위에! 이 기차에선 난 모자, 너흰 신발이야. 난 머리 위, 너희는 발밑!"이라며 '각자의 자리를 지킬 것'을 강조하는 메이슨의 강령은 지배체제를 공고히 하기 위한 권력자와 그의 대리인들이 주로 사용한다.

이처럼 꼬리칸 사람들은 기차가 운행된 17년간 통제의 대상으로 존재했다. 앤드류 사건처럼, 꼬리칸 사람들의 신체는 아무렇지도 않게 훼손당하고, 그 순간에도 체제 유지를 위한 질서를 강요당한다. 그렇다면 꼬리칸 사람들을 희생하면서 유지하려는 그 '체제'란 무엇인가? 그것은 메이슨이 언급한 '성스러운 엔진', 즉 윌포드로 상징되는 기차 시스템 그 자체이다.

커티스와 꼬리 칸 사람들을 앞칸으로 전진하게 만들었던 단백질 바 안의 캡슐(붉은 쪽지)이 최종적으로 향하는 곳은 바로 '기차' 그 자체였다. '물'과 '피' 등 혁명의 지향점으로 보이던 것들이 실상은 기차라는 체제를 유지하기 위한 명분에 지나지 않았던 것이다. 커티스와 꼬리칸

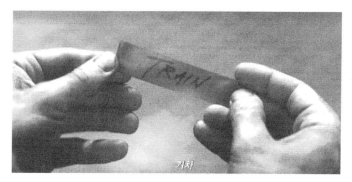

그림 16. 커티스에게 전달된 마지막 붉은 쪽지

사람들을 반란으로 이끈 윌포드의 지시는 결국 반란의 진압과정에서 꼬리칸 사람들을 살해함으로써 기차 안의 개체 수를 조정하는 과정이며, 이는 기차라는 '폐쇄된 생태계'의 균형을 맞추는 일이다. 이는 '스시' 생산을 통해 물고기 개체 수를 정확하고 엄밀하게 통제하는 방식으로 수족관의 균형을 맞추는 것과 동일하다.

> 우린 모두 같은 처지야. 이 저주받은 쇳덩어리, 기차 안에 갇힌 죄수들이지. 폐쇄된 생태계인 열차에서 균형은 필수야. 공기, 물, 음식, 특히 인구, 다 균형이 맞아야 해. 최상의 균형을 위해서 가끔씩은 과감한 해결책이 필요하지. 인구수도 마찬가지야. 생로병사의 원리에 맡기면 시간이 너무 오래 걸려. 그러다간 사람들이 넘쳐 다들 굶어 죽게 될걸. 차선책은 사람들이 서로를 죽여주는 건데, 그래서 소위 말하는 폭동이 때마다 필요한 거야. 7인의 반란, 맥그리거 폭동, 그리고 위대한 커티스의 혁명.

커티스와 대면한 윌포드는 폐쇄된 생태계인 설국열차를 유지하기 위해서는 균형이 필수 조건이며, 이를 위해 꼬리칸의 반란을 통해 개체수를 필요한 수준으로 맞춰야 한다는 논리를 펼친다. 기차 운행 이후에 지속적으로 발생한 폭동을 통해 기차 생태계의 균형을 맞춰왔고, 커티스의 혁명 또한 이러한 필요에 의해 추동되었다는 것이다. 윌포드는 삶을 지속하려면 적당히 균형을 이룬 불안과 공포, 혼란이 반드시 필요하며, 이는 앞칸과 꼬리 칸의 공모관계를 통해 유지된다고 주장한다. 커티스의 혁명을 추동한 그 캡슐 속 지시문은 윌포드와 길리엄 사이의 일종의 공모관계를 통해 꼬리칸으로 전달되었으며, 터널까지의 전진을 통해 일정 개체 수만을 살려둠으로써 꼬리칸에서 생존 가능한 공간을 확보하게 한다는 것이다.

원작 만화에서는 꼬리칸을 떼어내는 사건이 그려지지만, 영화 <설국열차>는 잉여공간인 동시에 기차 운행을 위해 절대 필요한 공간으로 제시되고 있다. 영화에서 꼬리칸 사람들은 특정한 경우에 폭력적으로 차출될 뿐 일정한 노동과 생산에 배제당하는 존재로 그려진다. 영화 결말에서 드러나듯, 꼬리칸 사람들은 기차 운행이 필수적인 부품이 없어질 때 그 부품을 대신해서 기계의 일부로서 존재한다. 꼬리칸에서 차출된 폴, 제럴드, 티미와 앤디는 기차에서 부품으로서만 기능했고, 그들은 곧 꼬리 칸에서의 생활을 완전히 잊은 채 메이슨의 강령처럼 기계의 부품으로서 자기 자리를 지키고자 한다.

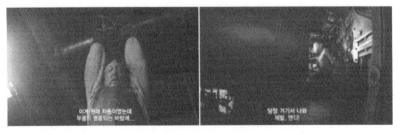

그림 17. 단백질 바 만드는 기계의 부품 역할을 하는 폴(좌) / 단종된 부품이 되어 엔진 내부로 들어가는 앤디(우)

이런 양상을 극단적으로 보여주는 것은 영화의 초반에 클로드에게 잡
혀간 두 아이, 티미와 앤디다. 두 아이는 영화의 마지막 부분에 다시 등
장하는데, 엔진 칸에서 기계실 안의 엔진 부품으로 살고 있었다. 단종된
부품 대신 엔진 내부에 들어가 부품의 기능을 하고 있는 것이다. 이것이
꼬리칸 사람들의 존재 이유였다. '영원한 엔진'을 유지하기 위해 제거되
어야 할 대상이자, 그것을 유지하기 위해 필수적으로 존재해야 할 대상
이 바로 꼬리칸 사람들이다. 그들은 체제의 질서를 위해 희생당하는 존
재, 말하자면, "기차 안에서의 활동과 특권에서는 배제되어 있지만 체제
의 유지를 위해서는 반드시 그 안에서 존재해야 하며 동시에 체제를 위
해서라면 언제든지 희생될 수 있어야"[21]하는 존재로서 제시되고 있다.
기차라는 세계에서 질서와 균형으로 대변되는 월포드의 체제 유지 전략
이 주권권력을 유지하기 위한 방편이며, 꼬리 칸은 호모사케르의 공간,
즉 예외상태의 공간으로 존재함으로써 그러한 체제가 공고하게 유지되
게 하는 기능을 하는 것이다[22].

커티스, 저길 봐. 저 문 너머. 자기 자릴 지키는 사람들로 가득한 수많은

---

[21] 신호림, 「영화 〈설국열차〉에 나타난 폭력의 서사와 의미」, 『Journal of Korea
Culture』 39, 2017, 56쪽.

[22] 아감벤에 따르면, 주권 권력은 호모 사케르(homo sacer) 즉 '벌거벗은 생명'을
생산하며 그것을 배제하면서도 포함하는 바, 생명정치적 권력이다. 로마법에서
호모사케르는 신성한 인간으로 정의되지만, 희생양(제물)으로 삼을 수 없는 동
시에 죽여도 살인죄가 성립되지 않는 존재다. 희생과 배제의 위치에 처함으로
써만 공동체 영역에 포함되는 존재가 호모 사케르다. 주권권력은 호모사케르적
존재를 생산하고 그것의 생명에 관여하는 생명정치를 통해 권력을 유지한다.
이에 관해서는 조르지오 아감벤, 박진우 역, 『호모사케르: 주권권력과 벌거벗은
생명』, 새물결, 2008. 참조. 영화 〈설국열차〉에서 꼬리칸과 월포드의 구도를 아
감벤의 논의로 접근한 연구는 신호림, 위 논문, 71~72쪽.

칸들. 그게 모여 뭐가 되지? 바로 기차야. 그리고 정해진 자리를 지키고 있
는 (적절한 숫자의) 사람들이 모이면 뭐가 될까? 바로 인류지. 기차는 세계
고 우리는 인류 그 자체야.

영화의 마지막에서 윌포드에 의해 제시된 것은 기차 자체가 세계의
표상이며, 구획된 기차 칸들 속에 살아가는 사람들의 모습이 바로 인류
그 자체라는 사실이다. 영화 <설국열차>에서 기차는 세계와 인류에 대
한 메타포인 것이다. 윌포드는 커티스에게 자신의 뒤를 이어 설국열차를
맡아달라고 제안한다. 커티스가 꼬리칸에서 엔진칸까지 전진한 것은 윌
포드를 없애고 길리엄과 같은 지도자를 세움으로써 꼬리칸에서 자행되
는 불평등과 차별을 없애는 것이었다. 그러나 지배 권력의 교체만으로
변혁은 이뤄지지 않는다. 설국열차가 운행되기 위해서는 누군가는 죽어
야 하고 또 누군가는 기계 부품으로 살아갈 수밖에 없기 때문이다. 이러
한 딜레마적 상황에서 커티스는 엔진 속 티미를 건져내고 설국열차 밖으
로 향하는 길을 선택한다. 그 선택은 설국열차의 탈선과 파괴를 통해
인류 역사의 종말로 이어지는 것처럼 보이지만, 남겨진 미래세대의 생존
자가 다시 그 역사를 만들어나갈 것을 희망하고 있다.

나오며: 국가 혹은 강고하게 가로막는 경계들 너머로

영화 <설국열차>는 근대의 상징인 기차를 통해 자본과 계급의 문제를
배치하고, 주권 권력 체제가 유지되는 인류 역사를 은유하고 있다. 열차
라는 밀폐 공간과 일직선의 구조 속에 일어나는 저항과 억압의 사건을
비롯하여, 각 칸에서 재현되는 다양한 삶의 양태와 차이들을 통해 오늘
날 우리 사회 안에서 여전히 강고하게 작동하고 있는 계급 시스템이 열

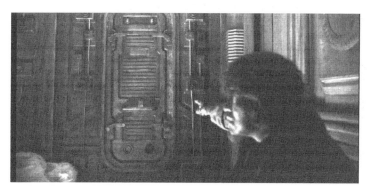

그림 18. 기차 밖으로 향하는 문을 가리키는 남궁민수

차 안에서 붕괴되는 모습도 제시된다. 〈설국열차〉의 결말은 자본과 계급의 문제를 저항과 억압의 구도 너머를 향한다. 그것을 보여주는 인물이 남궁민수다. 그는 앞칸으로의 이동, 즉 혁명을 꿈꾸는 커티스와 꼬리칸 인물들의 인식, 나아가 윌포드가 세운 시스템 자체를 전복하는 인물이다.

> 내가 진짜 하고 싶은 게 뭔지 알아? 문을 여는 거야. 이런 문이 아니라 이쪽 문을 여는 거야. 이 바깥으로 나가는 문들 말이야. 18년간 꽁꽁 벽처럼 생각하게 됐는데, 사실 좆도, 문이란 말이지. 그래서 이쪽 바깥문을 열고 바깥으로 나가자는 얘기야. (...) 눈과 얼음이 줄어든다 이 말이지. 즉, 녹고 있다. 무슨 말이냐면, 녹을 준비가 되어 있는 눈이야. 와르르 무너져 내리는.

엔진 칸에서 커티스를 설득하는 남궁민수의 발언은 기차 칸을 구획 짓는 문에 대한 전혀 다른 시각이자, 기차 밖 세계에 대한 새로운 시각을 보여준다. '바깥 세계는 죽음'이라는 강박이 바깥으로 통하는 문을 '벽'으로 인식하고 있음을 남궁민수는 이야기하고 있다. 바깥으로 향하는 문을 벽이 아니라 다시 문으로 생각할 수 있는 인식의 전환은 기차에서는

그림 19. 기차 내부에 속하면서도 외부를 지향하는 남궁민수(좌)/ 기차 밖에서의 생존 가능성을 제시하는 흰곰

불가능한 체제 너머의 새로운 영역을 확보하게 한다.

<설국열차>의 힘은 새로운 생명에 대한 가능성을 이야기로 설득력 있게 풀어가는 데 있다. <설국열차>는 폐쇄적 공간인 기차를 통해 주권 권력의 생명정치, 즉 예외상태와 벌거벗은 생명들을 만들어냄으로써 그것을 통해 체제 유지가 가능하다는 사실을 제시한다. 아울러, 민족과 인종, 국가를 넘어서 주권 권력 자체의 메커니즘을 이야기를 통해 풀어냄으로써 보편적 서사로 이끌어낸다.

<설국열차>는 예측 불가능한 경계 너머를 제시하고 있지만, 그에 대한 명확한 비전을 제시하지는 않는다. 한계를 향해가는 세계를 벗어난 새로운 생명, 그들이 만들어갈 새로운 세계는 다양한 가능성을 향해 열려있는 것이다. 영화 <설국열차>에서 제시된 것 같이, 오늘날 현대 사회는 기후 위기를 비롯하여, 국가와 자본에 의해 인간의 삶의 양태와 각자가 누릴 수 있는 문화와 일상의 방식이 심각하게 구획되어 계급화되고 있다. 설국열차에 탄 그들과 지금-여기에 사는 우리의 모습이 겹쳐지는 형국이다. 우리 앞에 놓인 문을 여는 것에 전전할 것인가? 아니면 궤도에 놓인 열차 밖으로 나가는 문을 열 것인가? <설국열차>가 지금-여기 우리에게 보내는 메시지에 주목해야 할 것이다.

참고문헌

제1장 청춘의 정거장

■ 자장커 〈플랫폼〉

박은혜, 「지아장커 賈樟柯의 〈플랫폼 站台〉에 나타난 시간의식과 기다림의 의미」, 『외국문학연구』, 2014.

유경철, 「지아장커(賈樟柯)의 〈샤오우(小武)〉 읽기 - 현실과 욕망의 "격차"에 관하여」, 『中國學報』, 2005.

유영구, 〈인민공사의 (人民公社) 변화과정을 통해 본 중국의 농업관리 형태〉, 『중소연구』, 1989.

賈樟柯著 ; 萬佳歡編, 『賈想·Ⅰ·Ⅱ-賈樟柯電影手記1996-2008』, 北京 : 台海出版社, 2017.

賈樟柯, 『故鄕三部曲之站台』, 中國盲文出版社, 2003.

讓-米歇爾·付東著, 孔潛譯, 『賈樟柯的世界』, 桂林 : 廣西師範大學出版社, 2021.

西西佛, 「"蹲"在中國——小武』所啟示的中國現代性」, 『21世紀中國文化地圖』, 廣西師範大學出版社, 2004.

TSPDT, https://www.theyshootpictures.com/21stcentury_films50-1.htm

제2장 일상의 소중함

■ 고레에다 히로카즈 〈진짜로 일어날지도 몰라 기적〉

고레에다 히로카즈·이지수 옮김, 『영화를 찍으며 생각한 것-고레에다 히로카즈 영화자서전』, 바다출판사, 2017.

_____, 『키키 키린의 말-마음을 주고받은 명배우와 명감독의 인터뷰』, 마음산책, 2019.

문정미, 「가족 서사와 공간 재현 -고레에다 히로카즈 영화를 중심으로-」, 『한국엔터테 인먼트산업학회논문지』 13(7), 한국엔터테인먼트산업학회, 2019.

이지행, 「고레에다 히로카즈, 상실의 빈자리를 애도하는 작가」, 『영상예술연구』 Vol0 No14, 영상예술학회, 2009.

정수완, 「고레에다 히로카즈(是枝裕和) 영화에 나타난 가족의 의미 연구」, 씨네 포럼(19), 동국대학교 영상미디어센터, 2014.

황우현, 「고레에다 히로카즈감독 영화의 공간 연구」, 『한국콘텐츠학회논문지』 18(12), 한국콘텐츠학회, 2018.

岩本憲児, 『家族の肖像:ホームドラマとメロドラマ』, 森話社, 2007.

是枝裕和, 『歩くような速さで』, ポプラ社, 2013.

筒井清忠, 加藤幹郎, 『時代 劇映画とはなにか』, 人文書院, 1997.

송석주, http://www.readersnews.com. (2022.3.12.)

이승미, 「日 거장 고레에다 히로카즈作 '진짜로 일어날지 몰라 기적' 22일재개봉)」 (2022.1.13.) https://www.chosun.com/entertainments/entertain_photo/ 2021/04/07/Q2UAQBSCK4LRXZHUBLKPDYOIT4/

제3장 간이역이 가져온 누군가의 기적들

■ 이장훈 〈기적〉

나병철, 『소설의 이해』, 문예출판사, 1998.

박인영, 「<디 아워스>의 오프닝 시퀀스 연구」, 『영화연구』 59호, 한국영화학회, 2014, 157~183쪽.

오호준, 「영화 오프닝 타이틀 시퀀스의 아이덴티티와 이미지 표현 구성」, 『디자인 학연구』 72호, 한국디자인학회, 2007, 263~274쪽.

홍진혁, 「영화 오프닝 시퀀스에 대한 소고」, 『인문과학연구』44, 강원대학교 인문 과학연구소, 2015, 601~633쪽.

김정운, 「영화는 직선이다. 직선은 '쇼크'다」, 채널예스, 2018.7.13.게재 http://ch.yes24.com/Article/View/36488

제4장 내가 하면 로맨스, 남이 하면 불륜

■ 천커신 〈첨밀밀〉

전혜정, 「3장 구조로 분석한 <첨밀밀>의 로맨스 플롯과 영화적 장치 연구」, 『영화연구』, 2018.

The Best 100 Chinese Motion Pictures(最佳華語片一百部)」. http://www.hkfaa. com/news/100films.html

『중앙일보』, https://www.joongang.co.kr/article/3410556#home

『維基百科·陳可辛』, https://zh.wikipedia.org/wiki/%E9%99%B3%E5%8F%AF% E8%BE%9B

『제천국제음악영화제』. https://www.jimff.org/kor/addon/00000002/history_film_ view.asp?m_idx=101411&QueryYear=2013

『중저우치칸(中周期刊)』, https://www.zzqklm.com/w/hxlw/22090.html

『텅쉰왕(騰訊網)』, https://new.qq.com/omn/20210325/20210325A0713O00.html

『ETtoday 별빛 구름(星光雲)』, https://star.ettoday.net/news/389884?redirect=1

제5장 인간성 회복의 염원

■ 소토자키 하루오 〈귀멸의 칼날-무한열차편〉

고마쓰 가즈히코, 『일본의 요괴연구』, 민속원, 2009.

김영심, 『일본영화 일본문화』, 보고사, 2006.

노윤선, 「일본 국민 만화 『귀멸의 칼날』의 영화 속 욱일기와 사무라이 정신」, 『日本文化硏究』 第79輯, 동아시아일본학회, 2021.

박이진·김병진, 「≪귀멸의 칼날≫ 속 '경계' 이야기 - 다이쇼 모노가타리의 탄생」, 『일본문화연구』 Vol.-No 79, 동아시아일본학회, 2021.

박희영, 「<귀멸의칼날> 속 인간과 요괴의 경계 구조와 상징성 연구」, 『외국학연 구』 Vol.-No57, 중앙대학교 외국학연구소, 2021.

유은경, 「포스트코로나 시대를 위한 한일관계와 일본대중문화」, 『국제어문』 Vol.-No.90, 국제어문학회, 2020.

이광형·김금숙, 「설화에 나타난 일본의 오니(鬼)와 한국의 도깨비 비교 연구」, 『인문 논총』 56권, 경남대학교 인문과학연구소, 2021.

이용상, 『일본철도의 역사와 발전』, 북 갤러리, 2017.

하혜주, 「언택트 시대, 극장판 『귀멸의 칼날: 무한열차편』의 흥행요인 연구 —일 본에서의 흥행성과 분석을 중심으로—」, 『일본문화학보』, 한국일본문화 학회, 2021.

허영은 외, 『도시의 확장과 변형』, 學古房, 2021.

서곡숙, 「서곡숙의 문화톡톡」 <극장판 귀멸의 칼날: 무한열차편> - 달콤한 악몽과 괴로운 현실을 서사성과 서정성의 조화로 그려내기」 르몽드디플로마티크. http://www.ilemonde.com(2022.2.15.)

씨네플레이, 「일본 역대 흥행사를 바꿔버린 <귀멸의 칼날> 음악」 https://blog.naver.com/cine_play/222230083980(2022.2.13)

정요섭, 「일본 애니 '귀멸의 칼날', 북미 개봉 2주차 박스오피스 1위」. 연합뉴스, https://www.yna.co.kr/view/AKR20210504005400075?input=1195m(2022..02.13)

小林弘幸, 「特集鬼滅の刃 の全集中に学ぶ長生き呼吸法」, 『週刊新潮』65(43), 新潮社, 2020.

塚本鋭司, 「鬼神学と鬼滅の刃」『文明21』45, 愛知大学国際コミュ…ニケーション学会, 2020.

劇場版 鬼滅の刃: 無限列車編 ,主題歌 炎(ほむら), (2020.10)

劇場版『鬼滅の刃』無限列車編公式サイト, https://kimetsu.com/anime/2021.12.23.)

『ワンピース(ONE PIECE)』の公式アカウント(@Eiichiro_Staff)(2021.12.27.)

『鬼滅の刃』の作者, '吾峠呼世晴', https://mitaiyomitai.com/manga/post-18112/(2022.1.20.)

「鬼滅の刃 無限列車編」感動を誘う"音楽の仕掛け"とは？ LiSA「炎」誕生秘話も梶浦由記×椎名豪【インタビュー】, https://animeanime.jp/article/2020/11/13/57606.html(검색일:2022.2.8.)

監督・外崎春雄,https://cubeglb.com/media/2020/10/30/haruo_sotozaki/(2022.1.5.) https://www.youtube.com/watch?v=e00kwwJVsXQ (무한열차 소개)

제6장 기차와 트랜스내이션(transnation)

■ 봉준호 〈설국열차〉

김택현, 「트랜스내셔널 역사를 다르게 생각하기」, 『서양사론』 131, 한국서양사학회, 230~262쪽.

노시훈, 「프랑스 SF만화 『설국열차』의 영화적 변용」, 『프랑스문화연구』 제33집, 2016, 241~261쪽.

서정남, 「영화 <설국열차>와 봉준호의 서사전략」, 『한국문학과비평』 68, 2015, 33~66쪽.

신호림, 「영화 <설국열차>에 나타난 폭력의 서사와 의미」, 『Journal of Korea Culture』 39, 2017, 45~77쪽.

심은진, 「영화에서의 기차 이미지」, 『프랑스학연구』 47, 프랑스학회, 2009, 241~257쪽.

이수진, 「만화 『설국열차』의 영화화에 관한 공간 중심 연구」, 『프랑스문화예술연구』 25, 2008, 333~355쪽.

이진욱, 「'설국열차' 봉준호 감독 "시스템 조악한 실체 들춰내고파"」, CBS 노컷뉴스 기사. 2013.8.

조르지오 아감벤·박진우 역, 『호모 사케르: 주권권력과 벌거벗은 생명』, 새물결, 2008.

한미라, 「트랜스내셔널 시네마와 경쟁하는 보편성」, 『영화연구』 68, 한국영화학회, 2016, 255~286쪽.

한윤정, 「전지구화 시대의 한국영화에 나타나는 트랜스내셔널리티 연구」, 연세대 박사논문, 2009.

| 지은이 소개 |

배지연 _ 대구대학교 인문과학연구소 연구교수
저자는 한국 현대소설 전공자로서, 글쓰기와 서사 연구에 주력하고 있으며, 최근에는 일본군 '위안부'의 증언 서사와 모빌리티에 관한 연구를 진행하고 있다. 주요 논문으로는 〈비극적 모빌리티 서사와 증언의 문제-대구지역 일본군 '위안부' 문옥주의 증언을 중심으로〉, 〈(철)길 위의 사람들과 떠도는 영혼-김숨의 《떠도는 땅》에 나타나는 모빌리티와 이주의 문제를 중심으로〉 등이 있고, 저서로는 대구경북인문학협동조합 지역학총서(공저) 〈인문학자들의 헐렁한 수다〉 대구, 구미, 포항, 안동 등이 있다.

서주영 _ 대구대학교 인문과학연구소 연구교수
저자는 중국 문학 전공자로서 고전이 가진 의미를 현재적 관점으로 재해석하고 이해하기 위해 노력하고 있다. 지금은 중국 고전 문학과 이동성에 관한 연구를 진행하고 있으며, 저서에는 《동아시아 모빌리티, 인간 그리고 길》, 《도시의 확장과 변형: 문화편》(공저), 《도시의 확장과 변형: 문학과 영화편》(공저)가 있다.

이은희 _ 대구대학교 인문과학연구소 연구교수
저자는 일본 근현대문학 전공자로서, 현재 교수법 개발과 일본 문학 속에서 드러나는 이동성에 관한 연구를 진행하고 있다. 관련 논문으로는 「플립러닝을 활용한 일본문학 수업 운영에 관한 연구」「마쓰모토 세이초松本淸張 소설에서 나타난 철도 -근대 철도문학과 비교를 둘러싸고-」가 있다.

대구대학교 인문과학연구소
동아시아도시인문학총서 12

영화로 떠나는 동아시아 기차여행

초판 인쇄 2022년 6월 20일
초판 발행 2022년 6월 30일

기   획 | 대구대학교 인문과학연구소
지 은 이 | 배지연·서주영·이은희
펴 낸 이 | 하운근
펴 낸 곳 | 學古房

주   소 | 경기도 고양시 덕양구 통일로 140 삼송테크노밸리 A동 B224
전   화 | (02)353-9908 편집부(02)356-9903
팩   스 | (02)6959-8234
홈페이지 | http://hakgobang.co.kr/
전자우편 | hakgobang@naver.com, hakgobang@chol.com
등록번호 | 제311-1994-000001호

ISBN 979-11-6586-463-7 94680
     979-11-6586-396-8 (세트)

값 : 17,000원